U0660049

贵州省甲秀文化人才资助项目

——屯堡共同体的文化观察

Distance of Watching
- A Historical Survey of the Tunpu Culture
in Central Guizhou

吴 斌◎著

中国社会科学出版社

图书在版编目(CIP)数据

嬗变与坚持：屯堡共同体的文化观察／吴斌著．—北京：中国社会科学出版社，2014.4

ISBN 978-7-5161-4154-0

Ⅰ.①嬗… Ⅱ.①吴… Ⅲ.①汉族-民族文化-研究-贵州省 Ⅳ.①K281.1

中国版本图书馆 CIP 数据核字(2014)第 073550 号

出 版 人 赵剑英
责任编辑 任 明
特约编辑 乔继堂
责任校对 王 斐
责任印制 李 建

出 版 中国社会科学出版社
社 址 北京鼓楼西大街甲 158 号（邮编 100720）
网 址 http：//www.csspw.cn
中文域名：中国社科网 010-64070619
发 行 部 010-84083685
门 市 部 010-84029450
经 销 新华书店及其他书店

印刷装订 北京市兴怀印刷厂
版 次 2014 年 4 月第 1 版
印 次 2014 年 4 月第 1 次印刷

开 本 710×1000 1/16
印 张 17.5
插 页 2
字 数 257 千字
定 价 50.00 元

凡购买中国社会科学出版社图书，如有质量问题请与本社联系调换
电话：010-64009791

摘　　要

在贵州诸多地域文化现象中，屯堡文化无疑是最有特色的文化之一。即便从全国视野来看，屯堡作为贯穿历史和现实之间的一个特别载体，也有着诸多值得关注与研究的特质。

屯堡文化的逐渐成形，其实是明清移民以原籍家乡文化在移居地复杂的自然和人文环境中的重新建构。明代贵州独特的军事社会结构，是当时国家政策的具体产物，是国家政治军事需要下的资源配置结果，调北征南、卫所屯田、屯军世袭，社会结构趋向军事化加兵团农业化。但是随着时间的推移，特别是清代废除卫所以后，社会结构已发生前所未有的变革，在这样的变革中，军事移民及其后裔的命运深受影响。值得注意的是，随着移民的迁入，江淮民间文化以及其他相对发达的地域文化随着国家意志向边地深度传播，成为移民地区的文化母源和文化主体，逐渐和地缘融合，不断建构着新的族群文化。

研究屯堡文化是基于这样一个前提，即在农耕社会里从物质到精神方面都不失为理想家园的屯堡社会目前面临着解构的危机。它赖以生存的土壤和外部环境已经发生和正在发生深刻的改变，而且不可逆转。屯堡文化所具有的地方性和独特性，就成为全球化语境下的地方性存在，因而备受关注。这其中不乏矛盾与冲突、解构与重构、边缘与中心等问题。

不仅如此，地域性文化如何面对自身存在的价值，以何种姿态面对全球化，如何在全球化语境中存在下去，是很有意义的话题。而且这个话题是跨地域的，在尊重多样性的同时，共同性也显得非常重要，它让不同的文化能够轻易找到彼此亲近的支点，更加便于对其他方面的，尤其是对差异性的接受和尊重。对于屯堡文化来说，也概莫能外。

在这个前提引领下，本书以史料考证、现象分析、文本研究的方法，试图从历史和文化的角度对屯堡文化中的几个关键点进行分析研究。主要包括：屯堡人及屯堡文化的起源、屯堡人群形成的时间和空间、明代贵州卫所及屯军研究、屯堡聚落的历史演进、屯堡人的族群与文化认同等。

在前言中，本书探讨了屯堡文化研究的基本概念和意义，提出与许多消逝的文明相比，屯堡文化至今还能让人感觉它的体温和生命的脉动，这本身就是一个让人惊异的现象，尽管它消逝的步履正在不断加快。或许正因为如此，尊重它、面对它、研究它就被赋予了一定的急迫性和时效性。而作为本土化文明的一个进程，屯堡文化研究对现今的屯堡地区具有强烈的现实意义。

在第一章里，本书尝试着在史料和诸多研究成果的基础上对屯堡及屯堡人称谓的来历进行界定和梳理，对屯堡分布区域、对屯堡文化研究的阶段性成果进行总结，并尝试提出目前屯堡文化研究应采用的几个基本思路。

在第二章里，对明代以前的贵州及黔中屯堡的形成进行了条理性研究。着重探讨了明代贵州卫所与屯堡人的形成之间的关系，指出正是明初的政治军事需要，主要是明洪武年间“调北征南”和“调北填南”形成了规模化的存在，形成了早期屯堡人最核心的主体。明代贵州卫所士兵大量逃逸，清代贵州风烟不断，而安顺屯堡地区始终生生不息，是社会变迁中地缘环境与历史环境相互交集的结果。

在第三章里，提出屯堡文化发端于黔中安顺，具有的几个特点：非常之地、非常之时、非常之态。对明代贵州二十四卫中，为何最终形成屯堡人的地区，只集中在普定一府三卫的原因进行了研究，并提出现在的屯堡人实际上定型于清代中后期，指出黔中屯堡文化长期存在所具有的外在和内在的因素。

在第四章里，通过对几个屯堡家族个案的研究，分析屯堡人齐家治国的观念。指出屯堡人在与地缘环境充分融合的基础上，恪守传统文化，一直积极融入传统社会。从屯堡人身上，我们可以惊异地看到，中国传统文化的生命力在民间得以如此充分的积蓄与展现，对传统农业社会的超稳定结构长期存在，起着不可替代的保障作用。

第五章是对屯堡文化中的具有特点的一些文化事象进行梳理，对屯堡方言、屯堡信仰、屯堡礼俗进行研究探讨，主要目的是探讨屯堡文化与母源文化、与地缘环境、与文化环境、与社会变迁之间的种种关联。

第六章是地戏研究。之所以要单列地戏为一章，是因为地戏在屯堡文化事象中所具有的特殊性和重要性。地戏是屯堡地区一种特殊的戏剧形式，除了具有驱邪纳吉、表演娱乐的外显功能之外，地戏是屯堡人建构自己的族群历史的形象化载体。

本书提出，作为一个尚存的文化共同体，屯堡人的贡献在于，他们在自身文化的建构过程中，巧妙而又忠实地实现了发源地文化与迁入地的环境有机结合，在坚持中又适时地发展了发源地文化，形成了独特的文化共同体。作为现在还存在的人群，屯堡人一直在我们身边真实地存在，我们尤其希望在未来的社会中也有他们的一席之地。他们不仅仅可以被“他者”描述、被书写、被言说，也完全可以主动地审视自己的历史，从而积极地面向过去和未来，成为自身文化的持有者和传承者，成为历史和未来之间的纽带和桥梁。只有这样，现今的屯堡人才能在不断融入现代社会的同时，积极而不是消极地看待持续六百年的自身文化谱系，选择而不是放弃自身与生俱来的诸多优良传统，充分发扬这些优良传统和文化来构建现代意义中的屯堡社区，并乐观地走向未来。

从这个视角出发，对于屯堡和屯堡文化的研究，不仅有文化史的价值，更有对现实和未来的关照价值。

关键词：屯堡人；屯堡文化；历史；建构

Abstract

Among the number of regional culture phenomena of Guizhou, Tunpu culture is undoubtedly one of the most distinctive. Even in the whole of China, being a special carrier linking history and reality, Tunpu keeps characteristics worth concerning and studying.

In fact, the forming process of Tunpu culture is the process of the immigrants'localization and culture re-construction in the new complex natural and human environments of the emigrated place of Guizhou. The unique military system of Guizhou in the Ming Dynasty was a product of the national policy and met the need of resource allocation at that time. Northern troops moving to the south, troops stationing and farming in organic unit and the troop hereditary system enabled the social structure to be militarization and agriculturalization. But as the time goes on, especially after the abolition of organic unit in the Qing Dynasty, the social structure had undergone unprecedented changes in which the fate of the military immigrants and their descendants were deeply affected. It is noteworthy that, with the moving in of the immigrants, as the will of the state, the culture of Jianghuai area and other quite well-developed regional cultures were able to spread into the boarder land so as to become the essence of the culture of the emigrated area which keeps localization and forming new ethnic cultures.

The study of Tunpu culture is based on such a crisis that the Tunpu society which was an ideal style of farming community either from the material aspect or from the spiritual aspect is de-constructing. The environment including the soil has undergone and is undergoing profound and irreversible changes. The study of Tunpu culture has been concerned because of its uniqueness and being a good example of cultural localization. Topics of onflicts, deconstruction and reconstruction, edge and centre are studied.

Moreover, topics of how local cultures value itself and be more internationalized, how to survive in the globalized context are interested by scholars in different countries. While respecting the diversity, commonality is also important because it allows the fulcrum to be close to each other and promote the acceptance and respect to difference.

Using methods of historical, phenomenon analysis and text studies, from the historical and cultural perspectives, this dissertation attempts to analyze and study some key points of the Tunpu culture such as the origin of Tunpu people and Tunpu culture, time and space in which Tunpu people were formed, Guizhou organic unit and stationing troops in the Ming Dynasty, historical evolution of Tunpu settlement, branches of Tunpu people and the culture identity, etc.

In the foreword, this thesis discussed the basic concepts and significances of Tunpu cultural studies, proposed that compared with many civilizations disappeared, Tunpu culture is still amazing for us to feel its temperature and pulse of life, this is really an amazing phenomenon, although it is constantly speeding to the disappearance. Perhaps precisely for this reason, it has been endowed with some urgency and timeliness to respect, face and research it. As a process of native civilization, Tunpu cultural studies possess strong practical significance to the current Tunpu region.

In the chapter one, on the basis of the historical data and many research results, this thesis attempted to distinguish and structure the source of Tunpu and Tunpus appellation, summarized the Tunpu distribution area and phased results of Tunpu cultural studies, and proposed some basic idea which should be used in Tunpu cultural studies.

In the chapter two, this thesis orderly studied the formation of Tunpu in central and entire guizhou before the Ming Dynasty, emphatically discussed the relation between Guizhou organic unit of the Ming Dynasty and the formation of Tunpus', indicated that it was the political and military needs of the early Ming Dynasty, mainly the wide ranging existence of Troops Moving from the North to the South and Immigrants Transferring from the North to the South during the Hongwu Years of the Ming Dynasty, formed the most core subject of early Tunpus'. In the Ming Dynasty, Soldiers of Guizhou organic unit absconded numerously, later in the Qing Dynasty, land of Guizhou beset by war continuously, however, Tunpu region in Anshun be always endless, it's the result of mutual intersection of geographical and historical environment in the process of social change.

In the chapter three, this thesis proposed that Tunpu culture originated in Anshun of central Guizhou with several features as abnormal time, abnormal place and abnormal form. This thesis studied the reasons of why the region ultimately formed Tunpu navtives concentrated in one prefecture three organic unit of Puding county while Guizhou existed twenty four organic unit in the Ming Dynasty, proposed that current Tunpu natives are actually formed in the mid and late Qing Dynasty, indicated the external and internal factors for long term standing of Tunpu culture in central Guizhou.

In the chapter four, this thesis analyzed the concepts to govern the family and rule the state of Tunpu natives by cases studying of several Tunpu families, indicate that on the basis on full integration with geopolitical environment, Tunpu natives abide traditional culture and integrate actively into the traditional social. From the Tunpus', we can notice surprisingly that the vitality of traditional Chinese culture be saved and demonstrated abundantly among the folks, that's the irreplaceable protection to the long term standing of the super stable structure in traditional agricultural society.

In the chapter five, this thesis attempted to sort out some feature cultural items in Tunpu culture, studied dialect, faith and etiquette of Tunpus', the main purpose of the research is to discuss various relationships between Tunpu culture and resource culture, geopolitical environment, cultural environment, social change.

In the chapter six, this thesis focused on Dixi drama. Separating Dixi drama into one specific chapter, is due to its specificity and importance in the Tunpu culture. Dixi drama is a special drama form in Tunpu region, besides the obvious function for exorcism and lucky storage, Dixi drama is also the visual carrier to construct Tunpus'ethnic history.

This dissertation concludes that, as a survived cultural community, the Tunpus'contribution is that they skilfully and faithfully combined the cultures of the birth place and the emigrated places while balancing between timely developing and adhering to the birth place's culture so as to form an unique cultural community. The Tunpus are living right around us. We expect that their social position and status will be reserved. Not only to be described, wrote and discussed, but also can they take an initiative look on their history so that they can actively face the past, the future and become the controller and inheritor of their own culture, become the link and bridge of their past and future. Only in this way can nowadays'Tunpus actively face their cultural genealogy of six centuries and reserve the essence of their cultural tradition of inherent. They've got to fully carry forward these fine traditions to construct the Tunpu community into a more modern and optimistic one.

Therefore, study of the Tunpus and the Tunpu culture is not only valuable culturally and historically, but also for the reality and the future.

Keywords: Tunpus, Tunpu culture, reserve, construction

目　录

绪　论

屯堡文化研究的基本概念和意义

全球化在近年以来是一个不可回避的热门话题。作为以经济一体化为主要特征的全球化（globalization），在某种意义上更多地被人们认为是西化（westernization）或者是现代化（modernization）。对于经济高速发展30年的中国来说，这样的解读似乎简单而又务实，指向了问题的核心，能够让人轻易联想到西方高度的物质文明和其社会制度及意识形态。但是，无论在主观上还是在客观上，全球化给予我们的丰富内涵绝非简单的西方化或者现代化所能涵盖。在这个背景下，它不仅仅体现在物质与财富的几何倍率性增长方面，也体现为种种冲突与对抗的几何倍率性增长，这些冲突与对抗甚至导致对人类普适价值的颠覆与解构。另一个关键是，具有普适性的价值观也绝非西方所独有，近年中国所提倡的“和谐社会”就是一个例子。而中国要达到和谐社会的理想国不可回避的是必须实现广袤乡村社会的和谐与安宁，乡村建设有着外在和内在的迫切要求。

一

不容回避的是，作为长期局部存在的各种各样的地域文明，是不是和甚嚣尘上的全球化背道而驰，注定要灰飞烟灭呢？答案显然是否定的，作为构成本土化存在的重要因素，许多地域文明本身的存在在全球化过程中凸显出更为重要的价值，这和现代文明的诸多负面影响息息相关；尤为难得的是，它提供了人们在几千年文明积累中的许多温暖的记忆与规则，这可以在东方文化中找到诸多例证。比如传统儒家文化倡导的修、齐、治、平，比如天人合一的“仁者与天地万物为一体”的寥廓胸怀。

在这个视角下，在贵州中部大地上寂寥存在了数百年的屯堡及与之相关的文化，是不是可以给予一些新的解读与触摸？与许多消逝的文明相比，屯堡文化至今还能让人惊异地感觉它的体温和生命的脉动，这本身就是一个让人惊异的现象。尽管它消逝的步履正在不断地加快，它赖以存在的种种环境也在不断地改变，它的远去似乎无可挽回。或许正因为如此，尊重它、面对它、研究它就被赋予了一定的急迫性和时效性，而作为本土化文明的一个进程，屯堡文化研究对现今的屯堡地区具有强烈的现实意义。尤其对于至今生于斯、长于斯的屯堡乡民而言，屯堡不仅仅是与生俱来的生活场景，不仅仅是家谱与传说中的遥远记忆，也是日常的、具体的生活，是老年人老去、年轻人成长的不间断过程，是现今中国乡村不断变化的现实存在，是这片地域所承载的文化在未来的前景。屯堡和屯堡人，他们从哪里来，他们往何处去？在屯堡地区，历史和现实的联系从未中断过。

作为今天尚存的、形态相对完好的传统屯堡村落，怎样看待纷繁的世界和洞开的寨门是必须面对的问题。那些依然生活其中的屯堡人，在数十代传统生活面临解构的今天，他们如何面对传统的、与祖辈生活一脉相承、结合多种传统思想与信仰的典章、规范、礼仪，以及族规、家法、个人行为规范，还有主流社会的组织与法律，礼俗与商品化的滥觞，这一切对于屯堡人来说具有怎样的影响与震撼？他们要面对的问题远比他们的祖先更为复杂与困惑，他们的明天同样存在变数与差异。

从历史中来，向历史中去，没有当年的金戈铁马、风云变幻，一切却已悄然改变，而且是永远改变。或许可以欣慰的是，作为历史与传统的承载者，屯堡文化具有建构与重塑的能力，起码在数百年的演变中是如此体现的。对于未来的乡村建设，屯堡文化可以给我们更多一些乐观的假设。作为有着传统记忆和历史感的一群人，他们的未来和他们的历史有关，和大家的历史与未来都有关联。这或许就是屯堡文化研究的诸多意义之一。

但是，除了悠远的历史传承、丰富的文化事象以及人们一再的忽视与误读，屯堡文化的流变有着独特的文化学特征。克罗齐曾指出，“一切真的历史都是现代的历史”（Every true history is contemporary history）。对于许多建构出来的历史，屯堡文化史显然更接近现代的历史，也就是克罗齐所谓“真的历史”，因为屯堡的历史传承依然在延递，而且在不断地嬗变。不过，即便从明洪武十八年太祖征南算起，六百年的历史也不过是短暂一瞬。大的历史事件，比如战争、改朝换代；小的事件，比如家族的迁徙和传承过程，以及他们的后人对这个过程的认知程度，都是屯堡地区未曾中断的历史。问题在于，如同我们无法详尽描述一场两千年前的著名战争一样，现在的屯堡人可能也无法真实描述他们的历史，在六百年的时间与空间里，虽然生活在一代代延续，许多风俗也得以流传，但历史的真相早已被岁月的烟尘所遮蔽，了无痕迹。屯堡人所秉承的文化传统，其实也并不是一个静态的、超稳定的系统。如同每一代的历史都是无数个个人的历史所构成，每一个人的生活都是具体而琐碎，在屯堡地区亦然，而且显得更加丰富多彩并富有文化特征。所以，屯堡文化虽然表面上看似静止的河流，但其内部一直在缓慢流动。

二

对屯堡进行文化学研究，其起点本身就具有国际化视野。因为这样的研究是自外而内的，由国外学者首先发端，这样的起点首先就有当时人类学的国际水准。20 世纪初，日本学者鸟居龙藏在对当时为日本殖民地中国台湾地区的土著民族进行了四次考察之后，1902 年来到中国西南调查。他表示：“如果不对云南、贵州、广西、广东、福建诸省作人类学调查，就不能弄清台湾的位置。”[①] 他对湖南、贵州、云南的人类学研究，是为了把湖南和贵州的苗族、云南和四川的彝族与台湾的土著民族进行比较研究。在他的《中国西南部人类学问题》《苗族调查报告》中，他对中国西南民族居住地的分布与自然地理环境，各民族的脸色、肤色、身高、发型、服饰、语言、信仰、建筑等，进行了考古学、人类学、比较民俗学研究，并进行了实物资料搜集等，尤为难得的是，鸟居龙藏用当时先进的照相机干板摄像测量西南少数民族人体。对

① ［日］鸟居龙藏：《鸟居龙藏全集》（第六卷），朝日新闻社 1976 年版，第 580 页。

于贵州安顺地区屯堡人，鸟居龙藏得出了他们并非西南少数民族，而是“汉族地方集团”的结论。1903年4月，日本建筑学者伊东忠太在贵州平坝、镇宁一代考察时，发现在当地官员口中，屯堡人有着另一个称谓——“凤头苗”。伊东忠太在描述安平县（今平坝）“凤头苗”时写道：“女子的额前发奇特”、“发髻特别大”、“多不缠足”。镇宁州知州也向伊东忠太描述道：“凤头苗，头裹五色布，高而尖，身发前扎，往上梳。”① 而在此前，被称作“凤头鸡”或“凤头苗”的屯堡人一直被视为汉族逐渐苗化的人群，属于所谓“百苗”的一种。

国内屯堡人的研究起步较晚。但新中国成立后费孝通先生作为具有国际视野的人类学研究者，在《少数民族在贵州》一书中指出：“早年入侵的汉族军队，很多就驻扎在各军事据点，称作军屯。后来移入的汉族就不认他们作汉族了。因之，现在一般把他们列入‘少数民族’中。这些民族各地有不同的名称，如堡子、南京人、穿青、里民子等。”“他们大多说汉话，穿汉装，并没有民族的特点。他们现在被认为是‘少数民族’的原因是过去汉族不认他们是子孙，加以歧视和压迫。汉族同胞对他们应当及早负责认领还族。”费孝通先生提到了当地对这些特殊汉族人群的几种称谓，有的如今已经耳熟能详，比如“老汉人”、“南京人”以及屯堡人说的“堡子话”，而“穿青”（里民子）至今还是一个族别尚未被认定的独立族群，现定为“穿青人”②。并未和现在的屯堡人一样被认定为汉族。费孝通先生把穿青和屯堡人放在一起视为汉人是有其道理的，里民子服饰尚青，说汉话，风俗更多受汉文化影响，而和周围少数民族区别明显。“通汉语，贸易为生。妇女发扎额前……衣服与汉同……婚姻、岁时礼节皆同汉人。”③ 就族源而论，里民子有土著说和明初随大军征南而来的两种说法。《黔南苗蛮图说》称：“明初有唐郎均者，凤阳府人，从征黔蛮有功，授木官长官。永乐

① ［日］伊东忠太：《清国·伊东忠太见闻野帖》第5卷，柏书房1990年版，第5—17页。

② 贵州省民族事务委员会、贵州省公安厅：《贵州省实施〈关于中国公民确定民族成分的规定〉办法》，“黔族（政）发字第（1996）19号文件”。

③ 《黔南苗蛮图说》第八十二种《里民子》。

间改为土里目，其部属之裔，人称为里民子。”① 按照这种说法，可认为是外来汉族后裔的土著化。“里”为明代社会基层组织，明代以每一百一十户为一里，里内之民可称为“里民”，虽不涉及族属，但应为汉民，属化内之民。而因祖先军功授长官，并在永乐年间就土著化，在其后土著化程度可能更高。

屯堡人的形成脉络则比较清晰，他们占据了贵州高原最宜于生存和耕作的一片地区，生活在军事堡垒般的屯堡村寨间，周围有着大量的良田和丰沛的水源，长期过着相对于周围其他族群丰衣足食的生活，并且固守和延续着自己多样性的文化共同体。这个文化共同体的形成，首先是得益于屯堡这种军屯堡垒在建立和功能发挥的过程中，诸多江南、湖广及北方地区的军事移民和家属的大量迁入所带来的当时的先进生产和生活方式，成为屯堡文化最初的强势特征。加上屯堡密布，阡陌纵横，人口众多，驻防地区宜于生活繁衍。在安顺地区大量密集的军事屯堡中，移民带来的家乡文化具有独特性和先进性，和周围的土著居民反差极大，无疑让屯堡人具有文化上强烈的优越感。而且在密集的屯堡群落中，成建制移居屯堡早期移民之间的文化交流并不稀缺，反而丰富频繁，所以屯堡之间并不是一个个孤岛，而是一个个有效联系的整体。这样的文化生态在当时是先进的，可以让屯堡居民对自身的文化感到自豪，并固守自己的文化认同。对于当时屯堡以外的少数民族聚居区来说，屯堡是一个外来的占领者和强势的军事集团，是中央政府对占领疆域的有效军事控制的具体体现。

三

一个基本的概念是，何谓民族（Nation）？康德曾指出：“那些由于共同血缘而被认作一个联合为公民整体的人群，叫做民族（gens）。”② 哈贝马斯从语义发生学的角度认为：“在罗马人那里，Natio 表示出生和

① 《黔南苗蛮图说》第八十二种《里民子》。

② I. Kant, Anthropology from a pragmatic point of view, trans. V. L. Dowdell, rev. and ed. H. H. Rudnick, Carbondale, III, 1978, 225.

来源女神。Nation，就如 gens 和 populus 一样，但与 civits 相反，指的是没有组织为政治结合体的族群。根据这种古典的语言用法，民族是这样一些血缘共同体，它从地域上通过栖居和相邻而居来整合，在文化上通过语言、习俗、传统的共同性而整合。”① 在西方，随着法国大革命的发展，“民族”的定义得以演进，从上述一种前政治政体变成一个民主共同体的公民政治认同属性，尤其在反对近代民族主义的语境中，“民族”被定位为公民的民族，而不再是古老的血缘共同体。这里的公民民族不等于种族民族，已经和一个前政治性的通过血缘、共同传统和共同语言而整合的属性完全不同。而对于黔中大地上栖居数百年的屯堡人的汉族属性来说，“民族”的概念显然是前政治的、非公民社会的。因而可以说，屯堡文化是传统中国汉文化属性下的地域性汉族文化。

那么，屯堡人这个特殊的汉族族群和屯堡文化这个特殊的文化共同体究竟是一种什么样的关系呢？民族和族群（ethnic）如何在概念上加以区别呢？“族群就是具有某些共同的族群性的群体。共同的族群性指的是共同的地理起源，历史记忆，移民地位，种族背景，饮食习惯，语言或方言，宗教信仰或其他信仰，传统、价值和符号，文学、音乐和民俗，超越了亲属、邻居和社区的纽带，服务于群体并维系其存在的制度，内在的有别于其他群体的感觉，和外在的被认为其不同于其他群体的看法。”② 在这些构成族群性的因素中，基本上都是文化因素，可见文化的特殊性是族群性的基本属性。据麦基尔的《世界社会学百科全书》的描述：“族群性所指的是对某个特殊文化传统的归属感和认同感。族群是以其文化特征为基础的社会现象。一定的族群成员自认为、同时也被别人认为是同一特殊的文化或亚文化的一部分。”麦基尔认为，“族群就是共同享有某种文化遗产并自认为且被认为与众不同的群体”，“族群性就是族群共有的文化遗产”。③ 这样的界定应该是比较准

① ［德］哈贝马斯：《哈贝马斯精粹》（曹卫东等选译），南京大学出版社 2009 年版，第 252 页。

② Magill，Frank N. ed.，International Encyclopedia of Sociology，London：Fitzroy Dearborn Publishers，1995.

③ McCrone，David，The Sociology of Nationalism：Tomorrow's Ancestors，London and New York：Routledge，1998.

确的，“民族”一词的特有意义是人类社会进入现代社会后才开始存在的，族群与民族既有区别又有联系，虽然族群与民族都代表着文化共同体，族群文化还是民族文化的重要来源，但不一定是民族文化的唯一来源，而民族文化往往会体现出现代性因素，而族群文化往往显得更加传统，而且两者还有更为显著的区别，就是一个民族并不仅仅是一个文化共同体，同时也是一个经济共同体和政治共同体。作为汉族中的一个族群，屯堡人显然具有文化共同体与经济共同体的特性，作为政治共同体则不明显。

在清代官方的记载中，屯堡人的汉族属性也是明确的，尽管已被归类为少数民族化的汉族，在当地汉族眼里，已经和苗族无异了。清道光二十七年，贵州布政使罗绕典所修《黔南职方纪略》记载：“民之种类，于苗民之外，有屯田子、里民子，又有凤头鸡，凡此诸种，实皆汉民，然男子汉装，妇人服饰似苗非苗。询之土人云，洪武间自凤阳拨来安插之户，历年久远，户口日盈，与苗民彼此无猜。”[①] 从记载中可以看出，在民族属性上，屯堡人的族属是明确的，是汉族支系，和其他史料一样，这种描述一直比较清晰和统一，就来源而论，则是“询之土人云”，只是据说来自洪武期间的凤阳，人云亦云，并不确定，也未表示为官方的首肯。可以说，在官方的视野里，屯堡人是边缘而又普通的，类似当地少数民族的人群，并没有特别的政治地位。与哈贝马斯所定义的近代民族相去甚远，是纯粹的地缘、血缘、传统、习俗、文化意义上的前政治性的“老汉人”。

不能说早期屯堡文化的形成完全没有与当地土著文化交流融合，在相当的阶段内，起码这种交流是有限和有节制的，并且完全不对等。在文化上自成一系是屯堡文化和周围文化最大的区别，而且屯堡文化较为完整地保留了移出地文化，通常被认为是以当时江南汉文化为主体。这也成为几百年来屯堡人对自身文化认同的主要特征，时至今天，在安顺屯堡地区，面对周围的苗族和布依族，以及后来迁入的占人口主要成分的汉族，屯堡人仍然以老汉人和明清江南文化的持有者自居，并以此为荣，具有强烈的自我文化自豪感和认同感。但是，客观而言，作为

---

① 罗绕典：《黔南职方纪略·安顺府》卷一。

“老汉族”和曾经的征服者，屯堡人从主流到非主流的过程竟是如此短暂。征服者带来的优越文化逐渐演化成了一个相对封闭的系统，甚至到后来被主流人群视为少数民族，屯堡人群的尊严只是在内部才被彼此珍视。无论被称为“凤头鸡”还是“凤头苗”，几百年后他们作为地区人群的构成者饱受奚落。而这样的外在环境在客观上加剧了屯堡文化的对外的封闭性，尽管这种封闭性是表面的。

不仅如此，与周遭的少数民族以及后来移入的汉族不同，屯堡人一直在建构并恪守自己的独特文化，这种文化源自他们祖先的原籍，源自古代中国传统的思想体系和民间文化，却又在屯堡地区得以忠实而有效传承和因地制宜的改造，逐渐形成了较为完整、覆盖屯堡人生活方方面面的文化体系。这个文化体系如此庞大和丰富多彩，以至和周围的少数民族甚至后期移入的汉族有着显著的差异。这种差异是屯堡人对抗强大的外来压力和增进内部认同感的武器和依据，也是他们和后来汉族渐行渐远的动因之一。这种差异有时显得被刻意强调和突出，成为屯堡文化共同体的系列性标示，具有涵盖传统屯堡社会、涵盖屯堡社会中每一个个体生命的强大文化特征。它可以让屯堡人随时意识到自己的身份，轻易和其他人群区别开来，并且以自己的文化为荣耀，文化共同体成为抵御外部压力的精神堡垒和让屯堡人自得其乐的精神家园。这种礼俗和独特文化生活具有系统性特征，足以让屯堡人在自己的共同体内生活得丰富多彩，并享受着精神上的愉悦和满足。唯其如此，屯堡社区才变得更加稳定和团结，对外突出了抗变和封闭性，具有明显的可识别性和符号性；对内则呈现亚稳定结构，其文化的魅力让不断进入屯堡社区的人融入屯堡文化共同体，遵循同样的生活方式和礼俗信仰，成为屯堡社区中的一员。

我们可以想象，这样的情景在屯堡形成的几百年间反复出现，并不断的延续。无论你来自哪里，你因何而来，你都可以轻易融入这个文化共同体，并且享受其带来的稳定和富有精神消费特征的文化生活。在这个意义上，屯堡社区是一个易于生活并可以在现实与传统之间融会贯通的地方，是一个拥有人情世故、可以敬奉神灵并受祖先功德荫庇的、在个体家庭和公共社区之间找到有机联系的地方。无论是在物质还是在精神方面，都可以说是一个较为理想的家园。

四

虽然作为地域文化的一种，屯堡文化具备了许多特点和异质。表现在和国内许多汉族地方文化既有相似之处，又有不同之处，尤其以不同之处给“他者”留下深刻印象。

首先，屯堡文化的栖息地独特，在云贵高原东部的黔中地区，是典型的喀斯特地貌，岩溶发育完善，黄果树瀑布、龙宫、天星桥、天龙屯堡等著名景区镶嵌其间，风景独好。不仅如此，该地域是没有平原支撑的贵州高原上难得的坝子较多的地方，是贵州地区开发较早，易于耕作并且土地肥沃，水源充沛的地区，历来是贵州稻米的主要产区之一。就地理位置而言，自贵阳向西，一路向西，地势平坦，田畴棋布，是湖广过贵州通往云南的交通要道，作为世居民族的少数民族也长期在这里生活繁衍。洪武年间军屯开始设立后，屯堡大量建立，逐渐在交通线周围星罗棋布，良田沃土也被屯堡占据，少数民族退居周边山区，与屯堡军民犬牙交错，形成了独特的布局，即交通线和地势平缓的地区被屯军拥有，周边交织居住着当地少数民族，屯堡人如被众星捧月，具有强大的军事威慑力，在当时的社会构成中处于绝对的强势地位，这也使屯堡人的生活区域局限在一个特定的区域内，屯堡周围又有足够的良田供他们垦殖，加上与周围少数民族的关系是占领者与被占领者的关系，是强势与弱势的关系，而不是平等交流的关系。因此，屯堡人的交流与往来基本上限于各个屯堡之间，屯堡人的婚姻也是在内部通婚。其次，屯堡文化为移民文化，随着明初征南大军而来，以军屯的形式屯居于今天的安顺一带，以明初江南汉文化为发端，较为完全地移植了当时江南地区汉族的生产生活方式以及宗教信仰等，这些习俗在今天的江南地区已很难看到。而在贵州的黔中地区，虽然经过数百年的衍生发展、融合交流，但基本上得以保留下来，成为数百年前江淮汉文化在贵州经过演变、交流、融合而形成的屯堡文化，从这个意义上看，屯堡文化这种地域文化具有纵深的品质和遥远的记忆，对于今天的江淮地区，屯堡文化这座“文化孤岛”仍然是一面镜子。而且作为当时的主流汉文化，并没有随着王朝的演变而发生质变，尤其在满族入关后的三百年间，这不能说不是一个特异的现象。这种文化事象的产生也和贵州地区在清代的地位有关，和屯堡人逐渐对外封闭、与主流文化渐行渐远有关，也和屯堡地区与少数民族交错居住，屯堡人以先进文化持有者自居，一直坚守着迁入时的文化特征，在后来汉族迁入者眼中并不是真正的汉族一类，并产生在主观上歧视，在客观上疏离屯堡人的现象有关。屯堡的形成在本质上是国家意志的产物，是明朝政府“调北征南”、“调北填南”政策的具体产物，也是从明初国家利益的根本要求出发，在国家机器操纵下形成并逐渐发展的结果。如果不是国家政策使然，大量江淮军民迁入贵州，在为国家屯田戍守的过程中变为地道的乡民，他们把江南文化因地制宜地移植到了黔中地区，屯堡文化就不可能形成；屯堡文化还有一个显著的特点，就是以中国民间的正统文化持有者面貌出现，屯堡文化讲求忠孝节义、仁义礼智，以忠于国家、忠于君主、忠勇尚武为特征，以祖先的国家武士身份为荣，以国家的护卫者自居。屯堡文化总体以儒家文化为主，同时，对道、释文化兼容并蓄，这几种中国古代的主流文化直接贯穿屯堡人的日常生活和礼俗信仰，建构了一个传统而丰富的世俗社会。

关于屯堡文化，一个可以提及的问题是：何以在明初军屯遍及贵州境内，从连接湖广的黔东南地区延绵到黔南地区、黔北地区、黔中地区、黔西南地区，而只有黔中的安顺地区形成和保有了屯堡文化？

这的确是一个有趣而关键的问题，对这个问题的解答可以从几个方面入手。首先是地理位置，安顺地区地处黔中腹地，在湘黔滇交通线的中部，地处“滇之喉，黔之腹”，可以“右临粤西，左控滇服”，这也是蓝玉、傅友德大军进攻云南的交通咽喉地区，在克复云南之后，明太祖下诏施行屯田制，这里更是屯军密集之地，既可以遥控云南，又可以震慑黔西北的水西彝族土司势力。因此，这一带本来就屯堡星罗棋布，屯堡村寨日益增多。其次，相对而言，安顺地区自然条件是贵州境内最好的区域，最适合垦殖与居住，虽然没有大的平原，但坝子延绵，地势平缓，小河密布，从局部看，有些地方俨然有高原江南之感[①]，实属贵

① 屯堡村寨大多依山傍水，风景秀丽。比如本寨，依山而建，山虽不高但林木葱郁，寨前清溪蜿蜒，且有大面积沃野良田，一派田原牧歌景象。而且讲究风水，与周边自然环境和谐统一，让人过目不忘。

州高原膏腴之地。屯堡人在这里生息繁衍，就显得相对容易，比起其他地方屯军不断逃逸的情况，安顺地区军屯虽然一样存在士兵逃逸，但因为自然条件好，生活不至于过于艰苦，所以很容易有人补充进来，尤其是后来的商屯与民屯更是如此。再次，安顺地区开发较早，汉文化浸润较深，而少数民族虽然数量不少，但不像黔西北的彝族、黔东南的苗族那么强悍，没有频繁的民族之间的战争，这也使安顺屯堡并不总是在战争的第一线，而容易受到战乱的毁坏。即使在明清两朝，贵州一直战事频起，烽烟不断，安顺并非世外桃源，但当烽烟退去，人们需要重建家园时，屯堡村落就是个不错的选择。清咸丰元年，时任贵州布政使的吴式芬，对屯堡地区虽屡经烽烟、人民仍能休养生息的历史有过这样的描述："盖自前明征南都指挥顾城平定以来，辟其荆棘、草莱，筑建城堡，迄今五百有余岁矣。其间蛇豕踞蟠，蜂趸辛螫，若孙可望、李本深、陇安藩之徒，民被其蹂躏、剐屠者，何可胜数！而今且户口殷繁，邮亭静谧，向之坞壁化为陇畦，箐林，尽立宗家，民垂老不见兵革，惟经营其衣食，繁育其子孙，则我国家休养生息之久，乃臻斯盛也。"①在明清两代的汉族迁入贵州的过程中，安顺屯堡地区存在着吸引力和接纳能力，并形成了自身的共同体文化，这种文化让原来的移民保持着身份感和自豪感，也让后来的加入其中的移民感到亲切，并很容易产生身份认同，成为恪守和传承屯堡文化的新的一员。

所以，屯堡人并不仅仅是强调的以血缘为纽带的民族共同体，或者说他们不仅强调迁出地的血缘和地缘的共同性，更强调对共同文化的认同。可以简单地看出，屯堡人的来源并非仅仅是江南或者江淮，实际地域要广泛得多，还有大量的湖广、华北、四川、江西等地，可谓五湖四海。即使假定所有的屯军都来自江南，他们也不可能有多么紧密的血缘关系，只是一个大的地缘概念，毕竟江南也是一个地域宽泛的区域。虽然有大姓家族的迁入，比如"九大姓"、"十大姓"，但在人口比例上并不是绝对的多数，而且也不是一成不变的实体。屯堡人的形成主要靠其在迁入地形成的地缘共同体之中建构的文化共同体，可以说，屯堡人是一种特殊地缘共同体和文化共同体下的产物："就民族而言，无论是纯

① （清）常恩：《安顺府志·序》。

粹的政治概念，还是谱系概念，都不适合描述目的，因为不同民族的兴起和消失，都是‘在文化的流变过程之中’进行的。”① 在今天让我们惊异的种种屯堡文化事象，其实都是在流变的过程中缓慢地依托生存环境形成的。这里尤其要强调它赖以生存的特殊环境，正是这种环境成就了屯堡文化，于是安顺地区在当年诸多的军屯地区中脱颖而出，成为屯堡文化赖以形成和延续的地区。

五

时至今天，在农耕社会里从物质到精神方面都不失为理想家园的屯堡社会面临着解构的危机。它赖以生存的土壤和外部环境正在发生深刻的改变，传统的屯堡乡民社会实际上已经发生了深刻的改变。改革开放三十年，特别是近十年来，大量的屯堡青年成为外出务工人员，到沿海及发达地区从事产业工人工作，他们不仅给家乡带来了现金收入，也带来新的观念和生活方式。不仅如此，在商品经济的大潮的洪流下，屯堡地区也在发生着变化，而近年来声名鹊起的屯堡旅游热，也在改变着屯堡社会和屯堡人的生活。与此同时，屯堡文化研究的兴起也让屯堡人重新认识自己，寻找在新的环境中的价值体系。屯堡文化所具有的地方性，就成为全球化语境下的地方性存在，因而备受关注。这其中不乏矛盾与冲突、解构与重构、边缘与中心等问题。钱理群先生指出：“这看起来是一个悖论：恰恰是全球化引发了国家、民族与地方文化知识重构的新冲动，成为这样的知识重构的强大推动力。受到最大冲击的，反而是在全球化中处于劣势，而又在努力追赶的东方世界，这都是饶有兴味的现象。”这似乎是不可避免的客观现实，对于这种现象，钱理群先生进而指出：“ 这是可以理解的：因为正是这些落后的国家、地区长期以来一直处在‘被描写’的地位，现在，他们要以独立、平等的地位、身份，参与全球事务，就必须从‘重新认识自己’为新的起点。”②

---

① ［德］哈贝马斯：《后民族结构》（曹卫东译），上海人民出版社2002年版，第21页。

② 钱理群：《屯堡文化研究的动力、方法、组织与困惑》，《安顺学院学报》2009年第1期。

不仅如此，地域性文化如何面对自身存在的价值，以何种姿态面对全球化，如何在全球化语境中存在下去，是很有意义的话题，这个话题是跨地域的、甚至是跨文明的，并且具有现实的关照意义。塞缪尔·亨廷顿在谈及文明的共性时指出："多元文化的世界是不可避免的，因为建立全球帝国是不可能的。文化的共存需要寻求大多数文明的共同点，而不是促进假设中的某个文明的普遍特征。在多文明的世界里，建设性的道路是弃绝普世主义，接受多样性和寻求共同性。"① 在尊重多样性的同时，共同性显得非常重要，它让不同的文化能够轻易找到彼此亲近的支点，更加便于对其他方面的，尤其是差异性的接受和尊重。对于屯堡文化来说，也是概莫能外。

从这个视角出发，对于屯堡和屯堡文化的研究，不仅有文化史的价值，更有对现实和未来的关照价值，这似乎是更让人振奋的，因为屯堡人一直在我们身边真实地存在，我们尤其希望在未来的社会中也有他们的一席之地。屯堡人的贡献在于，他们在自身文化的建构过程中，巧妙而又忠实地实现了发源地文化与迁入地的环境有机结合而不是丧失，在坚持中又适时地发展了发源地文化，形成了独特的文化共同体。他们不仅仅可以被"他者"描述、被书写、被言说，也完全可以主动地审视自己的历史，从而积极地面向过去和未来，成为自身文化的持有者和传承者，成为历史和未来之间的纽带和桥梁。只有这样，现在的屯堡人才能在融入现代社会的同时，积极而不是消极地看待持续六百年的自身文化谱系，选择而不是放弃自身与生俱来的诸多优良传统，充分发扬这些优良传统和文化来构建现代意义中的屯堡社区，并乐观地走向未来。

① ［美］塞缪尔·亨廷顿：《文明的冲突与世界秩序的重建》，新华出版社 2002 年第三版，第 369 页。

第一章

屯堡文化的概念及理论框架

一、屯堡人及屯堡文化的起源

(一) 何为屯堡

群峰收夕照，孤月破林烟。
一片眼空阔，几回神寂然。
光飞绝域外，影落美人前。
终古离忧者，相看长自怜。

这首诗名叫《秋月》，选自《平坝县志》，群峰、孤月、绝域，空寂、冷艳、凄清，颇有唐人边塞意境。但是此诗并非唐人所作，而是清代嘉庆年间贵州安平（今平坝县）才女陈淑秀所作。陈淑秀，昭阳，一字玉芳，安平白云庄陈法之女，著有《玉芳庭诗》。

《平坝县志》引清道光年间完颜恽珠《国朝闺秀正始集》卷十对陈淑秀的评价："雅擅诗名，实为黔阳翘楚。"安平才女陈淑秀、其父陈法，都是屯堡人中的翘楚。

"屯堡"并不是一个新词。在现代汉语中，"屯"是双音字，当发 tún（阳平）的意思有三种，一为聚集、储存，二为驻扎，三为村庄；"屯"发 zhūn（阴平）时意为困难。"堡"是多音字，一为 bǎo（上声），意为土筑的小城或军事工事，比如碉堡；"堡"字的第二种发音为 bǔ（上声），意为堡子，即有城墙的村落，多用于地名，比如吴堡县

(陕西);"堡"字的第三种发音为 pù(去声),为地名用字,比如十里堡,在贵州的对于屯堡的语音称谓,即是采用这种发音。

在本书中,"屯堡"(túnpù)特指贵州中部地区保留明清汉族地方文化的明初屯军后裔及其他陆续迁入该地区的汉族移民居住的广大村落。屯堡分布于平坝、安顺、镇宁、普定、长顺、紫云等县市,主要为明代贵州通往云南的驿道沿线,方圆 1300 余平方公里,有村寨 300 余个。[①] 其中屯堡文化保留较好的地区主要集中在安顺市的平坝、安顺、镇宁、普定四县。

在屯堡地区,屯堡村落往往布局严谨,多有寨门及寨墙,有的还有高耸的碉楼,上面密布着射击孔。屯堡建材多取用黔中地区常见的石头及石材,一般民居均是石头为墙,石板为瓦(大户人家往往有精致的木制的四合院),加上石头铺就的街道和巷道,一眼望去俨然是一片白色的世界。在青山绿水之间,石头的堡垒气象森严,即便从外表上看,屯堡村寨的军事防御功能也十分明显。六百年来,这里就是屯堡人的居所。屯堡与一般的村寨有着明显的区别,据民国《平坝县志》记载:"明代设屯,军民住居有区别。如名'屯'、名'堡'者,为军户住居;名'村'、名'庄'、名'寨'、名'院'者,为民户住居。"

(二) 屯堡人称谓的来历

关于屯堡人的来历,地方志多有记载。道光七年(1827)刘祖宪纂修:《安平县志·风土志·屯堡人》记载:"屯堡即明洪武时之屯军。妇女青衣红袖,戴假角(原注:以银或铜作细练系答上,绕髻一周,以答给之,名曰假角,一名凤头笄。女子未婚者,以红带绕头。已婚者,改用白带)。……男子善贸易,女子不缠脚。一切耕耘,多以妇女为之。家祀祭神,多力善战,间人行伍,衣冠与汉人无异。"[②] 这里指出了屯堡人的来历,并对屯堡妇女的服饰及头饰进行了细致的描述,特别是妇女的头饰被称为"凤头笄",而且妇女不缠足,多从事农业耕作

---

① 平坝县、安顺市、镇宁县、普定县今属于贵州省安顺市,长顺县、紫云县属于黔南布依族、苗族自治州。为明代平坝、普定、安庄卫故地。

② (清)刘祖宪:《安平县志·风土志·屯堡人》卷五。

等特点。

清咸丰元年（1851）安顺知府常恩总纂的《安顺府志·地理志·风俗》记载："郡民皆客籍，惟寄籍有先后，其可考据者，屯军堡子，皆奉洪武敕调北征南。当时之官，如汪可、黄寿、陈彬、郑琪，作四正，领十二操屯军安插之类，散处屯堡各乡，家口随之至黔。妇人以银索绐发髻分三呇，长替大环，皆凤阳汉装也。故多江南大族，至今科名尤众。余皆勤耕务本，男妇操作风俗皆同，已见于前。故志其始末于此，其《通志》仅见大略。或父老口传，亦皆外省迁来，而本末别无考证者，列之于后，而以苗俗次焉。"[1] 这里所说的客籍郡民，显然是指当地的汉族居民，未包含少数民族在内。所谓屯军堡子，也就是屯堡人是洪武年间调北征南而来，四姓将官率十二操屯军散居各乡，多是江南大姓，到咸丰年间已历四百余年，仍然科甲鼎盛。对屯堡妇女的装束，则指为凤阳汉装，应为屯军迁入时的凤阳汉装。

光绪十六年（1890）邹元吉撰、俞培钊绘《百苗图咏》载："原籍凤阳府人，从明傅友德征黔流寓于此。男子衣服与汉人同，女子燕尾梳于额前，状若鸡冠，故名。头披青帕，腰系大带，足缠白布，善织带子，多在路旁腰店贩卖蔬饭茶酒营生，性朴厚畏官守法。"[2] 对屯堡人"凤头鸡"的称谓，《百苗图咏》的注解为屯堡妇女因为发型状若鸡冠，所以被称为凤头鸡。同时，指出了屯堡人多从事经营活动，并且性格淳朴，遵纪守法。

民国二十一年陈廷粟总纂的《平坝县志》记载："在平坝县人中，有'屯堡人'。所谓屯堡，即屯军居住地之名称。以意推测，大约屯军在明代占有二三百年之特殊地位（五十屯屯军散居五所，另隶一军籍，另耕一屯田。政府文告每云：军民人等，军冠民上。可见其当日之特殊矣。）旁人之心理的习惯，上务欲加一种特殊名号列之。迨屯制既废，不复能再以军字呼此种人。惟其住居地名未改，于是遂以其住居地名而名之为屯堡人。实则，真正之屯堡人即明代屯军之裔嗣也。（明祖以安徽凤阳起兵，凤阳人从军者特多，此项屯军遂多为凤阳籍，又此种妇女

① （清）常恩：《安顺府志·地理志·风俗》卷十五。

② （清）邹元吉撰，俞培钊绘：《百苗图咏·凤头鸡》卷五。

头上束发作凤阳妆，给一异，故又称之‘凤头笄’。）决非苗夷之类也。（屯堡人一名词，初本专以之名住居屯堡者。而凡住居屯堡者，工作农业，妇女皆不缠足，从事耕耘者。厥后即不住居屯堡，如其妇女不缠足，从事耕耘者，率皆以屯堡人呼之。则屯堡人之意味又不专就住居论矣。）”① 这里对屯堡人的由来及屯堡人的称谓进行了描述，指出当年的屯堡人是“军民人等”，清康熙年间屯制废除后，因居住地不变而改“军民人等”为屯堡人，当年的屯军多为凤阳籍，妇女因作凤阳妆而被称为“凤头笄”，并非少数民族，而妇女不缠足且从事耕耘者，并不一定一直居住在屯堡内的，都可以视作屯堡人。

1902 年 10 月 31 日，日本学者鸟居龙藏在平坝县到安顺路途中考察时，特意描写了看到凤头鸡时的感受：

> 我在饭笼塘②作风俗调查，一边摆上照相机摄影，一边与他们交谈，他们说都是凤头鸡，不属于苗族。从体型上看，他们与苗族多有些混血关系，但占的比率极少，仍旧较多地保留着汉族血统……在这里值得特别注意的事实，就是要明了在贵州中部所以形成的汉族地方集团，成为了凤头鸡由来的起因。那些变成了土著的屯兵的子孙，也就是今日的凤头鸡部落。妇女的头饰，前发高束，如同凤凰头。着依然保留着明代初期江南地方妇女的头饰特点。而且，还将江南地方的耕作方式引进到贵州，继续保留着祖先的遗风。五百年以后，至今在她们的面貌上依然保留着明初江南妇女的头饰发型，真是不可思议。③

鸟居龙藏描述了屯堡人的居住环境，对屯堡人的传统头饰感到惊讶，并分析了凤头鸡的来历，对屯堡人的处境表示了同情。他认为屯堡人因为当年的国家服务而落户于偏僻的贵州，长期以来受尽了劳苦，在

---

① 民国《平坝县志·民生志·第一人口》。

② 今平坝县天龙屯堡，现为全国重点文物保护单位，已作为屯堡人最典型的居住地之一得以旅游开发。

③ ［日］鸟居龙藏：《贵州的汉族与“凤头苗”》，转引自黄才贵《影印在老照片上的文化——鸟居龙藏博士的贵州人类学研究》，贵州民族出版社 2000 年版，第 323 页。

文化上也显得落后一些，而且被人们瞧不起，“陷入了悲惨的境地”。这种境地就是“长期处在当地少数民族的文化氛围之中，他们也逐渐被同化，看不到一点发展进步”。鸟居龙藏感叹道，对这种屯堡人现象作研究，“应该是人类学者、历史学者最引以注目的好课题”。① 除了鸟居龙藏，也有国内学者注意到清末民初屯堡人的身份与处境比较尴尬，他们的地位显然比正宗的汉族地位要低，而且都指出其文化较落后：“所谓‘凤头鸡’者，身份则介在一般汉人和苗民之间；虽则比下有余，而实比上不足。莫说‘征服者’的风韵已经烟消云散，反而多少有些寄居在一般汉人檐下的气概，至少文化方面是比较的落后。然而，其祖宗都是首先的征服者。”②

从这些记载可以梳理出几个问题。首先是对屯堡人的称谓，有和来源及居住地有关的，比如屯军堡子、屯军、里民子、屯堡人等；同时也有和形象及装扮有关的，比如凤头笄、凤头鸡、凤头髻，等等。关于“凤头”这里有两种说法，一说“凤头”和屯堡妇女的发型有关，即发髻梳于前，分为三咎，状若鸡冠，故名。另一种说法则与屯军的籍贯有关，因为是凤阳籍，所以着凤阳汉装及发型，所以称之为凤头笄（笄、鸡、髻语音相近，笄、髻语义相近，疑为“髻”的变异或通假，为凤头鸡的“鸡”字则除了发型上的形似之外，还有一定贬义，受仲先生指出，“鸡”与“屯田子”、“里民子”的“子”一样，均表示“小”，表明屯堡人地位低下。也有学者认出，笄、鸡、髻三字是“军”字的同音变异，应为“凤头军”，这种说法似乎缺乏史料支撑，较为牵强）。其次，屯堡人讲汉语，语言和普通汉人差别不大，也有会讲苗语的，和苗族的区别不像其他汉族那样明显，和苗族偶尔也有通婚，在相貌上和苗族也有些接近（鸟居龙藏及受仲的描绘）。再次，屯堡妇女除了发型独特外，还头包白布，带大耳环，青衣红袖，腰系大带，最显著的特征为大部分不缠足，而且妇女也从事农业生产。最后，是屯堡人普遍善于贸易，而且遵纪守法，敬畏官府。

---

① ［日］鸟居龙藏：《贵州的汉族与“凤头苗”》，转引自黄才贵《影印在老照片上的文化——鸟居龙藏博士的贵州人类学研究》，贵州民族出版社2000年版，第324页。

② 受仲：《凤头鸡》，《人世间》1945年第37期。

对于“屯堡人”这个词汇及其“凤头鸡”的称谓，最早的记载出现在清道光年间，而这时离屯堡人移居贵州已近四百余年，距清朝立国已有180年，为何道光以前的地方志书不见记载呢？历史或许不会给出答案，学界的一种解释是，也许道光以前屯堡人和普通汉人的区别并不太明显，而未引起一般人的关注罢了。[①] 那么，为何道光年间开始被一般汉人所关注呢？可能是屯田制废除后，屯军后裔的政治及经济地位一直在下降，所以屯堡人开始变得内向封闭，而且一直固守自己的传统，以自己祖先的江淮移民身份为荣，以自己的文化共同体来抵御外来的压力和舒缓自身的紧张，并努力维持自己的尊严，所以和后来的移民交流接触越来越少，距离越来越大，差别也越来越明显，以至于这种差异让屯堡人很容易就能与周围的汉族新移民区别开来。而在道光后的其他人群的眼中看来，屯堡人已经是半苗夷化、似苗非苗的前朝移民后裔了。

清道光以来，凡此种种对屯堡人的“他识”基本趋同并一直延续。民国如此，新中国成立后若干年内亦然。只是新中国少数民族受到国家关照，在政策上多有惠及。但屯堡人依然不改自己的族属，不像当国家进行民族识别时，有些民族杂居地区的汉族纷纷改变族属，变为少数民族以享有一定优惠那样，屯堡人依然以“南京人”、“老汉人”自居，这样的“自识”体现了一种文化上的坚持与认同，以及对自己特殊身份的自豪感。

对于屯堡人的界定，翁家烈先生认为屯堡人是“清代裁废明代卫所屯田制后对今在贵州省平坝、安顺、镇宁、普定、长顺等县市内明屯军后裔的专称。屯堡人口现为40万。其特点是他们的入黔祖先大都原籍江南，尽管历经数百来的社会历史变迁，他们的大多数一直聚居在屯堡社区内，并基本上较为完整地保持着明代江南汉族文化的形式与内容。这在汉族各支派中是十分罕见的”。[②] 这样的界定具有权威性，有三个要点值得注意：第一是时间节点，即屯堡人称谓是清代康熙年废除

① 受仲先生指出：“凤头鸡”之名，仅见于清道光年间罗绕典修纂的《黔南职方纪略》。在此之前，也许这些遗民和一般汉人区别之点不甚显著，或不甚为一般人所注意。由于屯军制度的废除，外来移民人口不断增加，近百年来屯军后裔的地位也就落后了。见受仲《凤头鸡》，《人世间》1945年第3期。

② 翁家烈：《屯堡文化研究》，《贵州民族研究》2001年第4期。

明卫所制度后所出现的；第二是追本溯源，即屯堡人是明屯军之后；第三是地域范围，即延绵至今的屯堡人生存繁衍的主要地域是平坝、安顺等地。蒋立松先生总结屯堡人具有三重含义，即可视为历史概念、地域概念和文化概念的集合。① 这样的界定也是比较准确的。历史概念可理解为屯堡人的来源为明初屯军之后，以江淮、湖广移民后裔为主，奉国家意志，调北征南、调北填南而来，开疆拓土，戍边屯田，并长期繁衍；地域概念指屯堡人居住的地区为黔中腹地，为今安顺等地的“屯”或“堡”中（笔者认为，地域其实是两个地域，即迁入地和迁出地，都具有显著的特征，对于迁出地，屯堡人一直视为屯堡文化的根基所在）；文化概念则是识别屯堡人的最为显著的具有迁入地特征的文化事象，这些文化事象在黔中地区得以保留和交融，在现今的江淮往往难寻踪影，所以屯堡文化更显重要。这不仅仅表现在其自身的独特性上，也表现在其作为明初江南文化和贵州本土文化在碰撞中交流和发展的特征上。

二、屯堡人的分布及特点

（一）交通线与田坝区

虽然屯堡的人群构成在六百年间已经发生深刻的变化，屯军之后、屯民之后、移民之后交融错落，但其在黔中地区的村落分布却基本保留下来，并呈现出一些显著的特点。

在今天屯堡地区尚存三百多个屯堡村寨，其分布是有一定规律的，大致以“交通线”和“田坝区”为区域特征。

“交通线”是屯堡的核心地区，沿滇黔古驿道贯穿平坝、安顺、镇宁，东起清镇，西止于镇宁，东西长约 100 公里，南北宽约 10 公里的狭长地带，以周边的山地与田坝区区分开来。区域面积 542.23 平方公里，合 81.33 万亩，现有 18 个乡。境内有贵昆铁路、株六复线、贵黄高等级公路、清黄高速公路（目前贵州最高等级的公路）等交通干线

① 蒋立松：《田野视角中的屯堡人研究》，《贵州民族研究》2002 年第 3 期。

通过，境内每平方公里有公路 0.63 公里，地处干线公路周围，交通畅达，村寨密布，人口稠密。始建于明代的屯堡有 60 个，其后各代建立的村落亦很多（如平坝县天龙周边的石板房、云峰八寨中的本寨、章庄等）。据 1984 年统计，该地区人口密度为每平方公里 407 人，人均耕地 1.46 亩，农业人口人均占地 4.15 亩。① 二十多年来，随着城乡变迁，安顺地区经济社会不断发展，城镇对土地的占用会越来越多，并呈加速态势，相信这些数字也在动态变化之中，人均耕地只会越来越少。

交通线上的屯堡设立本为戍守，保障交通线的畅通。由于人多地少，屯民除了务农以保障基本的粮食供给之外，还发展了各式各样的副业，在农耕社会里，这些副业与粮食生产相得益彰，形成一个系统化的生产经营体系。在那些较为著名的屯堡村寨中，每个村寨都会以一两种特色产业而著称于周围。比如，屯堡地区规模最大的九溪以米贩和煤贩出名；高寨的米贩亦多；云峰、本寨、章家庄织布和作布生意的多；七眼桥的茶叶贩子多；老塘官的铁匠多；西陇的石匠多；鲍屯妇女善于织腰带；幺铺人则善于种蔬菜……②多种经营在交通线屯堡村庄里普遍是具有传统的长期存在，这种存在弥补了交通线沿线耕地不足的缺憾。“专业化”的分工也使这个地区的屯堡商贾云集，人民普遍善于贸易，收入也较仅靠农业生产高，以农业社会为特征的商品交易较为发达，不仅满足了当地屯堡人的生活需要，而且声名远播，享誉在外。以安顺市大西桥镇九溪村为例，据孙兆霞等学者的调查，该村从民国初年到“文化大革命”前夕，一直是该地域稻米加工及贸易的集散地。2000 余人的村子最多时有 300 人在做米生意。九溪的制糖及酿酒也很发达，所产的糯米糖和糯米酒远销贵阳及昆明，产业盛时制糖户和酿酒户曾分别达百户以上。直到 1949 年初，九溪还有制糖户 80 余户，酿酒户 30 余户，米贩子 200 余户，推豆腐的 10 余户，茶叶商几户，木匠四户，打粑粑的六户，开铺子的二三户。③ 可见，交通线上的屯堡村民在粮食生产之外还普遍从事贸易加工产业，在农业之外寻求更多的生路。

---

① 孙兆霞等：《屯堡乡民社会》，社会科学文献出版社 2005 年版，第 76 页。

② 同上书，第 78 页。

③ 同上书，第 80 页。

屯堡人居住的田坝区是指离交通线有一定距离的粮食主产区。一般距交通线10—50公里，有今天普定县的马官、余官、张官，安顺市西秀区幺铺镇的大屯、小屯，这两片地区有17个屯堡村寨。安顺市区东南部、具有相当规模的旧州及刘官、黄腊、双堡、东屯、格旗、杨武等十余个村镇，有屯堡村寨60个，总面积达652.78平方公里，合88.42万亩。这一片地区不仅耕地面积大，而且光热条件适宜，灌溉便利，是安顺地区传统的粮食主要产区。不仅如此，这一带人均耕地也远高于交通线地区。还是参考1984年的数据，1984年这里人口密度是每平方公里215人，每个农业人口平均拥有土地7.27亩，这在没有平原支撑的贵州来说是一个惊人的、也是一个让其他地区羡慕的数字。[①] 长期以来，这里的农业生产主要就是种植稻米，除了自给自足之外，还有大量的余粮可以出售。除此之外，得天独厚的田坝区屯堡人并没有在养殖、粮食加工、农产品贸易等方面过多涉及，仅仅呈现了作为粮食主产地的单一性，不像交通线地区的屯堡分工细致，手工业、小商业发达，人们半农半商，善于贸易并从中得到实惠，改善、丰富并活跃了日常的乡村生活。田坝地区的屯堡人有着较好的农耕技术和较多的农田，精于耕种，但不善副业及贸易，更像中国传统农业社会中的地道农民，呈现了屯堡人受地域环境影响的特点。相得益彰的是，田坝区的屯堡人善于种粮，交通线地区的屯堡人善于行商贸易，两地各有所长，互为补充。

（二）安顺屯堡隶属关系

清康熙年间改卫所为州县，原普定、安庄、平坝三卫所设立屯堡分别改隶普定县、镇宁县、安平县。清代志书对所辖屯堡有所记载，明清之际改朝换代，但屯堡村寨的分布不会有太大变迁，因此梳理清代屯堡即大致可知明代三卫所辖之屯堡。范增如先生据咸丰元年安顺知府常恩总纂《安顺府志》所载府州县村寨，对有关屯堡的地名进行了梳理，

① 安顺市地方志编纂委员会编：《安顺市志》，贵州人民出版社1995年版。

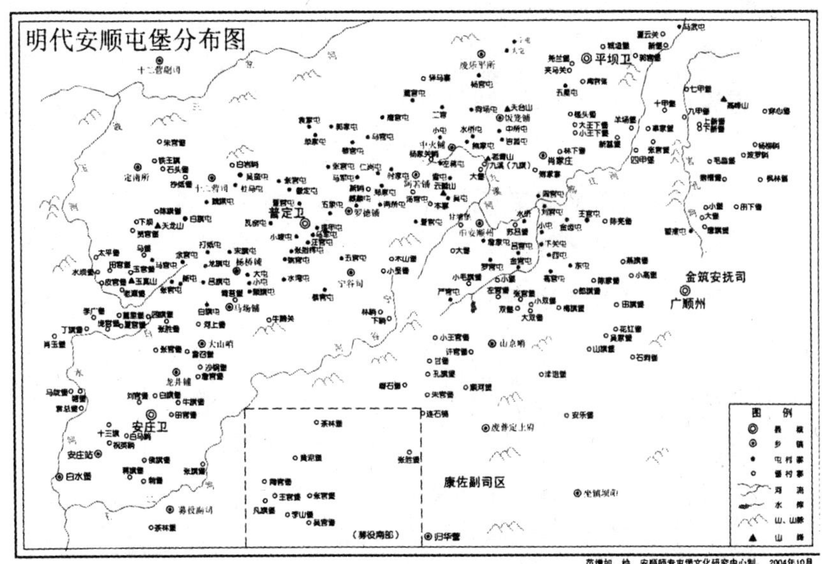

转引如下。①

安顺府亲辖地屯堡：

志云："府亲辖地，五起，十四枝。""又有沐官庄、道倖枝、九庄枝、旧皆官田。"

宁谷枝：

五官屯（又隶普定永丰里） 蔡官屯（又隶普定定下里）

窝枝：

姚家（即普定姚官屯）小坡屯（按：又隶普定永丰里上）梅

---

① 范增如：《明代普定卫戍屯官兵原籍考兼谈"十八指挥定黔阳"》，《中国贵州黄果树瀑布节屯堡文化研讨会交流资料》，西秀区人民政府编印，2005 年。

鸡堡（又隶普定中九枝。按“鸡”当作“旗”，同音误书，亦可证“旗”读若“鸡”。

上道倖：

朱官屯（又隶普定定上里）　颜旗屯（又隶镇宁）
宋旗屯（又隶普定永丰里）　大屯关（即普定右九又十屯）
董官屯（又隶普定江靖里）

下九枝：

五官屯（又隶镇宁下九枝）

普定县辖屯堡：

志云：“县附郭，旧卫管五十军屯。今分四里、永丰、江靖、奠安、忠兴是也。又有定上、定下，共六里。”另有五枝。

永丰里上：

马军屯　卫旗屯（按：在今普定县境）
丁旗屯（又隶镇宁，今属镇宁，在普定为屯，在镇宁为堡。按：凡一地两属同此）
吴蛮屯（即老虎洞。按：即安顺西北界猫猫洞。安顺惯称老虎为猫，猫猫。）
老谭堡（按：在今普定县境）　刘仁屯
余官屯（按：在今普定县境）　刘闰屯
大马官屯（即今普定马官屯，其西北一里为马堡，有塘）
大张官屯（按：在今普定县境）　朵烈屯
杨家桥（按：即杨桥铺，《徐霞客游记》称杨桥堡。）　宋

旗屯

永丰里下：

傅旗屯　　陶家屯

右九屯（即府属大屯关）　　右十屯（与右九屯同寨）

木碗屯　　姚官屯

小坡屯　　张指挥屯

汪官屯

大五官屯　　小五官屯（按：又名浪风桥）

蔡官屯（按：指北门蔡官）　摆家屯（按："家"乃"甲"之讹）

萧官屯　五里屯

白旗屯　何万屯

上中伙（按：即马场铺，又名西屯，今之幺铺）

王旗屯　老军屯

詹家屯　曹摆屯（按：在广顺州北）

江靖里上：

南水堡（在南水关外）　曹定屯

曹侯屯　马张官屯

袁家屯　单家屯

郭家屯　杜马屯

瓦窑屯　侯家屯（即府属侯家庄）

江靖里中：

小张官屯　小夏官屯

唐官屯　董官屯

江靖里下：

中所屯　鲍家屯

水桥屯（按：即今大西桥）　狗场屯

杨忠屯（按：即今平坝乐平之小屯）

杨官屯（按：即今乐平之大屯）

梁筒屯　萧志仁屯

小马官屯

奠安里上：

仁岗电　时家屯

两所屯　郑家屯

鸡场屯（按：今吉昌屯）

奠安里中：

吴家屯　夏官屯

马军屯　曹家屯

奠安里下：

雷家屯　汤官屯

左蒋屯

忠兴里：

罗官屯　金齿屯

刘官屯　周官屯

吕官屯　金官屯

东屯　西屯

定上里：

朱官堡（按：在今普定县境）抄纸堡（按：在今普定县境）
陈旗堡（按：在今普定县境）太平堡（按：在今普定县境）

定下里：

蔡官屯（按：指南门蔡官）

东附郭：

麒麟屯

西附郭：

龙旗屯（又属镇宁。按：在镇宁称龙旗堡）
镇宁州辖屯堡：
志云："编枝十七。"

附郭枝：

王官堡　　吴官堡
李广堡　　刘官堡
李官堡　　田家堡

郎洞枝：

蒋旗堡　　侯旗堡
刘旗堡　　陶官堡
王官堡　　凡旗堡
孙旗堡　　李山堡

吴官堡　张官堡

张旗堡　吴胜堡

东屯枝：

冈旗堡　白旗堡（按：在今普定县境）

石官堡　张官堡

四旗堡（按：在今安顺市境）　玉官堡（按：在今普定县境）

贾官堡（按：在今普定县境）　狗场堡（按：在今普定县境）

新屯（按：今属安顺市境）　龙旗屯（按：当称堡。今属安顺市境）

三、屯堡文化研究的视野与成果

（一）屯堡文化研究的阶段与成果

对于屯堡文化的学术研究，在国内应该说起步较晚，但成果和影响力都在不断扩大。从本土开始，逐渐在国内学界引起持续而广泛的关注。

在日本学者鸟居龙藏和费孝通先生对屯堡人进行研究和族群定位后①，屯堡文化再次受到关注是20世纪80年代之后。1986年，安顺地戏被人引荐到法国和西班牙演出，如此乡土的艺术形式能到西方演出在当时轰动一时，引起一些地方学者的注意并开始对屯堡文化进行研究。一些安顺和贵阳的学者对屯堡地区的地戏、民俗、屯堡人形成方面展开田野调查，获取的文本有地戏、佛歌、孝歌等各种唱本，部分家谱和口述笔录等，这是屯堡研究的起步阶段。20世纪90年代中期以后，随着

① 鸟居龙藏对屯堡人的族群定位为明代屯兵的后裔，但“渐渐受到清朝众多移民的欺压和蔑视”“和日本旧幕时代的情况很相似”，被称为“凤头苗”的屯堡人是“汉族地方集团”。费孝通先生同样把屯堡人定位为屯军后裔的汉族人。

屯堡文化为更多学者所重视，许多学者带着不同的学科背景加入了屯堡文化研究的队列，使屯堡文化研究上了一个台阶。统计学、社会学、民俗学、历史人类学、文化人类学理论方法被引入了屯堡研究。大量的研究成果出现，比如翁家烈的《夜郎故地上的古汉族群落——屯堡文化》、黄才贵的《独特的社会经纬——贵州制度文化》，等等。其中日本学者塚田诚之的《贵州省西部民族关系的动态——关于“屯军后裔”的调查研究》和《对民族集团应该怎样研究——以贵州“屯堡人”为例》（黄才贵先生翻译）两篇文章通过对史料及已有屯堡文化研究成果分析及推理，得出了屯堡人是汉族下位集团的观点，既严谨又有说服力，具有相当的学术水平。这些学者及他们的研究成果大大地提升了屯堡文化研究的层次，为以后的研究奠定了较高的起点。近年来，许多屯堡文化的研究项目被列为国家级和省级社科课题，许多新的理论和方法不断被运用到课题研究中，使屯堡研究正在走向学术的前沿地带。在这其中，许多意义和方向被凸显，比如屯堡人作为明代汉族移民，其本身的地位在岁月中不断漂移，从主流到边缘，从先进文化到被后来的汉族新移民所蔑视，从“老汉人”到“凤头苗”，又从“凤头苗”到“汉族地方集团”，这些现象背后都隐含着一个问题，即塚田诚之“对民族集团应该怎样研究”的学术探索。从这样的角度出发，屯堡文化研究的意义是不言而喻的，它具有普适性特征。

目前，屯堡文化研究的成果在数量上有400余篇，涉及屯堡文化的方方面面。其中不乏熠熠生辉之作。专著如孙兆霞等著的《屯堡乡民社会》；朱伟华的《建构与生成——东西方文化背景下的屯堡地戏研究》；王秋桂、沈福馨的《贵州安顺地戏调查报告集》；张原的《在文明与乡野之间——贵州屯堡礼俗与历史感的人类学考察》等。

表1-1　　历年来屯堡文化研究成果发表情况表

时间	出版书籍数	发表论文数（含论文集）	备　注
1983—1989年	4	9	
1990年	1	18	
1991年	0	0	
1992年	1	4	
1993年	0	1	
1994年	3	26	

续表

时间	出版书籍数	发表论文数（含论文集）	备　注
1995 年	2	19	
1996 年	1	5	
1997 年	0	8	
1998 年	1	4	
1999 年	3	4	
2000 年	1	8	
2001 年	0	15	
2002 年	7	42	
2003 年	4	13	
2004 年	3	22	
2005 年	4	30	
2006 年	2	46	
2007 年	1	56	

（二）屯堡文化研究的基本思路

1. 对屯堡村落的现状进行抢救性摸底调查

改革开放以来，中国农村也在发生巨大的变化，屯堡村落也不例外。由于贵州农村的相对封闭和发展滞后，在相当长的时间内，屯堡村落保留了原来的面貌：石头的街巷，高大的石头雕镂，完整的下水口上有着八卦或者鱼的浮雕，古旧的木制四合院内依稀可见当年的画栋雕梁，精美的石雕底座有些斑驳，但象征祥瑞的图案仍清晰可辨。气定神闲的屯堡老人在庭院中端坐，年幼的孩子们在庭院中玩耍。时间的年轮在屯堡村落里随处可见，具有中国传统文化的符号在屯堡村落里也随处可见，这显然和周边的其他汉族村落或少数民族村落有着明显差异。屯堡人几百年建构的文化具有许多外显的特征。

不过，这样的场景正在不断地消亡。屯堡村落最外在的特征是它的古老性和完整性。而村民们固守在古老宅院的一个最主要的前提是他们在经济上无力建造新的、更符合他们现在生活需求以及审美需求的现代宅院，而不是对摇摇欲坠的老宅有多么深厚的感情。一旦村民们有了一定的经济实力，建造新居几乎是他们首选的一件大事。这时候，一个致命的问题就出现了，对于无法找到新的宅基地的屯堡村民而言，最简单的方法就是拆掉那些通向祖先和传统生活的老宅，然后在原址上建造新的住宅。2009 年 5 月 3 日，阳光和煦。笔者到安顺市大西桥镇九溪村作田野调查，安顺摄影师李立鸿带着我们走街串巷，探访最具传统特征的街巷及院落。拍摄屯堡十余年的李立鸿不无忧虑地告诉笔者，九溪的传统格局正在发生改变，除了早年的寨门、寨墙被陆续拆除外，近年来许多传统屯堡宅院正在不断消失，村民们在拆掉百年老屋后即重新修建新房，这些贴着瓷砖的新民居正在分割着屯堡社区。李立鸿断言，只要 10 年左右，传统的屯堡民居可能就消失殆尽了。我们在九溪规模庞大的街巷内探寻的感受是，李立鸿的预言不是悲观而是乐观了。白石的街巷内，最突兀的就是那些刚建好或正在建的砖房，非常刺眼，这样的变化让经常到九溪的李立鸿都感到惊讶。以这样的速度来看，不要说 10 年，可能三年五载之内，传统的九溪将和更多的屯堡村寨一样以这样的方式辞旧迎新，让人觉得传统的消失可能在转瞬间完成，然后了无痕迹。

2. 对屯堡人的生存现状进行调查、影像记录与研究

正如现在是将来的一部分一样，过去也是现在的一个部分。如今，许多学者已经意识到对活生生存在的屯堡和屯堡人进行普查与研究，了解他们的生存现状并对他们的未来给予建设性的帮助是人文情怀的具体体现，这样的工作无疑更具有现实意义。

可喜的是，不断有研究者正在做这样有现实意义的工作。比如对九溪村，就有孙兆霞等人的中国百村经济社会调查系列课题，该课题被列为国家社科基金“九五”重点项目，出版了作为课题成果的《屯堡乡民社会》一书，该书是对九溪村的一次全景式的记录与分析，对九溪的历史沿革、社会结构、经济结构、文化传统、公共空间以及现代化背景下的乡民社会进行了描述与分析。课题研究者有意识地介入九溪的现实生活，在三年多的时间里，获取了 828 份有效问卷，整理了 130 份个案访谈，收集了大量的村志、家谱、账本，采用了社会学、人类学的理论和方法，对九溪的经济、社会、历史、文化有着较为深入翔实的调查研究。尤为重要的是，研究者认为农村现代化并不意味着传统的社会资

源、文化资源失去了作用，实际上这些资源对促进农村现代化有着重要作用，如果农村实现现代化脱离了（或者抛弃了）这些资源，那么现代化不但不能顺利进行，反而会给农村社会带来巨大的震荡和破坏，从而延迟农村现代化进程。这样的论断不无道理，如何在传统文化和现代生活之间找到有效的纽带，如何真正地挖掘传统资源，并将它们与现代化进程连接起来，确实是屯堡社会必须面对的难题。

所以，研究屯堡必须对屯堡社区的现状给予充分关注，并对屯堡村落进行普查式的调研与记录，除了传统方式之外，特别建议采用影视人类学方法记录屯堡各种现存的文化事项。

3. 对屯堡人的活体文化给予充分的尊重与引导

屯堡文化是活体的文化，是目前仍在传承的、现实生活中仍能触摸到的文化。弥足珍贵的是，屯堡文化丰富而极具传统色彩的文化事项仍能让现今的观察者印象深刻，对具有一定文化层次的访问者尤其如此。这种感受可以让人在屯堡人所持有的文化体系中感受中国文化的厚重和传统农耕生活的温暖，感受岁月年轮的更替中不变的核心价值观，即以儒家文化为主，兼以释道，以仁、义、礼、智、信、忠孝传家、讲信修睦为精神意旨的传统主流文化和地域特色文化相结合的文化观念。

但是，现在的屯堡地区并不是桃花源。以消费主义为特征的现代商业文化对屯堡文化的侵蚀是明显的，固守屯堡文化的大多是中老年人。而年轻人除了血统和居住地为屯堡外，基本上已经和其他人群没有区别。在屯堡社区，穿着时尚的年轻人们也不会以自身是屯堡人为荣。而传统的屯堡生活，在他们眼中也不会有多么重要的意义。一栋栋新的民居，不但和传统的屯堡建筑风格相去甚远，也毫无建筑美感可言，但在现在的屯堡村民眼中，显然是他们经济实力和生活改善的象征。对于仍然居住在老宅里的屯堡村民而言，废弃老宅只是时间上的问题。所以，对屯堡人的研究不仅仅要关注它传统的、历史的一面，也要尊重当下的现实和屯堡村民改善自身生活状况的合理要求。研究者不能只用猎奇的眼光看待屯堡人，要求他们沿袭数百年前的生活方式，固守于风雨飘摇的老宅内。因为屯堡人同样也有发展进步、享受现代物质文化成果的需求，所以，必须尊重他们的合理需求，并加以引导。让屯堡人在融入现代的同时不割裂和传统的血脉联系，使屯堡传统文化的基因在屯堡人未来的生活中得以妥善保留和尊重，使未来的屯堡人同样知道自己从何而来，祖先的文化何其优秀，并且这些文化的因子足以丰富和改善他们的精神生活。

4. 将屯堡文化与周边族群进行比较研究

屯堡文化是明代屯军及其他移民后裔在历史中形成和特有的群体文化。屯堡文化并不是完全静止不动的静态文化，虽然它具有突出的集体性和统一性，具有强烈的中国传统文化特征和地域特征。从屯堡人的生存环境来看，周边原住民为苗族和布依族（仲家），周边新移民为和屯堡人并无文化认同感的陆续迁入的汉族。虽然这几个族群的交流并不多，但并不意味着完全没有。种种志书及鸟居龙藏都曾指出屯堡人虽是汉族，但和苗族有通婚现象，也就是说部分屯堡人和少数民族有可能混血，部分屯堡妇女在长相上确实与苗族和布依族相接近。因此有必要对屯堡人和周边人群进行体质人类学的比较研究，对比他们之间的一些可测量、可遗传并可观察的体质特征，真正用事实解决族属问题。而且屯堡村落到清中期以后与苗族、布依族村寨犬牙交错，在一定程度上交流融合、风俗相同也是可能的。有学者指出，唱地戏是确定屯堡人族群身份的最显著特征，其实是不够准确的，因为过于绝对。屯堡村寨周边的少数民族村庄也有唱地戏的，比如平坝、贵阳花溪一带的布依族村寨，过去也唱和屯堡人一样的地戏，从唱本、服饰、面具到场次，全都一样。因此，屯堡人和周边人群是否也存在一定程度上的族群融合和文化混合的现象，或者即便达不到融合和混合的程度，是否也可以肯定存在一定的接触与碰撞，而不是传统认为的屯堡人是一个旷世独立的孤独族群。

所以，研究屯堡文化时不应该孤立对待，应该与周边族群进行比较研究，找出文化交流融合的特征和规律，从而更客观务实地看待和研究地方性民族集团，以便更接近其演变发展的轨迹。

5. 应用跨学科的前沿理论对屯堡文化进行整体性研究

屯堡文化事项林林总总，需要研究者在宏观视野内进行整体把握与关照。尤其需要强调的是屯堡文化的系统性特征，有必要对屯堡文化研究进行整体的规划设计与具体项目的逐步实施。在全球化背景下，跨学科的理论、方法可以借鉴、应用到屯堡研究上，尤其是田野方法和种种对数据的采集与科学的描述的方法显得更让人信服，而且这些方法尤为适用于已经变化和正在变化的研究主体，屯堡文化正是如此，我们应该更加小心翼翼，特别是对结论的轻易得出往往会带来研究方向性的偏离。用事实说话，用不同的学科方法针对不同的领域与话题，尽可能还原有可能被遮蔽的历史真相。

对于屯堡研究来说，屯堡文化是活态文化，屯堡人是现实中尚存的鲜活人群。可以用人类学的田野方法和对现实生活的体验式观察来研究一个民族，“生活在民族中间，用他们的视角看待外界，用他们的观念来观察思考，用他们的价值观来进行感知，并用研究者的学术语言来进行记录与分析时，社会人类学家做的是历史学家的事”；[①] 同时，结合史学家对史料和物证分析的方法来对屯堡文化进行梳理和研究，可能是诸多方法中有效的一种。

① ［英］伊万斯·普利查德：《社会人类学：过去和现在》，转引自和少英主编《人类学一百年》，云南大学出版社 2008 年版，第 179 页。

第二章

明以前的贵州及屯堡的形成

一、地域之魅：从鬼方到贵州

（一）何为鬼方

贵州地处偏远，在古代典籍中，很早就有记载，比如：

《易·既济·九三》："高宗伐鬼方，三年克之；小人勿用。"《周易集解》引虞翻注："高宗，殷王武丁。鬼方，国名。乾为高宗，坤为鬼方。"①《竹书纪年》："高宗三十二祀，伐鬼方，次于殷。"鬼方即荆楚近地，而贵州即为古鬼方。关于鬼方的记载尚有不少，《诗·大雅·荡》："覃及鬼方。"《后汉书·匡衡传》："成汤化异俗而怀鬼方"；《后汉书·西羌传》："汤伐鬼方。"《山海经·海外南经》载："三苗在赤水西。"《山海经·海内西经》载："赤水注于南海。"②《明史·土司传》："西南诸蛮，有虞三苗，商之鬼方之属皆是。"

《宋朝纪要》以鬼方地林多贵竹，因以州名，故为贵州，此为宋人说。元八番顺元宣慰使范汇《八番顺元宣慰司题名记》载："我军到其地，诸部悉归顺，始置宣慰司都元帅府，改贵州为顺元③，屯住城

---

① 坤本是西南之卦，可见鬼方地处殷之西南，而非西北。

② 这里的赤水非今天黔北的赤水河，而是作为珠江上游的南北盘江，南北盘江周围为苗族聚居区，下游又称为红水河，古赤水就是今天的南北盘江。

③ 宋代贵州即贵阳城，元代改为顺元城，表示归顺元帝国的统治。

中……八番[①]、顺元相传为夜郎、牂牁之表，殆古鬼方之境。”明嘉靖、清康熙、乾隆《贵州通志》皆称：“贵州，殷为鬼方。”康熙《贵州通志》载宋开宝七年（974）太祖《赐普贵敕》：“惟而贵州，远在荒服。”表明宋初已有贵州之称谓。宋宣和元年（1119），朝廷为奉宁军承宣使思州土司田佑恭加授贵州防御使衔，“贵州”才成为行政区划的名称。[②]《宋史·地理志》《寰宇记》《九域志》皆有“矩州”记载，清儒莫友芝认为：“贵阳本唐矩州，宋、元并于罗氏，谓之罗氏鬼国。矩、鬼、贵一声讹转，非有三也。”民国《贵州通志》认为“作矩者，史册之正文；作贵州者，沿相承之俗语也”。

贵州修志，自宋代始。今存明弘治《贵州图经新志》、嘉靖《贵州通志》、康熙《贵州通志》、乾隆《贵州通志》、民国《贵州通志》。以民国一年任可澄主编的《贵州通志》最为详备，这部通志历时26年，民国三十七年（1947）成书，可谓皓首穷经，但甄采众说，补遗厘误。任可澄，贵州安顺人，民国要人。曾任云南巡按使，参加过护国战争，后任云南省省长、贵州省省长、国民政府教育总长、监察院云贵监察史等要职，其主编的《贵州通志》，博引群史，对贵州历史进行了梳理。对于鬼方和今日贵州的关系，任可澄指出：“盖以鬼方为黔地，其来已久，而鬼非美名，故唐置州之初变文为矩。宋、元后称贵州，又矩音之变。南人读鬼如矩，江浙湖湘间皆然，不独黔音如此。”任可澄从方言音韵的角度，从鬼、矩、贵语音的演变，指出古鬼方就是今贵州之地[③]。

---

① 八番指南宁州卧龙番、应天府大龙番、静蛮军小龙番、武盛军程番、太平军石番、永盛军洪番、静海军卢番、遏蛮军罗番，地域在今贵阳南部的黔南州惠水、长顺县一带。元世祖至元十六年（1279）八番降元，元保留原有建置名称，设置安抚司，以土官为安抚使。实际前后降元的不止八番，但八番已成为这些番部的通称。《元史卷九十一·志第四十一上》载：安抚司，秩正三品。每司达鲁花赤一员，安抚使一员，同知、副使、佥事各一员，经历、知事各一员。损益不同者，各附见于后。罗番遏蛮军（不置达鲁花赤），程番武盛军，金石番太平军，卧龙番南宁州，小龙番静蛮军（不置同知、副使），大龙番应天府，洪番永盛军，方番河中府，芦番静海军（不置知事），新添葛蛮。（以上隶湖广省。）

② 有学者认为此贵州为广西贵县，并非在今日贵州境内。

③ 王国维《鬼方猃狁考》认为鬼方在今陕西西北部、山西北部和内蒙古西部。汉唐学者多把鬼方认定为远方或西羌。

（二）随风直到夜郎西

杨花落尽子规啼，闻道龙标过五溪。

我寄愁心与明月，随风直到夜郎西。

——李白《闻王昌龄左迁龙标遥有此寄》

李白这首为王昌龄贬为龙标尉而作的诗作于唐玄宗天宝七年，这首诗中涉及三个地名：龙标、五溪、夜郎，均在今天的湘西、黔东一带。此处的“夜郎”应为唐代的夜郎县（今湖南新晃县），但“夜郎”一词更多指在贵州境内存在过的古代大国“夜郎国”。夜郎是一个被高度符号化的国家，比如成语“夜郎自大”即是指夜郎不知有汉的盲目封闭。《汉书·西南夷传》载：“滇王与汉使言：‘汉孰与我大?’及夜郎侯亦然。各自一州王，不知汉广大。”其实历史上是滇王自大，反而是鹦鹉学舌的夜郎侯落下了千古笑柄。

夜郎国在中国历史上不过惊鸿一瞥，但也留下了古老的传说与辉煌的文化。夜郎国大体存在于春秋末期到西汉成帝时期，属于西南夷族系建立的君长国。

西南夷君长以什数据，夜郎最大；其西靡莫之属以什数，滇最大；自滇以北君长以什数，邛都最大；此皆魋结，耕田，有邑聚。其外西自同师以东，北至楪榆，名为嶲、昆明，皆编发，随畜迁徙，毋常处，毋君长，地方可数千里。自嶲以东北，君长以什数，徙、筰都最大；自筰以东北，君长以什数，冉駹最大。其俗或土著，或移徙，在蜀之西。①

西南夷曾经在中国西南分布广泛，是现今西南许多民族的祖先。西南夷大致分为氐羌（藏缅语族）、百越（壮侗语族）、百濮（南亚语系孟高棉语族）三个族系，分布地域在今天的四川、云南、贵州、广西等地。“西夷”地域范围大概是今四川阿坝、甘孜、雅安、凉山、昌都

① 《史记·西南夷传》。

地区。“南夷”地域范围大概是今贵州、云南及广西西北一带。西南夷由许多部族或部落国家构成，发展的水平参差不齐。由《史记》的记载可知，西南夷中的部族部分定居而且有君长、有耕田、有都邑；有的则无定居、随水草迁徙。夜郎、滇、邛都属于“耕田，有邑聚”的民族，耕田民族有君长，其俗魋结。由此可见，夜郎是有城镇的，是农耕社会，是西南夷各类型部落中发展水平最高的一种，现已为考古发现所证实。[①] 西南夷中的嶲、昆明是“随畜”民族，游牧为生，不定居，无君长，其俗编发；还有徙、筰都、冉駹等部族，即有的农耕，有的游牧。夜郎是西南夷中较大的地方势力，雄踞一隅，带甲十万。周围有句町、漏卧、且兰等小国。类似的记载还有：“西南夷者，在蜀郡徼外。有夜郎国，东接交阯，西有滇国，北有邛都国，各立君长。其人皆椎结左衽，邑聚而居，能耕田。其外又有嶲、昆明诸部落，西极同师，东北至叶榆，有莋都国，东北有冉駹国，或土著，或随畜迁徙。自冉駹东北有白马国，氐种是也。此三国亦有君长。”[②] 关于夜郎、滇国、邛都社会的形态特征为“有君长”、“椎结左衽”、“邑聚而居”、“能耕田”，与《史记》的描述完全一样。

西汉武帝建元六年（前135），汉使唐蒙在南越（都广东番禺）偶然间品尝到蒟酱，询问得知蒟酱产自蜀地，经牂牁江（今北盘江，下游为珠江）运至南越。而牂牁江畔即是夜郎：“独蜀出蒟酱，多持窃出市夜郎。夜郎者临牂牁江，江广百步，足以行船。”[③] 汉武帝为制服南越，拜唐蒙为中郎将，假道夜郎，宣以威德，孝武建元六年置犍为郡（今四川、重庆南部和贵州北部，治所在鳛，即今贵州遵义），征服南越后，汉师灭且兰国，置牂牁郡，夜郎震动，其君长入长安觐见汉武帝，武帝封其为夜郎王，被赐予金印。此为一个时间节点，夜郎地区进入中央权力范围之内，汉文化陆续进入贵州高原。汉成帝河平年间

---

① 在贵州威宁中水曾发现碳化的稻谷堆积层，兴义汉墓中发现水稻田模型，普安铜鼓山曾发现房屋遗址，赫章可乐发现干栏式建筑模型。赫章可乐应为夜郎大邑，出土众多独具特色的文物，有别于巴蜀和中原，可乐墓地的“套头葬”是极为罕见的葬式，有可能就是夜郎特色。

② 《后汉书·南蛮西南夷传》。

③ 《史记·西南夷传》。

（前28—前25），夜郎王兴与周边的钩町王禹、漏卧侯俞相互攻击，且不服从中央调停，牂牁太守陈立设计将夜郎王兴斩首，并平定了夜郎国内的叛乱，夜郎国从此灭亡，版图尽入汉朝。西汉犍为郡和牂牁郡涵盖了夜郎故地在内的川南及贵州、云南地区。《汉书·地理志》云："犍为郡，武帝建元六年（前135）开，县十二：僰道、江阳、武阳、南安、资中、符、牛鞞、南广、汉阳、存鄢、朱提、堂琅。牂牁郡，武帝元鼎六年（前111）开，县十七：故且兰、镡封、平夷、同并、谈指、宛温、毋敛、夜郎、毋单、漏江、西随、都梦、谈稿、进桑、句町。"实行郡县制之后，汉民也开始逐渐移居牂牁及夜郎，一些汉族豪民从四川迁入今贵州地区。《后汉书·西南夷列传》《华阳国志·南中志》有武帝时期龙、傅、尹、董四大豪族阖族迁入的记录。他们的迁入带来了新的生产技术和劳动工具，也带来了先进的文化和生活方式，儒学也渐渐开始传播。四姓豪族中的龙氏迁入地可能在今清镇、平坝、安顺一带，傅氏的迁入地在今晴隆、六枝一带，尹氏的迁入地在今黔南的独山、平塘、荔波和黔西南的普安、兴仁一带，董氏在兴义、兴仁一带，成为影响地方经济、政治的大姓集团。①

三国及两晋时期，贵州属于南中地区。南中为今四川省大渡河以南地区和云南、贵州两省。三国蜀汉以巴、蜀为中心，因其地在巴、蜀之南，故名南中。蜀汉建兴三年（225）诸葛亮征伐南中，在贵州境内得到彝族先民首领济济火（一名济火）的协助。《三国志》上记载："建兴三年，丞相亮南征。济火积粮通道，佐丞相擒孟获，命世为罗甸君长。"② 平南中后，蜀汉在该地区设立七郡：牂牁、越嶲、朱提、建宁、永昌、云南、兴古。牂牁为南中七郡之一，下设七县：且兰、毋敛、广谈、鳖县、平邑、夜郎、谈指，郡治在且兰（今贵州黄平县旧州）。南北朝时期，贵州属于宋国的荆、益二州。隋代贵州属于梁州刺史部和荆州刺史部，境内有明阳郡和牂牁郡，主要在今黔北地区。

唐代在国内设道，道下设州。在今贵州地区设黔中道及黔州都督府

① 范同寿：《贵州历史笔记》，贵州人民出版社2008年版，第79页。

② 贵州大方县尚有全国发现纪事年代最早的彝文碑《济火纪功碑》。该碑为横长方形砂石碑，高0.52米，长0.65米。为阴刻彝文，记载大方彝族首领济火协助诸葛亮擒孟获，因功受封为罗甸君长的史迹。

统领各州。经制州与羁縻州并存，以羁縻州居多。乌江以北和黔东北地区多属经制州，由朝廷任命官吏进行正规管理；乌江以南为羁縻州，由土目统治，朝廷对这些地区的统治较多是象征意义的而不是有效控制。唐代曾将黔州都督府改为播州都督府（治今贵州遵义）和庄州都督府（治今贵州贵阳），为防御南诏的边境。宋代贵州属夔州路，由于边境战争延绵，中央政府无力南顾，乌江以北又成为羁縻州，土司（藩国）势力开始强大。宋、元、明三代，贵州一直存在大大小小的土司，被朝廷授予宣慰使、宣慰司、宣抚司、安抚司、长官司、蛮夷长官司等职。土司制是羁縻制的延伸，即由土目受中央委派实行实际上的统治，这些土司多为世袭。有的大土司家族在贵州部分区域的统治数百年，是名副其实的土皇帝。这期间贵州一直存在四大土司：水西安氏土司、水东宋氏土司、思州田氏土司、播州杨氏土司。水西安氏是乌蛮人（彝族先民），为三国时被封为罗甸国王的济济火之后，曾建立罗氏鬼国，后与水东宋氏以鸭池河为界。元末，水西首领霭翠袭顺元路宣抚使、八番顺元沿边宣慰使。明洪武四年（1371），水西霭翠与水东宋蒙古歹、普定女总管适尔纳土归附明朝。太祖准其原官世袭，赐水西首领霭翠“安”姓，赐宋蒙古歹名为“宋钦”。以霭翠为贵州宣抚使，宋钦为宣抚同知。洪武六年，“升贵州宣抚司为宣慰司，以霭翠为宣慰使，宋钦为宣慰同知，令霭翠位各宣慰之上，设治所于贵州城内（今贵阳）”，宣慰司印由霭翠掌管，遇事由宣慰使与宣慰同知协商。水东宋氏从唐代开始据有水东，水东地域在今贵阳乌当区及贵定、开阳、龙里一带。水东宋氏族属莫辨，有可能为布依族，也有可能是融入布依族的汉族。现居住在这一带的宋姓人中有布依族、苗族和汉族，均称他们的祖先是宋景阳。《清一统志》载：“宋景阳，真定人，（宋太祖）开宝八年，广右诸夷所乱，诏景阳率师征之，悉定广右，复进兵都匀等处，西南以平。诏置总管府于大万谷落等处，授景阳都总管以镇之。景阳抚绥劳来，甚得人心，柳州庆远民多归附，其苏、赵、周、高、兰、蔡、南容七姓，则举笔附焉。卒赠太尉，谥忠诚，子孙世爵其土，为宣慰宋氏。”宋景阳还有一大功业就是驱除乌蛮出黑羊菁（今贵阳市），奠定日后水东、水西两地疆域。据《贵阳志》载：“水东宋氏，其先镇（真）州人。有宋鼎者，唐德宗建中中为蛮州刺史，入朝。蛮州者，今开州也，宋太祖开宝八年，鼎之裔曰景阳者，逐乌蛮于黑羊箐。黑羊箐即矩州也。朝廷因置宁远军，蛮州总管府，以景阳为宁远军节度使，蛮州总管府总管。”播州杨氏土司，亦统治播州长达七百余年。唐乾符三年，南诏攻陷播州，山西太原人杨端应募起兵，收复播州，被授武略将军，杨氏开始统治播州。宋徽宗大观二年，杨文贵与其叔杨光荣争相上表纳土，宋朝在播州置遵义军①。元世祖授杨邦宪宣慰使，赐子汉英名赛因不花，封播国公。明初，杨鉴内附，改封播州宣慰司使，隶四川。《明史纪事本末·平杨应龙》记载：“其域广袤千里，介川、湖、贵竹间，西北堑山为关，东南附江为池。领黄平、草塘二安抚，真、播、白泥、余庆、重安、容山六长官司，统田、张、袁、卢、谭、罗、吴七姓，世为目把。”明万历十七年，播州宣慰使杨应龙叛乱，明廷震动。明万历二十八年（1600）杨应龙兵败海龙屯自杀，播州土司灭亡。明政府分播州土地为二府，遵义府属四川，平越府属贵州。自唐末杨端至明末杨应龙，杨氏土司治播29世，历时724年。水东宋氏的活动地区主要在今贵阳附近。地处黔东及黔东北的思州田氏历史也很久远，隋代田氏即统治思州地区。民国《沿河县志》引《田氏宗谱》载：“随文帝开皇二年（582），黔中夷苗屡叛，大臣苏威保奏（田）宗显为黔中刺史，同子惟康赴任年余，黔中大治，文帝诰封为国公节度使之职……奉命镇管黔中思州十八堡，沿治四十八渡。旋加封为宣慰荣禄节度使金龙护国公，子

---

① 遵义城东南郊的皇坟嘴有南宋时期播州安抚使杨粲夫妇的大型合葬石墓，1957年发掘，1982年被确定为全国重点文物保护单位。杨粲墓修建于宋理宗淳祐年间（1241—1252），背山面水，风水极佳。该墓由496块白砂岩条石砌筑，最大的一块石料达一万二千余斤，以子母扣层层套合的方法固定。有雕刻190幅，雕工精美，规模宏大，在全国已发掘的同类宋墓中居于首位。杨粲，字文卿，系杨端十三代孙，于宋宁宗嘉泰初年（1201—1204）袭播州安抚使，官终武翼大夫，是播州史上的中兴人物。杨粲治播州以“文武兼资”著称，史籍说他“性孝友、安俭，素治政宽简，民便之”。当政四十余年，出现“播州盛世”：“士类羽流，皆称其喜儒而好礼，乐善而种德。”“子孙绳绳善继，尊尚伊洛之学；言行相顾，一如邹鲁之俗”，播州“土俗大变”，出现了“俨然与中土文物同”的局面。不仅如此，杨粲还治军了得，其子孙杨价、杨文皆英勇抵抗蒙古，曾六次出兵与宋军一起作战，播州军威很盛，名为“播州雄威军”，被朝廷誉为“国之藩屏”。宋朝屡次为杨粲加封赐谥，赠予右武大夫、吉州刺史、左卫大将军、忠州防御使等头衔，并“赐庙忠烈，封威毅侯”。杨粲墓除了石雕精美外，最显著的特点是墓室内雕有四条浮雕龙柱，亦可见播州土司在显赫中的僭越。

孙世袭宣慰职，军民两管。”唐代贞观四年（630）时设羁縻州思州，历唐、宋、元、明，均为田氏世袭。[①] 1365年，朱元璋称吴王后第二年（元至元二十四年），思南宣慰使田仁智率先归附，思州宣慰使田仁厚也随后归附，田氏依然据有思州。明永乐九年，思南宣慰使田宗鼎与思州宣慰使田琛（本为叔侄）为争夺朱砂矿发生战争，明成祖命镇远侯顾成率官兵五万讨伐，擒田琛，永乐十年成祖杀田琛及田宗鼎，田氏家族统治思州七百余年的历史亦随之结束。永乐十一年成祖废思州宣慰司、思南宣慰司。以思州辖地置思州、黎平、新化、石阡四府，以思南辖地置思南、镇远、铜仁、乌罗四府，设贵州布政使司，仍保留水西及水东土司，归贵州布政使统辖，贵州行省由此开始。

（三）安顺地域的历史沿革

安顺市位于东经105度13分至106度34分，北纬25度21分至26度38分，地处长江水系乌江流域和珠江水系南盘江流域的分水岭地带，东邻省会贵阳市和黔南布依族苗族自治州，西靠六盘水市，南连黔西南布依族苗族自治州，北接毕节地区，总面积9260平方公里，有汉族、布依族、苗族、仡佬族、彝族、白族等二十余个民族，少数民族人口占38%，总人口260万，是典型的多民族聚居区。安顺市下辖西秀区、开发区、平坝县、普定县、关岭布依族苗族自治县、镇宁布依族苗族自治县、紫云苗族布依族自治县、黄果树风景区。是贵州最典型的喀斯特地貌区，岩溶发育完整，峰峦叠嶂，奇山秀水层出不穷，往往让初来乍到者惊异不已。

明代正德年间王守仁被贬贵州修文龙场驿，曾感叹道：“连峰际天兮飞鸟不通，游子怀乡兮莫知西东，莫知西东兮维天则同，异域殊方兮环海之中。”[②] 像著名的黄果树大瀑布、奇幻的溶洞，雄奇壮丽的地质断裂带花江大峡谷，都会给到访者留下难以忘怀的印象。

安顺平均海拔高度在1102米—1694米，属亚热带湿润季风气候，雨量充沛，年平均降雨量1360毫米，冬季平均气温在6℃—8℃，夏季

---

① 田氏管辖思州、思南疆域相当于今天贵州省铜仁地区、黔东南州东部及湘西一带。

② （明）王守仁：《瘗旅文》。

平均在22℃—28℃，年平均气温14℃。冬无严寒，夏无酷暑，气候温和宜人，宜于人类生活居住。安顺地势西高东低，北部为洼地峰林，南部和西北部为山地，中部和东部为盆地丘陵（与贵阳市相连接）。贵州省目前共拥有坡度6°以下、面积大于万亩并且集中连片的耕地大坝47个，安顺地区就有9个，其中平坝县有6个万亩大坝，是贵州著名的稻米产区。安顺地处滇黔交通要冲，战略位置十分重要。《贵州通志》称："西南冲剧，夷汉襟喉"；《安顺府志》称："襟带楚粤，控制滇黔，地踞省城上游，为滇南孔道，真腹地中之雄郡也"。"安顺为黔之腹，滇之喉，粤蜀之唇齿。其疆域错出牂牁、夜郎之交，其星野上分参、井、舆鬼之次，其民华夷杂处，其官土流并设，其山之隘塞要害者以百数，而关索为最险，其水之屈盘绾辖者义什数，而盘江为最大。"① 这是清咸丰《安顺府志》对其地理位置的描述，是黔腹滇喉的雄郡。如今，安顺是名副其实的"黔中大通道"，交通便捷通达。贵州第一条公路、第一条高等级公路、第一条高速公路都和安顺有关，均是从贵阳到安顺。现在，贵昆铁路、株六铁路复线、滇黔公路、贵黄高速公路、清镇高速公路和厦蓉高速公路横贯其间，是西进云南的咽喉要道，也是今日贵州西部的交通枢纽。

二、明代贵州卫所及屯堡人的形成

作为贵州历史上的一个重要时期，明代对贵州地区的经营显得十分突出和重要。就是在明代，由于军事需要，贵州成为一个独立的省级行政区。一个最显著的特点是，明代贵州的卫所和屯军数量众多，大大超过了周边许多省份，这也为贵州屯堡人和屯堡文化的形成打下了基础。研究屯堡文化史，就必须研究屯堡人的形成及其变化，通过现象发现其中的一些规律。毫无疑问，贵州屯堡人的形成是一个值得反复探讨的、有价值的话题。因为就这个问题的结果，会直接影响到贵州屯堡文化研究的方方面面。

---

① （清）吴式芬：《安顺府志·序》，（清）常恩总纂《安顺府志》，贵州人民出版社2007年版，第4页。

（一）明代贵州卫所的形成及分布

关于贵州屯堡人的形成，研究者基本认定主要是明初为平定云贵的军事需要而大量用兵及世袭屯守的结果。

明朝洪武十四年，朱元璋对据守云南的蒙元梁王把匝剌瓦尔密用兵。《明实录》这样记载："征南将军颍川侯傅友德、左副将军永昌侯蓝玉、右副将军西平侯沐英率大军由辰、沅趋贵州，进攻普定，克之。罗鬼、苗蛮、仡佬闻风而降。至普安，复攻下之。乃留兵戍守，进兵曲靖。"①由此可见，明军主力进军云南的路线是大致沿着今天的铜仁、镇远到贵阳、安顺、兴义出云南曲靖的，还有一路由明将胡海率领的五万名士兵是从四川叙永下乌撒（今贵州威宁）而来。洪武十四年十二月戊寅（二十八）（1382 年 1 月 12 日），明军破元梁王派遣的司徒平章达里麻在曲靖防御的十万兵。

明洪武十五年正月丁亥（初七）（1382 年 1 月 21 日），太祖朱元璋设立贵州都指挥使司。"置贵州都指挥史司，令平凉侯费聚、汝南侯梅思祖署都司事。置云南左、右、前、后、普定、黄平、建昌、东川、乌撒、普定、水西、乌蒙、芒部、尾洒一十四卫指挥使司。"② 七天后，朱元璋下诏傅友德、蓝玉、沐英："比得报，知云南已克，然区画（划）布置尚烦计虑，前已置贵州都指挥使司，然其地去云南尚远。今云南既克，必置都司于云南以统帅诸军，既有土有民，有必置布政司及府、州、县以治之。其乌撒、乌蒙、东川、芒部、建昌之地，更宜约束其酋长，留兵守御，禁其民毋挟兵刃。至如霭翠辈不尽服之，虽有云南，亦难守也。其从征军士有疾病疲弱者，每卫每限十人百人，可先遣还。"③ 朱元璋的安排可谓既细密又深谋远虑，在云南建立省级军区和行政区，分兵守御，控制各地土司酋长，对水西土司霭翠，则特别加以防范。而远征大军每卫 5600 人中仅百人以内的遣还，足见朱元璋为将云贵永久纳归王土而不放弃随时用兵的决心。这样的记录在《明实录》

① 《明实录·太祖洪武实录》卷 141，转引自《明实录·贵州资料记录》，贵州人民出版社 1982 年版，第 4 页。

② 同上。

③ 同上。

中屡见不鲜，而且朱元璋的谕旨频率很高，常常对一个问题反复下旨。比如在洪武十五年二月丙寅（十六）（1382 年 3 月 1 日）的敕谕中说："自将军南征，大军所至，势同破竹，蛮僚之地，次第底平。朕观自古云南诸夷叛服无常，盖以其地险而远，其民富而狠也，驯服之道，必宽猛适宜，事之委屈。"① 朱元璋并以史为鉴，举以汉、唐、元诸朝平定云南的例子，告诫傅友德等人："将军观此，可熟察其情，详慎处置，今之计非惟制其不判，重在使其无判耳。"②朱元璋的谋略和决心，使他采取了和历朝不同的力度，战事获胜后大军留守，设置卫所及屯田留守，奠定了明清时期西南边陲的稳定大局。卫所制是贯穿明代的军事制度，"明代以武功定天下，革元旧制。自京师达于郡县皆立卫所"。③ 自洪武四年至洪武二十六年，明政府在现贵州境内共建有贵州卫、普定卫、普安卫、乌撒卫、尾洒卫、层台卫、赤水卫、平越卫、五开卫、安庄卫、兴隆卫、镇远卫、威清卫、平坝卫、龙里卫、新添卫、清平卫、都匀卫、平溪卫、清浪卫、偏桥卫、贵州前卫、古州卫、铜鼓卫等二十四卫。这些卫中，除镇远、平溪、偏桥、五开、铜鼓、古州等七卫隶属湖南都指挥使司外，其余都归贵州都指挥使司统辖。④ 贵州都指挥使司隶属于右军都督府。

范增如先生曾根据万历二十五年《贵州通志》分卷记载的贵州都司所领 18 卫及 2 直隶守御千户所的基本情况列表如下（见表 2－1）。

表 2－1　贵州都司所领 18 卫及 2 直隶守御千户所的基本情况

分　类	卫所名	置　年	隶　属	领　所	原额旗军	万历查存
中二卫	贵州卫	洪武四年	隶四川都司，十四年改隶贵州都司	5 所	5704 名	2911 名
	贵州前卫	洪武十五年	隶贵州都司	5 所	6905 名	2439 名

① 《明实录·太祖洪武实录》卷 142，转引自《 明实录·贵州资料记录》，贵州人民出版社 1982 年版，第 4—5 页。

② 同上。

③ 《明史》卷八十九《兵志一·序》，中华书局 1974 年点校本，第 2175 页。

④ 翁家烈：《夜郎故地上的古汉族群落——屯堡文化》，贵州教育出版社 2002 年版，第 31 页。

续表

分　类	卫所名	置　年	隶　属	领　所	原额旗军	万历查存
上六卫	威清卫	洪武二十三年	同上	5 所	5100 名	1815 名
	平坝卫	洪武二十三年	同上	5 所	5600 名	2116 名
	普定卫	洪武十五年	隶四川都司，正统三年改隶贵州都司	5 所	6905 名	2439 名
	安庄卫	洪武二十二年	隶贵州都司	5 内所及 1 外守御所	5599 名	1659 名
	安南卫	洪武二十三年	隶贵州都司	5 所（尚有 2 守御所）	5600 名	1201 名
	普安卫	洪武二十年	隶云南都司，寻改隶贵州都司	7 内所及外 4 守御所	13777 名	913 名
西四卫	毕节卫	洪武二十年	隶贵州都司	5 所	5567 名	1211 名
	乌撒卫	洪武十六年	隶云南都江司，永乐十二年改隶贵州都司	4 内所及外 1 所	6189 名	1448 名
	赤水卫	洪武二十二年	隶贵州都司	4 内所及外 1 所	7468 名	1088 名
	永宁卫	洪武五年	隶四川都司，后改贵州都司	5 所	5943 名	缺
下六卫	龙里卫	洪武二十三年	隶贵州都司	5 所	5600 名	1212 名
	新添卫	洪武二十三年	隶贵州都司	5 所	5999 名	888 名
	平越屯	洪武十四年	四川，寻改隶贵州都司	5 所	7071 名	266 名
	清平卫	洪武二十三年	隶贵州都司	6 所	9802 名	385 名
	兴隆卫	洪武三十二年	隶贵州都司	5 所	7137 名	1022 名
	都习卫	洪武二十二年	四川，永乐十七年改隶贵州	5 所	6674 名	960 名
守御卫	普市所	洪武二十二年	隶贵州都司		1420 名	84 名
	黄平所	洪武八年	隶四川，十五年改隶贵州		1109 名	2444 名
合　计					11629 名	2444 名

五开卫　洪武十八年正月置，隶属湖广都司，后废，三十五年（建文四年，下仿此不注）十一月复置。

古州卫　洪武二十六年置，寻废。

铜鼓卫　洪武三十一年置，属湖广都司。后二年废，三十五年十一月复置。

平溪卫　洪武二十二年置，属湖广都司。万历二十九年十一月改属贵州都司，三十一年四月还属湖广都司。

清浪卫　洪武二十三年四月置，属湖广都司。万历二十九年十一月改属贵州都司，三十一年四月还属湖广都司。

偏桥卫　置年隶属同上。

镇远卫　洪武二十二年七月置，隶属同上。

以上7卫，除古州卫置而寻废外，其余6卫习惯上称为“东六卫”。这6卫虽置地在贵州行省境内，但军政上隶属湖广都司。

敷勇卫　本扎佐长官司，属贵州宣慰司。崇祯三年改置卫，属贵州都司。卫领4守御千户所。

镇西卫　本贵州宣慰司水西地，崇祯三年置卫，属贵州都司。卫领4守御千户所，中含定南所，治今普定县城。

按明代军制，各地卫所的军队受所驻省的都指挥使司管辖，都指挥使司是省级最高军事机构，有都指挥使一人，都指挥同知二人，都指挥佥事四人。都指挥使统全局，都指挥同知、都指挥佥事分别掌管操练、屯田、巡捕、备御、出哨、戍守、漕运、军械等，各省都指挥使司又隶五军都督府。[①] 都指挥使司下设若干卫，每卫5600人，设指挥使一人，指挥同知二人，指挥佥事四人，分工如同都指挥使司。除了通常的卫指挥使司外，还有权力更大、管辖范围更广的军民指挥使司，既可管军，又兼管地方土司。而每卫通常领有前、后、左、中、右五个千户所。如果地处军事要冲，卫可兼领地方的守御千户所。[②] 五个千户所称为“内所”，因其在卫城周围，守御千户所因离卫城较远，称为“外所”。每千户所1120人，每个千户所辖10个百户所，每个百户所112人，由正、副百户统领，每百户领总旗2个、小旗5个，小旗领兵10人。就武官级别来说，省级军事首长都指挥使为正二品，卫的军事首长指挥使为正三品武官，所的军事首长千户为正五品武官，百户为正六品。

---

① 洪武十三年朱元璋改大都督府为五军都督府。五军都督府和兵部都听命于皇帝，五军都督府有统兵权而无调兵权，兵部拥有调兵权而无统兵权。五军都督府和兵部相互节制互不统属。军队调遣权由皇帝直接掌管。兵部在军队中虽有任免、升调、训练之权，但不统兵。每逢战事，由皇帝委派大将担任总兵官，统率卫所部队出征，战事结束，总兵归还将印，军队归还卫所。

② 明初安庄卫兼领关索岭千户所，普安卫兼领安南、安隆、乐民、平夷千户所，毕节卫兼领七星关千户所，兴隆卫兼领重安千户所，清平卫兼领香炉山千户所。

明太祖以武功得天下，天下初定后，大量的士兵如何安置，不战之时何以为生，国家如何供养他们？这不仅是一个经济问题，也是一个社会问题。明太祖善校古法，而屯田制无疑是一个最好的解决方法。洪武十五年（1382）三月，傅友德上奏："自元世祖至今百有余年，屡经兵燹，图籍不存，兵数无从稽考，但当以今之要害，量宜设卫以守……督布政使覆实云南、临安、楚雄、曲靖、普安、普定、乌撒等卫及沾益、盘江等千户所，见储粮数一十八万二千有奇，以给军食，恐有不足，宜以今年府、州、县所征并故宫寺院入官田，及土官供输、盐商中纳、戍兵屯田之入以给之。"[①] 朱元璋准其奏，洪武二十年十二月壬子（初六）(1388 年 1 月 15 日)，朱元璋下旨："左军都督佥事冯诚往谕普定侯陈桓、靖宁侯叶升，率湖广都司诸军驻普安分屯。"[②] 这样的记载不少，可见朱元璋不仅认识到了卫所屯田的重要性，而且大力推广屯田制，他曾这样对户部表示："屯田之政可以纾民力，足兵食。边防之计，莫善于此。"[③] 明初民生凋敝，元代遗留的官田、豪强的私田及战乱后大量的民间荒田可供屯军开垦，除了满足军需之外，亦可为国家输送大量粮食。而卫所士兵也不仅仅是手持兵刃的职业武士，他们可以战时为士兵，平时为农民，这些国家的戍守者也成为了数量庞大的农业生产者。由此，"此销兵之术，所谓养兵百万不费民间斗粮也。数传而后化为农桑"。[④] 明太祖可谓深谋远虑，而采用的手段也是务实而有效：动用国家机器，设卫所屯田，调动数百万人口迁徙。明朝究竟有多少数额的卫所军队？翁家烈先生调查称洪武二十六年（1393）全国有卫所军人 180 万，设置都司 17 个，卫所 329 个，直属都司的千户所 65 个。如加上后来增设的所，全国应有军人 200 万以上。据弘治十四年兵部统计，"天下卫所官军原额二百七十余万"[⑤]。如果按 70% 的军人屯田，那么明代

① 《明实录・太祖洪武实录》卷 143，转引自《明实录・贵州资料记录》，贵州人民出版社 1982 年版，第 10 页。

② 《明实录・太祖洪武实录》卷 187，同上书，第 14 页。

③ 《明实录・太祖洪武实录》卷 179，同上书，第 12 页。

④ （清）刘昆：《南中杂说》，转引自翁家烈《夜郎故地上的古汉族群落——屯堡文化》，贵州教育出版社 2002 年版，第 108 页。

⑤ 《明史》卷九十一《兵志三》。

的戍卒人数为140万—200万。屯田制实施后，如何分配卫所士兵的屯田和戍守比例，明政府曾有明确的规定。例如洪武二十五年曾经下令“天下卫所军卒自今以十之七屯种，十之三城守”①，《明史》中亦有军屯、民屯及屯军受田的记载：“移民就宽乡，或召募或罪徙者为民屯，皆领之有司，而军屯则领之卫所。边地，三分守城，七分屯种。内地，二分守城，八分屯种。每军受田五十亩为一分，给耕牛、农具，教树植，复租赋，遣官劝输，诛侵暴之吏。”② 永乐二年，调整士兵的屯田和戍守比例，因地制宜，较为灵活：“视其地之夷险要僻以量人之屯守之多寡。临边而险要者，则守多于屯；在内而夷僻者则屯多于守；地虽险要而运输难至者，屯亦多于守。”③ 屯田旗军由国家拨给土地，配备生产物资，并携带妻子家眷一同前往。每个旗军配给的土地视不同地域、环境和所据地人口密度情况而不同，《明会典》称：“每军种田五十亩为一分。又或百亩，或七十亩，或三十亩，或二十亩不等。”平均为每个旗军50亩，由此推算明初全国屯军垦殖的土地面积在70万公顷左右。后来由于屯政废弛，屯田面积逐渐减少：“自正统后，屯政稍弛，而屯粮犹存三之二。其后屯田多为内监、军官占夺，法尽坏。”④《明实录》载：成化三年三月，贵州总兵官毛奏：“贵州都司原设旗军161800余名，今止有28800余名。”

表2-2　　万历年间贵州各卫所屯科田粮增减情况

卫所名	原屯科总数（亩）	查存屯科田（亩）		原屯科粮总数（右）	查存屯科粮（右）	
		屯田	科田		屯粮	科粮
贵州卫	44689	27143	8468	5193	4900	453
贵州前卫	37056	33213	5215	5486	5240	286
小　计	75925	60356	13687	10679	10140	739
威清卫	41350	16591	3738	5357	5166	202

据范增如统计。

① 《明实录·太祖洪武实录》卷216，转引自《明实录·贵州资料记录》，第15页。

② 《明史》卷七十七《志第五十三》。

③ 《明实录·太宗永乐实录》卷30。

④ 《明史》卷七十七《志第五十三》。

续表

卫所名	原屯科总数（亩）	查存屯科田（亩）		原屯科粮总数（石）	查存屯科粮（石）	
		屯田	科田		屯粮	科粮
平坝卫	36112	18806	3015	5125	4968	162
普定卫	76724	31962	14933	7609	6960	799
安庄卫	72193	18662	3404	6686	6512	238
安南卫	34670	16206	9431	5850	5380	506
普安卫	78444	29140	24129	11480	11028	1190
小　计	339493	131367	58650	48107	40014	3097
毕节卫	64008	22467	22171	5082	4163	1116
乌撒卫	84938	82009	8551	6489	6555	425
赤水卫	57288	54276	12880	5703	5128	776
永宁卫	53391	53290	7394	7095	6777	453
小　计	259625	212042	50996	24369	22623	2270
龙里卫	63147	18244	1913	4303	4228	77
新添卫	26885	11597	2912	2647	2618	155
平越卫	37532	16495	143	2983	2658	5
清平卫	19708	6056	150	2608	2645	10
兴隆卫	49097	9374	1337	3222	3246	73
都匀卫	33570	23589	3566	3219	3057	208
小　计	210235	85355	10021	18982	18452	528
普市所	5747	2628	909	872	824	49
黄平所	10023	7783	149	2508	2509	8
小　计	15770	10411	1058	3380	3333	57
合　计	901048	49953	134403	99517	94562	7191

明代的卫所士兵是以户为单位的，编入军籍的军户世代世袭。士兵携妻带子，戍守或屯田异地，其过程可谓颠沛流离。每户军户除了一个“正军”外，还要出一个辅助正军的“余丁”，为“正军”服务。此外，军户还需要保留一丁为“正军”的预备，还要贮备一丁为“继丁”。政府所授屯田亦是世袭，不得转让和买卖。可以说，明代军户负担沉重，不但无人身自由，仿佛成为国家佃农，地位比普通民户还低下。

（二）屯堡人的逐渐形成

可以说，屯堡人的形成，主要是明洪武年间“调北征南”和后来不断的“调北填南”形成的规模化的存在，形成了初期屯堡人最核心的主体。在这个主体之下，屯堡人带来并长期保留了他们家乡原来的生活习俗和文化传统，作为当时最先进的主流文化，屯堡人不断地坚守自己的生活方式和文化特征，形成了一个独特的文化共同体，后来不断迁入屯堡地区的各种各样身份的后续者都能自觉或不自觉地认可和坚守这个共同体。当然，屯堡人和屯堡文化并不是完全静止不动的，这个共同体并不是完全封闭的，尽管它常常给人静止不动的、“活化石”般的印象。

关于屯堡人的来源，从洪武大军而来可以肯定。但从军而来就一定全部是原籍安徽凤阳府和南京应天府及江西、湖广等处这一论断则值得考证，明初就曾调遣大量山西籍的士兵分戍南方的贵州、云南、广西、广东等处。如果仅从现今屯堡人的家谱来作考证的依据，似乎也并不一定准确。年代久远、修家谱的时间和出发点、种种功利因素导致郢书燕说的现象并不是不可能。明初用兵规模巨大，兵源不可能尽出于太祖的家乡附近，二百余万兵源不可能都是从龙之兵。值得一提的是，有学者通过研究指出，屯堡人的父系祖先可能是明初随傅友德征南的投降明朝的元太尉纳哈出的部属。而屯堡人的母系祖先，除一部分随军入关的家属外，就可能是和当地通婚的土著妇女。其理由是：安顺地区妇女的宽袍大袖、宽腰带和独特的凤头发型，不是江淮的凤阳装而是北方民族的传统装束；屯堡人的卷舌音和儿话音与南方口音差别甚大，特别是著名的俗语“得儿”（男阴），更是南方所无，而北方的天津、北京、辽宁和内蒙古则有；洪武二十年受降的元太尉纳哈出所辖范围正好是今内蒙古东部、辽宁东北部、吉林西北部，既有蒙古族，也有女真及契丹人的后裔，他们在安顺娶妻生子，成为早期的屯堡人。还有一个较有意思的理由是：明末徐霞客游历贵州安顺时，在屯堡地区把屯堡人视为“苗”和“生苗”，并没有他乡遇故知的感觉。[①] 这些理由不能不说具有一定

---

① 陈训明：《三论安顺屯堡人主体的由来问题》，《贵州民族研究》2008 年第 1 期。

的说服力，而且对原来关于屯堡人主体是江南人的学界普遍说法具有颠覆性，对于安顺地区的旅游开发和屯堡旅游的卖点有潜在的影响。但是从学理上而言，这种开拓性的研究无疑是具有价值的，起码它拓宽了关于屯堡人主体由来的研究视野。其实，不管早期的屯堡人是以江南籍还是北方籍为主，在六百年间，人口的迁徙和数量的变化一直都没有停过，这也在不断改变屯堡人的构成。据《明实录》宣德七年十二月戊戌（十三）（1433 年 1 月 4 日）载贵州按察使应履平的上奏称："今贵州都司各卫官兵，原调广西备御者万余人，后分两班，每岁更代，如宣德五年二月遣还伍千余人，其中逃者二千八百有奇，今年亡匿辄取在卫者补之，明年亡匿又取在卫者补之，循以为常，殆不见数年后，贵州卫所军伍日空。迩者，军政虽闻清理卫兵，为见足备。且贵州诸卫城池二十有六，屯堡七百有余，山洞险阻，蛮人叛服无常。觇知守卒疏懈，辄乘虚劫掠境内，连岁被害，民不安居。"[①] 从应履平的奏折可以了解，设立贵州布政使司后仅二十年，贵州各卫官兵逃跑的就很多，从广西遣返贵州的五千兵就逃走了一半以上，导致兵员缺乏。而且贵州卫兵经常劫掠驻防区，导致民不安居。又如，正统八年正月辛亥（十五）（1443 年 2 月 14 日），广西总兵官安远侯柳溥奏折称："原调贵州操备官军因无指挥统领，以致沿途逃往数多，阙军调用。"[②] 弘治九年八月丁亥（十三）（1496 年 9 月 19 日），巡按贵州监察御史丁养浩奏称："贵州有军无民，修造供馈，其费皆出于国。初，原额地田正之外不下数万顷，军有流亡，田则具在。但为豪强兼并，宜令守臣清出，不必加赋，岁收余租发于各卫所，别建仓储之。"[③] 这里指的"民"是指汉族农民，由于缺民，加之兵丁逃亡，屯田被地方豪强兼并的现象也出现了。这种情况一直持续到明末，在天启安奢之乱期间，贵州总督蔡复一于天启五年六月庚辰（初四）（1625 年 7 月 7 日）奏折称："因饷匮兵逃，一举蹉跎，而黔局又当从头做起。……臣今春招募开垦至八月获稻，庶米价可平耳。屯愈广则兵费愈省，发额当缩，而克敌不待二年亦未可知。"[④]

① 《明实录·宣宗宣德实录》卷 97，第 3—4 页。

② 《明实录·英宗正统实录》卷 100，第 5—6 页。

③ 《明实录·孝宗弘治实录》卷 116，第 2 页。

④ 《明实录·熹宗天启实录》卷 55，第 10 页。

可见由于战事不断，加上士兵逃逸，贵州不仅缺兵，也缺粮。地方官员和军事首长也在不断地扩大屯田并招募屯田的农民，这种招募的对象应该是当地原有的或迁移至当地的汉族农民，应该是开放性的招募，安顺一代的屯堡也概莫能外。所以，安顺地区屯堡居民的由来应该还有许多补充，而不单纯是卫兵的后裔，也应该是不断补充的屯田者的后裔。而屯田者的构成就有可能极为复杂，包括卫兵、个体游民、家族或集团性迁入者、流放者、商贾，等等，从主观意愿上有主动迁入的，也有被地方政府征召的，还有被中央政府派遣的。在几百年间，这种流动从未停止。

（三）明代卫所士兵的逃逸

明代卫兵逃逸的现象，并非个别或只呈阶段性，而是贯穿于有明一代276年的历史中。明代虽然疆域并非中国历史上最广阔的时期，但是，明代却是中国历史上非常重视军事功能，军事建制较为完善，而且战争连绵不断的一个朝代。首先，明代创立了独特的卫所兵制和边班制，以200万军户世袭。调北征南，调南征北，调东镇西，频繁的军事调动导致了人口的不断迁徙，也避免了军事藩镇的形成。但是，长途迁徙的军人颠沛流离，生活十分困苦、处境十分艰难。在这个背景下，军人的不断逃逸与流失十分普遍，成了一个严重的社会问题。“南北士兵彼此不服水土，南方之人死于寒冻，北方之人死于瘴疠。……路难费巨，逃亡者多。”① 有学者通过研究指出，明代卫所兵丁承担着作战、御边、守城、屯田、漕运等职责，而且分工明确，职有所专，各个卫所守、屯军的比例都有详尽的规定。明代中叶以后，土地兼并日趋激烈，卫所屯田制度开始遭到破坏，卫所军丁的身份开始模糊起来，不再是纯粹的军人。其职责和功用开始复杂化，出现了“军无定用”的现象，许多军人不堪杂役的重负而脱籍逃亡。明英宗时期，有的百户所剩余的兵丁仅有一人；正统年间，全国逃亡士兵达到120万人以上，占全国总兵额的二分之一；弘治时期，全国逃亡的军士占洪武时期的百分之六七

---

① 转引自刘金祥《明代卫所缺伍的原因探析》，《北方论丛》2003年第5期。

十。宣德以后，军屯租税过于沉重，屯田的士兵无法承担，于是纷纷逃离。①

屯田士兵的大量逃逸，不但使明代的兵员总额锐减，军事实力降低，也使卫所和军屯陷于困境。这对于贵州境内的卫所来说，是大气候下的小气候，概莫能外。成化六年8月，巡抚贵州右副都御史秦敬奏："贵州旧设20卫所军145400有余，今除屯田之外，守城支粮者仅15000人，后因减其月粮，逃亡愈多。"

万历年间的清平卫士兵十不存一，据万历《贵州通志》载："旗军原额9802名，香炉山兵变及逃亡故绝，止存屯操共306名，防守炉山79名。"类似情况还有，据万历三十八年六月二十（1610年8月8日），兵部复贵州抚按官胡桂芳的条陈时称："贵州铜仁总镇标下有兵四千九百七十三名，三十年（万历三十年）新增兵六百名，今云标兵仅三百数目，缘何互异，仍行查核，务要声说明白，勿得欺瞒。"② 铜仁镇5573名士兵，八年时间内逃跑了5200人，这个现象确实让人感到吃惊。明代士兵的不稳定状况竟然达到如此程度，而且贯穿各朝时期，即便是贵州也是如此。如果士兵逃逸，其家庭是否会一起逃走呢？根据明军户世袭制，逃走一人军户就得补充一人，"正军"跑了"军余"就得补上，看样子一个士兵逃跑，其家庭很可能会一起或相继逃跑，其他军户的家庭也可能跟着逃跑。早在景泰元年二月丙子（1450年3月14日）总兵官靖远伯王骥上奏："贵州奸狡旗军，畏惧征操，各携妻孥逃回原籍；又有千百户等官买嘱卫所，假作公差，在外延驻。"③ 这说明士兵的逃跑往往是携妻带子举家逃回原籍，而且军官们也经常借故住在军屯之外。天顺四年六月己未（1460年7月2日），巡按贵州监察御史郭本上奏："窃见逃军有自首免罪之例，往往逃回原籍，既遂所欲，辄于所司首告复卫，未几仍前再逃，有至三次者，乞令逃一次者免罪，二次、三次者问断发遣。"④ 士兵逃回原籍，大部分是习惯性逃亡，由于第一次逃跑免罪，有的被遣返驻戍地后还会多次逃跑，所以官员才会建

① 刘金祥：《明代卫所缺伍的原因探析》，《北方论丛》2003年第5期。

② 《明实录·神宗万历实录》卷472，第8—10页。

③ 《明实录·英宗实录》卷189景泰附录7，第1页。

④ 《明实录·英宗天顺实录》卷316，第3页。

议对二次、三次逃跑的士兵要治罪遣返。这成了明代的一个普遍现象，所以，有人因此对现今的安顺屯堡人是否是明初屯军的后裔打出了问号。其实，这样的现象至少说明一个问题，就是明代贵州军屯的人员流动是非常频繁的，主要是士兵的逃逸和补充过程。比如说，天顺年间贵州都司所属龙里、清平等八卫新军多从湖广征募，但往往逃窜。[①] 这期间不排除存在军屯由于士兵的流失而空虚，由政府招募或有自发的农民迁入原来的军屯，军屯性质发生改变，从而有军屯向民屯、商屯过渡的现象。有学者指出，即便是明初，政府在贵州安置移民的目的，主要是为了保障经黔入滇的西南交通要道的畅通，稳定明政府在西南地区的统治。所以移民中大部分是军事移民及其家属，其次是流放者，再次是自发迁入者。[②]

贵州在整个明代战事频繁，除了明初用兵黔滇之外，大大小小的征伐几乎在贵州从未间断。无论是经常性的镇压仲、苗，平定吴面儿、林宽，还是永乐年间平定思州田氏、万历年间平定播州杨氏土司，还是天启年间平定安奢之乱，战争延绵不绝，明政府耗饷劳师，花费了巨大的人力物力。可以说明代经营贵州，政府一直在付出沉重的军事及经济代价。而这一切，均是由于贵州地理位置十分重要。万历四十四年正月壬辰（1616 年 3 月 8 日）兵部给事中熊明遇上奏折言："国家漕运江南四百万，寄径于山东漕河一线，而滇池天表又经于贵州官道一线，譬如人身，京师颅也，山东喉也，贵州尻也，此其要害。"[③] 然而，贵州长期用兵，地贫民穷，一直被视为天下苦寒之地。所以，关于贵州府库空虚，官吏无俸，士兵无粮的现象经常存在："贵州荒僻之区，兼多反复，近苗仲剽盗如云，管艾职官，燔烧村堡，商旅之匿几塞，而监司强半挂绶，藩臬两署几空，吏三年无俸，军五岁无粮，将终置此遐方度外乎！"[④] 村堡被烧，商旅绝迹，省库基本无钱，官吏三年没有俸银，士兵五年没有军粮，可以想象当时军屯的状况。时值万历年间，贵州还没

① 《明实录・英宗天顺实录》卷 316，第 3 页。

② 古永继：《从明代滇、黔移民特点比较看贵州屯堡文化形成的原因》，见李建军主编《学术视野下的屯堡文化研究》，贵州科技出版社 2009 年版，第 129 页。

③ 《明实录・神宗万历实录》。

④ 同上。

有大的战争，士兵和官吏的处境尚且如此艰难，五年无粮，士兵及家属不逃亡都不可能，更何谈军事功能的完备。这就不难理解当大的战争来临时（如水西之役、播州之役等），明政府不得不调几省之兵，几乎是举全国之力来经营贵州了。

以上就明代贵州屯堡人的形成作一些基本的探讨，未涉及屯堡文化的诸多特征和要素。科林伍德曾经指出，历史学像神学和自然科学一样，是思想的一种特殊形式。科林伍德的历史观有以下几个原则：即有关历史思维的性质、对象、方法和价值的观念。按照科林伍德的理论，一切历史包括文化史都是思想的历史。无论这一理论会招致多么大的臧否，但它无疑拓宽了历史研究的思维空间，因为科林伍德回答了一个基本问题，就是“历史学是为了人类的基本认识”。[①] 换句话说，历史研究不仅仅是一门科学，更是一种手段，研究历史是为了观照现在和未来，它让我们知道人们从哪里来，做了什么以及在什么环境下做的、当时人们的思想观念，等等，对现实具有相当的参照性和干预性。

贵州屯堡文化史研究无疑也具有这样的现实意义。但是有许多问题显而易见，包括对屯堡文化研究的方法、角度和视野的选择，也包括对最根本概念的确定与解读，同时还有这一文化现象作为一个文化共同体传世数百载中的缓慢流变，以及影响这种流变的内在和外在的种种因素，特别是它传承的动力和轨迹究竟有何规律可循。如果有的话，这种规律对它在现今的命运有没有积极或者消极的关照？这一特殊时代和特殊地域上所产生的文化现象在全球化滥觞的现今究竟有什么样的价值和参照意义？在现在研究这一特定文化，有没有新的维度与空间？

① ［英］科林伍德：《历史的观念》，何兆武、张文杰译，商务印书馆2002年版，第20页。

第三章

屯堡聚落的历史演进

屯堡文化发端于黔中安顺，应该说是有几个“非常”：非常之地、非常之时、非常之态、非常之用。

一、非常之地：国家意志上的交通要道

如前文所述，明代由国家意志统一西南，朱元璋由淮右一介布衣而领有海内，全凭军事实力了得，以致解缙在《大庖西封事》中称明太祖“得国之正，非汉、唐、宋所及”。

贵州真正进入中央政府有效控制实始于明初，即洪武年间平定云南之役后，在贵州设都指挥使司及贵州布政司。而贵州在未建立省级行政机构前即先有作为军事机构的都指挥使司，并且早于云南。而贵州境内卫所设立也较早，洪武四年设立贵州卫（在今贵阳）。洪武四年至洪武二十六年（1393 年），全国有卫所 329 个，贵州有 24 个，当时贵州还未设布政使司，在行政区划上这些卫所仍属于云南、湖广、四川，但作为区域最高的军事指挥机构贵州都指挥使司设立于洪武十四年。贵州境内卫所密度较高，高于周边的云南、四川、湖广，这些卫所都处在贵州境内的交通要道上。尤其突出的是，从湖南进贵州，经黔东过贵阳、安顺、普安、兴义出云南的这条交通主干线，一直是最重要的交通命脉，卫所设置也最为频密。贵州二十四卫中，就有平溪、清浪、镇远、偏桥、兴隆、清平、平越、新添、龙里、贵州、贵州前卫、威清、平坝、普定、安庄、安南、普安等十七卫分布在这条横贯东西的通道上①。

① 翁家烈：《夜郎故地上的古汉族群落——屯堡文化》，贵州教育出版社 2002 年版，第 33 页。

普定（现安顺）的位置非常重要，《黔南识略》卷四这样评价："黔省之咽喉为镇远，其脊背则安顺也"、"平滇之功实始于安顺也"。而仅在普定一府，明初就设置了普定、安庄、平坝三卫，可见安顺地区在明初平定黔、滇之役中的重要性。在威清、平坝、普定、安庄、安南、普安这上六卫中，普定卫起到上联下通的枢纽作用，明弘治《贵州图经新志》这样描述普定卫："卫冲要剧地，众山环绕，为边鄙一都会。山川阨塞，屹为边垒，襟带三州之区，控引百蛮之域。"可见其地理位置的重要。

现在回到上面提出的一个问题，即明朝在贵州境内卫所众多，计有二十四卫 132 个千户所及两个直隶千户所。超过了四川的十七卫二十三所、云南的二十卫二十八所及广西的十卫二十二所。按明军制，每卫有士兵 5600 人，每千户所 1120 人。为何只有普定府一带的屯军及其后裔一直保留下来，延绵至今呢？按每卫 5600 人计，理论上贵州二十四卫共有卫兵 134400 人，而且明初贵州的卫兵由于战争需要往往不止每卫 5600 人，有的达到八九千人，如果按这个上限来算的话，贵州卫军人数超过了 20 万，加上"军余"和家属，成为一个庞大的数字。"明代军事屯田的生产组织是以'屯'为基本单位，一屯有若干军人或若干军户。军户有一名'正军'充役，还有辅助'正军'生活的一人，称为'军余'或'余军'。正军或余军均可携带家室，那么，通过贵州军屯所带动的人口约七十万。"① 但是，就像上面引用的种种记载一样，明代贵州卫兵的逃逸现象也十分严重。大部分卫所的士兵在明代的各个时期都逃跑了，特别是在明末孙可望和李定国抵抗清军的战争中。在战乱中，士兵不是逃回原籍或其他相对平安之地，就是改变身份，变为普通百姓。到了清康熙年间废除卫所制度，军户的后裔更是彻底失去了身份，变为地道的农民。

现在可以提出的一个问题是，当时贵州二十四卫中，为何留下完整建筑和有关联居民的，只集中在普定一府三卫所在地区，其余遍布省内主干线的军事屯堡和戍军后裔为何大多消逝无痕了？有学者对这个问题

① 翁家烈：《夜郎故地上的古汉族群落——屯堡文化》，贵州教育出版社 2002 年版，第 55 页。

给出了自己的解读，比如安顺地区卫所密集，军人及家属数量较多，明代屯堡军人与周围少数民族关系对峙而周边土司势力较小，地处滇黔驿道中部重要地区以及江南集团的整体性迁徙，等等。这些解释都有一定道理，但似乎又不能完全解释。贵州境内的军屯，基本上都具有上述的条件。放眼国内，明代在北方设置辽东、宣府、大同、延绥、宁夏、甘肃、蓟州、山西、固原九镇，称为九边。和安顺相比，九边是国之重镇，军事地位更加突出，驻军更多，军屯更是密集，而且延续不断持续到明朝灭亡，也没有留下屯堡聚落和显著的屯堡文化。原因何在?

普定府（今安顺）地处黔中腹地，处于滇黔交通要道之上，地理位置十分重要。因此，普定卫、安庄卫、平坝卫下属屯堡数量多，呈密集分布。普定卫有七十八屯、七堡；安庄卫有九十六堡、一屯；平坝卫有四十三堡、一屯。据嘉靖年间记载，平坝卫有军户 5890 名、普定卫有军户 8864 名、安庄卫有军户 9976 名。[①] 威清卫、平坝卫、普定卫、安庄卫、安南卫、普安卫这六卫是贯穿黔中地区的“上六卫”，明初贵州全省屯田总量为 100 余万亩，而这六卫屯田的数额就达 339000 亩，占全省屯田数量的三分之一。这六卫所垦殖的屯田亩数为：威清卫 41000 余亩，平坝卫 36000 余亩，普定卫最多，达 76000 余亩，安庄卫次之，72000 余亩，安南、普安两卫共 110000 余亩。[②] 屯堡如此密集，屯田数量巨大，加之屯军及家属众多，安顺历来就是贵州屯田数量最广、屯堡最密集、屯军最多的地区。这是历史沿革方面的原因，这个原因还不足以解释为什么它能留存一批完整的聚落沿袭至今，特别是它同样经历了卫兵不断逃逸、战争洗礼和改朝换代的历史变迁。

要寻找这个问题的主要答案，除了历史沿革和周边少数民族不如水西彝族和黔东北、黔东南苗族那么凶悍善战，以及没有处在明初以后贵州境内战争的主要区域外，最主要的原因是安顺地区易于耕作和居住的自然环境。从贵阳往西，出清镇进入平坝后，田畴延绵，河网密布，土

---

① 《贵州通志》，转引自孙兆霞等《屯堡乡民社会》，社会科学文献出版社 2005 年版，第 133 页。

② 《贵州通史》编委会：《贵州通史》（第 2 卷），当代中国出版社 2002 年版，第 128 页。

壤肥沃，地势平坦，没有了贵州境内通常的高山大川，气候也温和湿润："安郡地势平衍，夏鲜酷暑，冬鲜严寒，多细雨连日，鲜大风扬尘。无丛山复岭，故瘴疠不作。无大泽深川，故卑湿无患。"① 这个地区是贵州境内最适合屯田垦殖的地方，加上明代军屯均是占据安顺地区交通线上土地最集中、地理位置最好的地区，要养活军队及家属，就相对容易得多，这个地区不失为理想的居住地，比许多屯军的原籍，也不会有太大的差异，在自然环境和人口密度上，甚至好过他们的原籍。在这种地区，士兵的逃跑可能会相应较少，即使士兵和其家属逃跑后，也容易招募新的屯军或者老百姓进入原垦区进行垦殖，在卫所改制之后，军屯也很容易变为民屯和商屯，不断地吸引人们进入。在这个前提下，这片在贵州自然条件最好、最易于居住和生存的土地，在明清两代均较有生机和吸引力，为贵州屯堡的首善之地。这也就不难理解几百年间，安顺屯堡地区为何人丁兴旺，教化兴盛，生机勃勃。当然，这时的屯堡已失去了明初建立它的种种功能，嬗变为一个独特共同体生存的地方。

二、非常之时：烽烟四起的明清时期

明清贵州境内征伐不断，屯堡地区地处交通要冲，并非世外桃源。明初明太祖调北征南，大军云集云贵，平滇之后，明太祖果断实行卫所军屯田制，大量军人留在贵州戍守屯田。在安顺地区，卫所军是作为战胜者的身份驻守的，大量军人及其家属定居安顺，占据了原先少数民族所有的大量良田沃土，少数民族被迫向周边迁移，实际上是让出自己祖祖辈辈生活的区域给这些新来的军事占领者。看明代的安顺屯堡分布情况可以得知，卫所及屯堡与少数民族区域犬牙交错，在许多地区都有彼此的插花地。安顺地区的少数民族不算特别强悍，但当年啸聚起事也是常有的事。有学者据《明实录》等史料统计，安顺地区在有明一代有少数民族起事达二十余次：

洪武九年（1377），普定土知府安瓒叛明归附云南蒙元梁王；

洪武十五年（1383），"西堡蛮贼寇普定"，"蛮贼一万五千余人来

---

① （清）咸丰《安顺府志·地理志》。

攻城”；

洪武二十六年（1393），“西堡长官司阿德诸寨卜剌赞等聚众作乱”，“永宁蛮民作乱，官军进讨，既降复遁，数为边患”；

洪武二十八年（1395），“贵州都指挥使司都指挥同知顾成等讨西堡长官司阿傍”；

洪武三十年（1397），“征南将军都督佥事顾成等平水西蛮”；

洪武三十一年（1398），“西堡、沧浪等寨长必莫者等，烧劫屯堡，聚众作乱”；

宣德二年（1427），“贵州普定卫西堡长官司蛮贼阿骨阿哈等为乱”；

正统元年（1436），普定卫“蛮贼阿迟阿哈等作乱”；

正统十四年（1449），普定卫“被苗贼将各处屯堡仓廒、种子、房屋、官牛、钱粮洗劫一空”；

景泰元年（1450），“蛮贼屡攻毕节、永宁、普定卫及各千户所，城池、驿站、屯堡俱为烧劫”；

景泰二年（1451），普定卫“苗贼复纵劫掠”“西堡夷僚作乱围城，被害极惨”；

天顺四年（1460），“西堡蛮贼聚众焚烧屯堡”；

成化三年（1467），永宁仲家蛮起事；

成化十四年（1478），“西堡、狮子孔等处羯僚蛮贼屯结不下万余，分道劫杀官兵”，“聚众杀掠，烧毁屯堡”；

正德六年（1511），“西堡阿得、阿江……据有沧浪六寨，不贡常赋”；

天启二年（1622），水西宣慰同知安邦彦叛“……分兵攻破安顺、平坝……”

战事既开，玉石俱焚。覆巢之下，岂有完卵？屯堡经历过怎样的残酷洗礼，这样的洗礼给屯堡留下了怎样的痕迹，这些痕迹对后世又有怎样的影响？这个问题显然值得关注，虽然关于屯堡的研究著述繁多，但笔者却鲜见这方面的论述及研究。在史籍中，记载亦不多见，特别是几场大的战争对于屯堡地区的影响，这些浩劫对于屯堡族群及屯堡文化的破坏如何？或许只能从史籍中零星的只言片语中去寻找当年的影子。

明天启元年九月（1621），四川永宁宣抚使奢崇明（彝族）叛明，攻陷重庆、泸州、富顺、内江、资阳、简阳、遵义，包围成都，称大梁王，全国震动。天启二年二月初七，贵州水西宣慰同知安邦彦携年幼的水西宣慰使安位起兵响应奢崇明。[①]《明实录》记载："水西土同知安邦彦叛，围贵州……正月二十八日，安酋率兵率兵二万至毕节，阳称报效，阴袭毕节，守将知其谋，固守不下，效良助之，遂陷毕节，分兵攻破安顺、平坝、沾益、龙里等处，遂围贵阳。"[②] 由此可见，毕节、安顺、平坝皆被安邦彦叛军侵袭。而据《明史·乾志》记载："邦彦自统水西军及罗鬼、苗仲数万，东渡陆广河直趋贵阳，别遣王伦等下翁安，袭偏桥以断援兵。洪边土司宋万化纠苗仲九股陷龙里……又先后攻陷广顺州、普定、威清、普安、安南诸卫。贵阳西数千里尽为贼有。"可见安邦彦起事是多民族联军，有水西彝族、苗族、布依族及水东宋氏家族所控制的布依族、苗族及部分汉族，涵盖黔西北及贵阳附近、黔南部分地区。战争的惨烈虽然未被太多描述，但亦有零星记载，天启二年二月二十五日，贵州巡按史永安上疏议论黔省局势时把安奢之患与苗仲之患相提并论，称"仲苗之为黔患与黔相始终者也，抚不能安，剿不能尽。自永宁逆酋起，而黔之普、尼、永、毕受敌矣！苗仲伺隙勾引猾贼，破城陷地之惨，哨报日闻"。[③] 可想见叛军一路破城陷地，所过之处生灵涂炭，黔中亦不能幸免。所以史永安请求明政府发巨饷，召集大军"救全黔于水火之中"。安奢之乱中普定军民的伤亡数量不详，却有些许官员记其家属抵抗叛军殉难的记录。《安顺府志·纪事》："邦彦进攻普定，指挥佥事葛公衮及其弟公袍，率众拒战，弗克，皆死之。公袍子之俊，女贞姑皆殉难。贼遂陷城，进攻安庄，破之。贼中巨目沙学据关

① 水西安氏与永宁奢氏皆为彝族大土司，两家世代联姻。安邦彦是水西宣慰使安尧臣族子。安尧臣死，其子安位年幼，由安尧臣妻奢社辉代领其事。奢社辉是永宁宣抚使奢崇明之妹，孤儿寡母，安邦彦独揽兵权。安奢事件史称"奢安之乱"，从天启元年起兵，直到崇祯二年（1629），被兵部尚书朱燮元督贵、川、湖、滇、粤五省兵马平复，安邦彦、奢崇明皆被斩杀，安位投降，献水外六目土地于明政府，明政府设镇西卫及威武、赫声、柔远、定南四所。

② 《明实录·熹宗天启实录》。

③ 同上。

岭，陷查城，渡盘江，围安南。时永宁知州薛三桂驻安南与战弗胜，死之。”这是天启二年安邦彦进攻安顺、平坝、关岭、镇宁时的情景。而最为惨烈的情况发生在安邦彦水西军围困贵阳之时。天启二年二月至十月，安邦彦10万叛军包围贵阳，并屡破明政府调派的各路援军，贵阳城中粮尽力竭，但贵阳军民在巡按贵州御史史永安的带领下誓死抵抗，情形异常惨烈，以致兵部就此事在给皇帝的奏疏中也不禁如此感叹：“黔围决发，爨骨易子，民无叛心，沥血登陴，士有斗志，以久应得代之。抚按甘心与张、许作友，有臣如此，虽鬼神犹为饮泣。”在此奏疏中，坚守贵阳城的巡按史永安和巡抚张枟被誉为唐朝“安史之乱”时坚守据睢阳而死的忠臣张巡和许远，可谓莫大的殊荣。而贵阳军民为坚守贵阳城所付出的代价，亦是震古烁今，惨绝人寰。虽然巡按史永安和巡抚张枟想尽一切办法坚守城池，但粮绝以后贵阳的状况确实已是“爨骨易子”[①]，先是吃死人，后来活人相食，易子而食，士兵杀人而食人肉、卖人肉者比比皆是，“公屠人市肆，斤易银一两”。时任参政、后任云南布政使的潘润民独女也被人食，知县周思稷自杀以便让军人食其尸体，这些事件《明实录》上均有记载。“孤城苦守岁云徂，望断援师泪欲枯。烽火连天云黯惨，僵尸满地血模糊。”这首诗是潘润民当时所作，贵阳被围期间是名副其实的人间地狱。[②] 待天启二年十二月，贵州巡抚王三善率军解除贵阳之围时，“城中军民男妇四十万，至是饿死几尽，仅余二百人”。[③] 40万人仅剩200余人！贵阳几乎成了一座空城，贵州战事之惨，可见一斑。而安奢之乱持续九年，叛军和官军你来我往，烽烟不息，战争中百姓生命化为齑粉，人口锐减、土地荒芜是必然的，虽无史料统计，但作为争战区的普定三卫也一定如此。

事实也是如此，安邦彦叛乱并非仅仅是彝族一族所为。安邦彦反明后，自号“四裔大长老”、“罗甸王”，就是为了鼓动更多的少数民族跟随其起兵。天启七年八月十四日（1627年9月22日），巡按贵州监军陆献明上疏皇帝谈及贵阳西南诸卫战乱后的情况时道：“平、清诸卫，

① 时任贵州提学佥事刘锡玄曾撰《围城日录》一卷附图一卷，真实记录了当时贵阳人间地狱的景象。

② （清）乾隆《贵州通志》卷45《艺文·五言律》，潘润民《围中自誓》。

③ 《明史》卷316《贵州土司列传·贵阳列传》。

老幼失其骨肉，哀号震于村墟，诸路非无营哨，而些许饥羸之将卒，焉能御沸地之群苗。凡此恶苗之荼毒，皆安贼之虚焰也。”① 这里谈及安邦彦水西军过后，“群苗”也随之而起，屯民村寨受战争蹂躏后的惨状，营哨兵卒数量少而且羸弱，不足以防御群苗。陆献明强调各少数民族跟随安邦彦起事后贵州各地烽烟四起的原因：“彼安囚罗鬼实繁有徒，且蔡、仲、羿子诸苗偏甘助虐。”“蔡”、“仲”、“羿子”皆是当时贵州境内的少数民族，“仲”是今布依族先民，据清朝桂馥《黔南苗蛮图说》载：“蔡家奔蔡国之裔。战国时楚将庄蹻灭牂牁，时蔡侯久为楚所灭，遂迁其公族于牂牁，于是，苗中有蔡家子矣。”② 清人罗绕典指出：“蔡家即宋人。亦为楚所俘，在威清、平远。”③ 可见蔡家原本是汉族群体，居于春秋战国时的蔡国，后被楚国所灭，部分蔡国人流亡到今贵州境内，与贵州少数民族杂居，后来亦被当作少数民族。“羿子”见于桂馥《黔南苗蛮图说》：“即南丹蛮夷子后裔也。夷子居应州（今黔东南黎平、黔南都匀）之西，庄州（今黔南惠水、贵定、龙里、凯里、织金等地），隋末渐与中国绝。久之，伪夷为羿，今多居大定（今大方）羿子塘及毕节。人以为猡猡别种，非也。”南丹蛮的族属难辨，但在《明史》中，曾将羿子与白罗罗并提，如果羿子是白罗罗的分支，那么它仍可能是彝族的支系。它跟随同为彝族的安邦彦部叛乱，是很有可能的事。

明清两代“诸苗”和官府及汉族矛盾深厚，起事频繁，黔境鲜有宁日。据童振藻先生研究：“黔苗叛服无常，自古已然，清代尤甚。计自殷武丁时叛后，历周、汉、蜀汉、晋、北周五朝，各叛乱一次；唐朝叛乱二次；石晋一次；宋二次；元六次；明二十四次；清二十五次。合计自殷迄清共六十七次。”④ 可见在明清两朝，贵州境内民族矛盾尖锐，冲突频发，平均十年就有一次少数民族与政府的冲突。虽然这些斗争遍及贵州各地，并不局限在某个地区，而居于滇黔孔道上的安顺卫所及屯堡，毫无疑问，会被不同程度地波及。兵燹之后，卫所及屯堡皆会遭到

① 《明实录·熹宗天启实录》卷79，第28页。

② （清）《黔南苗蛮图说》第四十种《蔡家》。

③ （清）罗绕典：《黔南职方纪略》卷九《苗蛮》。

④ 童振藻：《黔中苗乘》第十九章“累代之叛乱”，中央民族大学图书馆藏手写本。

不同程度的破坏。其中最大的问题，就是战后缺乏戍守及屯田之兵。明天启五年（1625）十月贵州巡按傅宗龙在给皇帝的屯守方略中分析了时局，指出安邦彦的水西根据地为政府肘腋之患，而在水西之外，还有“革佬、龙、仲、蔡”等“诸苗”，这些“诸苗”平时为水西军提供粮草，战时则为水西军提供援兵，成为安邦彦的外藩，政府军则无屏障，十分被动。为了破除这种局面，傅宗龙建议以守为屯。

> 屯之说有二：一则清理各卫所之原田而屯之，一则割列贼之故壤而即以卫所之法屯之。黔不患无田，而患无人，凡今之带刀负弩者皆客兵也，有饷则聚，无饷则散，久客则思归，宁可得而长系之乎？莫若一仿祖制，尽举屯田以授之有功之人，将见在行间之将士，分别高下，功绩优异者，拟授指挥，次者千户，再次百户、总旗、小旗，暂以札付拟衔而即授之。以应得田亩熟者听其自行清查，荒者听其自行开垦，即永与之，为子孙世业，然不得私自买卖。新辟贼土，即附之卫所之内，一体征租。屯政果修，方题实职承袭，则人爱世职，又爱得田，不待招徕而户可实。臣之谓以守为屯者如此。①

这段关于天启年间贵州卫所及屯政的文字至少说明三个问题：其一，在几年的战争中，贵州卫所的屯田大量荒废，土地闲置，原屯军早已四散而去。贵州不是缺少田地而是缺少屯田之人。其二，在当时贵州征战的官军皆是外来之兵，而且聚散皆有赖军饷，可见明军缺饷的情况是普遍的，所以会由于缺饷而导致外省士兵的不稳定。其三，当时的卫所及屯政已经名存实亡，官职大量空缺，所以才会在平叛战争中因功而授予新的指挥、千户、百户，并赋予熟田与荒田，荒田田土则可以世袭，攻占的水西土地可以附属于相应的卫所，并可以出租，由此来招募屯田者，弥补军户之不足。

那么，此时的安顺屯堡地区又是何等模样呢？笔者设想和上面描述的情形应该相差无几。安顺地接水西与贵阳，是黔中要津，相对又是粮

---

① 《明实录·熹宗天启实录》卷59，第11—12页。

食主产区，明军与水西军的攻伐持续不绝。明代卫所士兵逃逸不断，本来卫所就缺士兵。而水西战端一开，全省卫兵皆调遣前线，而安顺卫所所受冲击巨大，大部分区域为水西所控制，卫兵或死伤，或逃亡，卫所已不在明政府有效掌控之内。屯田更是无人耕种而遭废弃。在战争持续过程中，活动在安顺一带的除了贵州各卫的军队之外，还有明政府从各省调集的军队，战争带来的不仅是沉重的军事负担，更为严重的经济负担也一直困扰着明政府。

安邦彦的叛乱被平定后，明朝已进入最后的时期。而贵州之地饱经蹂躏，人民离散，卫所缺失，屯田荒芜，经济凋敝，依然是天远地荒的苦寒之地。屯政的荒废、土地的闲置当然有许多原因，比如赋税沉重、屯兵逃逸、卫兵异地调派等，但战争无疑是主要原因之一，它让名存实亡的军屯制进一步瓦解，由此带来了许多显而易见的问题。崇祯六年，五省总督朱燮元上疏崇祯帝拟清理贵州全省的新旧田赋时这样分析贵州时局和土地状况：

> 顾黔虽俭国，镜内山川亦自广衍，地不尽皆石田，而人不尽废畚锸也。总外夷内苗日弄干戈，东支西吾，绝无宁宇。即承平时，男子荷戈，妇女栽插，剽掠之警，一日数报，受事者及查，亦不能查，以致军失伍而屯亦顿减，民有田而全不输赋。弊所由来，盖非一日。……大乱之后，若不设法与之更始，将来转贷路穷，何以支应？夫地皆生财，人实恋土。迟之数年，生齿渐充，垦辟渐广，兵可不资于外招，粮亦渐省于旁贷。为黔久计，自应尔尔。[①]

朱燮元把当时的贵州土地分为四种类型：一称贼田，就是政府军攻占的造反的原少数民族据有的土地，比如水西外部的五六百里新辟的土地；二叫绝田，就是战争中百姓或屯军被杀光或逃光后荒芜的无主土地，这样的土地最多；三是科田，也就是士绅和百姓拥有的私田；四即屯田，从洪武朝延续下来的屯军所种的官田。

朱燮元建议彻底清查全省田亩数量，按每亩征粮一斗专门供军需，

① 民国《贵州通志》前事志 卷十六。

而无主之田则让新移民垦殖。当时的安顺府知府杨先芳、推官曹代之即清理出除屯田之外的三种田地 101900 亩。朱燮元的建议很快得到崇祯帝的支持，崇祯这样批复道："该省清理田赋，及各官记录议处旌异等，俱依议。内绝田赡兵，何以待流民复业？屯地抛荒，何法令旧军归伍？还行该督、抚酌奏议来。"[①] 朱燮元认为的大乱过后，荒无人烟的土地几年后就能逐渐聚集人气并增加人口数量，这个客观现象就可以解释一个问题，这就是虽然屯堡地区数百年战火不断，战争总是导致人口锐减，而硝烟之后屯堡村落依然能慢慢地人丁兴旺的原因。因为有土地就能生产，就能解决人民和军队的生存问题。作为兵部尚书，朱燮元无疑是有远见、有作为的官员，他最后死于任上。但贵州屯政并没有因此得以治理和恢复。而恢复明初的屯政只是朝臣的一厢情愿，根本没有条件完全实行，所以一直到明朝覆灭都没有能真正实现。

这种状况持续到清初，而战乱也接踵而至。清顺治年间，张献忠所遣大西军从四川进攻贵州和云南，孙可望采用张献忠惯用的残酷手段，凡遇抵抗的地方，城破后皆进行屠城，于是，贵州城镇屡遭屠戮，贵阳及黔中卫所首当其冲。

这样的记载有几处，据康熙《贵州通志》记载："孙可望屠贵阳，复攻陷安庄、安南、普定等城，并屠之。安庄乡官参议伍右文率众拒守，城破遇害。"[②] 乾隆《贵州通志》亦有相关的记载："可望围镇宁州，参议伍右文率兵拒守，城破被屠，并屠安南、普安等城，遂入滇。"[③] 咸丰《安顺府志》载："顺治四年三月，流贼孙可望自贵阳溃而西走，攻平坝，陷之，同知朱由棣保于李子山，可望击破其军，由棣死之。攻普定，亦破之，进破安庄，明参议伍右文死之。又陷安南卫，永宁知州曾异撰死之。大疫。六年八月，孙可望使其党袭安顺，取之。"[④] 可见孙可望在今贵阳、平坝、安顺、镇宁等地攻城时均遭到抵抗，城破后守城官吏大多或战死，或全家死节，文献提到的伍右文、朱由棣、曾异撰等官员就曾与城池共存亡，成为被史籍记载的明朝忠臣。

① 民国《贵州通志》前事志 卷十六。

② 康熙《贵州通志》前事志 卷十八。

③ 乾隆《贵州通志》卷十八。

④ 咸丰《安顺府志》卷二十一《纪事志一》。

从文中可知，残酷的战争过后部分地区瘟疫流行，战争加上瘟疫，人口锐减就是必然之事。孙可望大西军曾反复往来于云贵之间，不仅与清军作战，亦与同为张献忠养子的大西军又一首领李定国作战（孙可望一直想取永历帝而代之，李定国却忠于永历），而这一滇黔交通线本来就是明代卫所密集、大量屯军屯田戍守、屯堡村寨众多的地区。即便南明永历期间，卫所制度名存实亡，卫兵在战争中消失殆尽，这些地区也依然是商屯、民屯密布之地。孙可望一路屠杀过后，有多少屯堡村落能够幸免？

类似的情况还有，在南明永历朝的抗清斗争中，其后吴三桂平定水西及吴三桂反清时期，贵州的几大交通线中的滇黔孔道均是双方争夺的重点，战火持续时间不短，经济社会遭受的破坏不可谓不大。在战争机器的残酷碾压下，失去抵抗能力的屯堡军民经历的是怎样的变乱和冲击？当硝烟慢慢散去，又见星罗炊烟的时候，多少文明已灰飞烟灭，而多少新的文明又在破茧而出？

清初，黔中卫所开始逐渐裁撤。顺治十五年十一月，清安远大将军信郡王多尼攻安庄卫，明守将刘正国战死，清政府遂于顺治十六年正月在贵阳以西的滇黔交通线上设威清、平坝、普定、安庄、关岭、查城六驿，革除卫所指挥千户，设守备千总，移永宁州治所于查城。顺治十八年，裁关索岭千户所。康熙五年五月，裁减威武、赫声、柔远、定南四所官员；康熙十年十月，改普定卫为县，并安庄卫入镇宁州；康熙二十六年四月，裁威清、镇西、平坝三卫及威武、赫声、柔远、定南四所，设清镇、安平两县。至此，安顺一带的卫所基本上被裁撤光了，明代的卫所制度走到了尽头。

三、非常之态：超然物外的故我思想

摩尔根在其《古代社会》中指出，“种种事实表明，人类的某些观念、情感和愿望是逐渐形成而后来又有所发展的。我们可以将那些占突出地位的事物归纳为与它们分别有关的几项特殊观念的发展。在发明和发展之外，有下列各项：

生活资料

政治（Government）

语言

家族

宗教

居住方式和建筑

财产”。[①]

摩尔根归纳的是构成人类文化的主要因素。他指出，人类经验所遵循的途径大体是一致的。在相同的文化背景下，族群的需求与心理法则的作用也是一致的。摩尔根提及的这些因素，在屯堡地区也有具体的表现，尤其在一些方面更具有共性中的个性，显得十分独特。

首先，屯堡文化源于古代传统的汉文化，源于屯堡先民原籍的地方文化，又与作为迁入地的安顺地区地质地貌、自然环境、在有明一代复杂而诡谲多变的社会历史环境中孕育发生，在清代废除卫所屯田制以后逐渐演化为特征外显的特殊族群与文化共同体而被上流社会忽略，成为一个貌似少数民族的地道汉族集团。最为特殊的是，屯堡社区一直奉行的文化其实是中国传统文化中的正朔，在已经完全乡土化和农村化以后，屯堡人依然长期把官方正统思想和民间世俗生活有机结合，并在日常生活中得以大量而显著地体现和演绎。与周围的少数民族相比，与周围的后期汉族移民或不断流入的汉族流民相比，屯堡人是传统汉文化较为完善的坚守者，是明初受国家指派和调遣的征服者的再传文化。尽管在岁月的更替中，屯堡人的构成显得并不单一，也并非六百年一脉相承和谱系清晰，但屯堡文化所具有的丰富性和传统性使屯堡社区呈现出特殊的文化魅力和文化特质，让人目不暇接，呈现了农耕时代汉族文化的丰富与博大，以及脉络清晰的主流特征。尽管屯堡人真正形成后基本都是从事艰苦劳作的地道农民，对大部分屯堡村民来说，祖先的国家征服者身份是精神上的荣耀。尽管有的屯堡人家有家谱、有传说来表明家族的来源，并且不排除是相对准确的，但大部分屯堡村民都不清楚家族的历史与国家的命运之间存在的某种关联，以及由此而来的族群命运的巨

① ［美］路易斯·亨利·摩尔根：《古代社会》，杨东莼、马雍、马巨译，中央编译出版社2007年版，第4页。

大改变。但是，这些都是无关紧要的，在屯堡村落中休养生息的屯堡人，都在不可或缺地扮演着各自的角色，成为共同体的一员，建构着族群的文化。

其次，屯堡文化的特殊性还表明，汉文化在各个地域的发展及演变，与所在地的自然环境有着深刻而千丝万缕的联系。在安顺地区的屯堡村落里，这样的证据随处可见。从屯堡人的衣食住行、生产生活中呈现出的特色来看，他们早已和周围的喀斯特地貌融为一体，并且有机地利用环境所提供的资源，构成屯堡地区有特殊特征的生活方式与生活习惯。在其建筑、语言和饮食习惯中，我们更多地看到汉族文化和当地资源有机结合、主流文化下的地缘文化具有综合表现力的特征。毫无疑问，这样的地缘文化下的世俗生活有着充分的历史感和传统特色，但它又是在每一个屯堡乡民的日常生活、礼俗信仰中体现出来的，显得自然和乡土化，它伴随每一个屯堡人一生的生活，成为他们生活中非常自然和完整的一个部分。这样的文化现象表明，中国以儒家文化为主的传统文化具有强大的日常性和兼容性，并非上层官僚集团或文人集团所专有和独享，它的影响不分人群、不限地域，具有优化传统农业社会的力量和构成共同信仰的特征。而且民间和乡野的色彩可以十分突出，乡村的生活在传统文化的浸润下丝毫不显得僵化与呆板，反而呈现出丰富而轻松的精神消费特征。尽管在民间色彩之下，主流价值并没有淡化，而是细微地在屯堡村民的日常生活中反复呈现。

再次，作为一个重要的关注点，屯堡文化不仅仅是有着丰厚传承的传统地域文化，而且具有一脉相承的现代价值。对于几十万现今的屯堡人而言，屯堡文化是历史赋予他们的宝贵财富，而不是鸡肋；不是虚伪的假设，而是活生生的存在和拥有。它不仅仅有完整的历史感和整体感，也不乏日常生活化和泛大众化，又有传承的完好性和对族群的整体覆盖性，因而具有巨大的传承能力和传承价值。与贵州少数民族异彩纷呈的民族文化相比，屯堡文化具有农耕时代汉族主流文化所外显于日常生活的种种特征和特色。在其所具有的诸多意义中，屯堡文化具有明显的标本意义，这个标本意义是相对于我们对于传统汉族文化，特别是传统中国乡村生活中的文化事象在屯堡乡村生活中得以完整而珍贵的保留。如何认识自身的文化，认识自身的文化在过往历史中的传承与嬗变，找出这些传承与嬗变背后的政治、经济、社会的历史变迁和内在关联；特别重要的是，假定现代化的进程不可逆转，传统文化在现代化过程中的积极而内在的建设作用；尤其在全球化滥觞的客观现实下，传统文化面临的种种生存困境，以及它们在不确定的未来中的地位如何，都是我们必须面对的问题。所以，屯堡文化的标本意义不仅仅在于它让我们了解过去、认识自身，也让我们看到传统文化在全球化过程中所面对的诸多难题，以及它们如何通过自身或外在的努力来解决这些问题，哪怕是部分地解决。它们解决问题的过程具有特别的意义，因为对其他区域性文化共同体来说，它也具有标本意义和借鉴价值。因为作为依然存在的日常乡村生活时态，屯堡文化具有一般性的意义，具有普遍性的基础和生活化特征。所以，屯堡文化不仅是过去的文化，它同样也是现在的文化，它依然存在和发展着，如果在主观上乐观，加上客观上努力，并且是有效的话，屯堡文化也是未来的文化，是许多人在生活中坚守的文化。当然这是一种理想化的假设。

第四章

屯堡家族的变迁：在国与家之间

平坝一程来普定，贵阳风景此平分。
几多衰草漫铺地，无数好山高出云。
尽有裔夷输职贡，不妨师旅乐耕耘。
诗成薄暮送归鸟，处处鼓鼙斜日曛。

——（明）丁养浩《普定》[①]

这首名为《普定》的律诗是明代弘治年间云南左布政使丁养浩从贵阳到云南的旅途中所作。除了描写平坝到安顺道中的美好自然风景外，难得的是描绘了当时屯军和少数民族和平相处的人文景象。因为是和平环境，民族和睦，少数民族向政府臣服纳贡，卫所屯军的主要精力就是生产耕耘。这是当时和平年代的屯堡地区的历史画面，也是黔中地区在明代得以大力开发的白描图卷。

在数百年的历史演变过程中，屯堡地区既有裔夷输职贡、师旅乐耕耘的和谐景象，也不乏烽烟四起、狼奔豕突的非常时期。无论如何，这个地区一直是黔中大地上一块富有活力、生机勃勃的沃土。在这期间，生命在延续，文明在发展。从屯军后裔、汉族移民到清道咸时期屯堡共同体的最后形成，早已是沧海桑田、天上人间，无数屯堡人用他们个体和家族的历史共同建构了屯堡共同体的历史。

① 范增如：《明清安顺风物诗文注评》，贵州民族出版社 1999 年版，第 189 页。

一、许家个案：何以为家

小妹挑水担钩长，双手拉住担钩梁。
家头还有半缸水，不是挑水是会郎。

——安顺两所屯山歌①

时隔40年，许道云博士依然记得这首曾经流行于两所屯的屯堡山歌的曲调和歌词，并且还能按原来的音调唱出来。在唱山歌过程中，许道云神情舒朗，仿佛一下子穿越了时空的阻隔，回到了童年时代。

安顺七眼桥镇两所屯的花园村，是许道云博士的家乡。这里是贵阳通往安顺的交通要道，滇黔公路、贵黄高等级公路、贵昆铁路、新建成的清镇到镇宁的高速公路从这里经过。320国道洞穿村落而过，许家的新居就在国道旁。门前的两棵小树，是他家区别于旁边人家的标志。说是新居并不是指年份新，此屋建于1994年，和一些真正的新居相比，许家新居已略显陈旧，但相对于500米以外、建于1948年的许家旧居而言，外墙贴着白瓷砖的这栋砖混小楼是名副其实的新居。

许道云，1959年9月生于安顺市七眼桥镇两所屯花园村。现为贵州大学计算机科学与技术学院院长，教授，博士生导师。作为新中国成立后该地区第一个大学生，许道云是两所屯所有乡民的传奇与骄傲。许道云在两所屯小学读小学，初中在郑家屯中学就读，后考入安顺一中上高中。在当时，全公社只有三个孩子上高中。1977年许参加恢复高考后的第一届入学考试，考入贵州大学数学系数学专业学习。1982年1月毕业后留校在数学系工作。1988年7月，贵州大学计算机科学系硕士研究生毕业。1999年9月考入南京大学数学系攻读中—德联合培养的博士学位。2002年初许道云在德国帕得波恩大学计算机科学系完成博士论文后回国，2002年6月在南京大学取得博士学位，回到贵州大学工作。

在许道云眼中，屯堡的乡村充满了他少年时期的记忆，并且持续至今。与许道云在花园村的田间地头行走，几乎每一个人都和他认识并互

① 据许道云先生口述。

致问候，许无疑是当地知名度颇高的人物。

时值6月上旬，正是当地栽秧的日子，肥沃的稻田蓄满了水，村民在辛勤地劳作。许道云走在家乡的田畴上，心情开朗得如同天气，仿佛还是当年对生活满怀向往的少年。插秧的村民总是和他打招呼，一般都很热情并显得亲切，都会说“回来了”、“到家里坐坐”之类的客气话，神情显得质朴和真诚。有的村民也会对许反映一些问题，比如修路占用土地的补偿等。显然许在当地村民中有很大影响力，是有能力帮助他们解决问题的人物。

320国道旁是花园村的水田，地势平坦，中间有小河及不高的小山，一看便知是人类长期垦殖的地区。许道云少年时夏天经常在村前的这条小河里与小伙伴游泳嬉戏，目前，这条小河的水已不太清澈，漂浮着一些塑料袋和生活垃圾。许道云向笔者介绍少年时的点点滴滴，神情充满眷念。

花园村现有200余户，1000余人，许、曹、严三姓为主要大姓。由于规模的扩大，现已基本和两所屯连为一体。花园村原来曾有石头城门，花园村人称其为大门洞。村前有小溪流过，寨门前原有一个水塘，后被填平，旁边的古井随着水塘的消失而逐渐干枯，水塘边的一棵大柳树现在也枯死了，许道云对此非常惋惜，在他记忆中水塘边曾经遍布柳树，不仅风景佳，而且风水好，是少年时玩耍的重要地点。与众多的屯堡村落一样，花园村虽然是农村，但村落的布局结构严整合理，让居住其中的人感觉良好。在花园村老村落的深处，有一座石灰岩山峰，这座山并不高，也不很大，但山上林木葱郁，植被长期得到村民的自觉保护。沿着山脚有许多花园村村民的宅院，许家的老宅就在山下。

与安顺周边许多著名的屯堡村中的那些大宅相比，许家老宅也许并不十分精美和奢华。但在两所屯的花园村，许家宅院还是突出和显眼的。许家老宅建于1948年，占地面积400平方米，为许道云的祖父所建。从规模和形式看，许家当时颇为殷实，有相当的经济实力。宅院有门楼，周围有大石块垒成的围墙，其间有瞭望和采光用的石质长条形孔洞，亦可成为土枪的射击孔。正房为一栋三层木质结构的楼房，以石质围墙为两侧的支撑墙面，屋顶亦为石板所覆盖，老宅正房保存完好。现为许道云的满叔一家居住其中左边一半，右边一半是许道云父亲所有，右边一楼摆放着许道云父母为百年之后而准备好的体量庞大的寿材，是许父多年前在黔东南采购的巨木所打造。木楼的楼上空间不大，由于没有窗户而光线昏暗，采光全靠不大的瞭望孔。

许道云就出生在楼上的房间里，他出生时家道早已中落。新中国成立后，许家的成分被定为“富农”。许道云有五姐弟，家庭经济状况和村中的绝大部分人家一样，一贫如洗。许道云还记得小学四年级时为补贴家用，他每天都要利用中午回家的时间编两个竹箩筐再去上学。上中学时，许道云就显现出了经商头脑，他在上课之余就开始换粮票和大米，在其中赚取差价用作学费的补贴。

许道云的经商头脑来自其父许有贤的遗传。许有贤今年 80 岁，脸庞清癯，鼻梁高挺，精神仍然矍铄，看得出身体硬朗。许有贤老人的生活十分规律，每天早上 6 点起来，自己打豆浆喝了后，便到周边的田间走走，返回家里后吃早餐，做些家务后上床休息。每天下午，老人会到周围人家打麻将，晚饭时回家吃饭，晚上 8 点准时休息。由于许道云在经济上的保障，老人的晚年生活衣食无忧，亦可以用幸福来形容。许家的辈分为思、发、兴、家、有、道、维、德，许有贤是有字辈，有五兄弟，分别为许有贤、许有德、许有富、许有贵、许有武，许有贵十几岁就病死了，许有武就是现在依然住在老宅的许道云的幺叔。许家到了许道云这一辈以女孩居多，许有武有三个女儿，现和一个女儿一家三代居住在许家老宅。屯堡人家只有女儿的就要向外招亲，许有武招了一个贞丰的女婿入赘，原为卖茶叶的小贩，后与许有武的女儿认识后结婚。过去医疗条件差，许道云原来还有一个兄和一个弟，生下来就因生病而夭折。屯堡人家为了让小孩健康成长，多会为小孩改贱名字，许道云的大姐小名叫“丫头”，许道云的弟弟叫“青狗”，还有个堂弟叫“毛狗”，村子里叫“狗妹”的女孩有好几个，男孩中叫“大狗”、“二狗”、“三狗”、“花狗”的比比皆是，而大名中有“贵”的，小名也会改个“狗”字。

在花园村，许有贤的善于经营是多年前就出名的，这也是他一直维持这个大家庭的主要途径。据许道云介绍，老人的经商活动持续半个多世纪，“文革”期间也偷偷做生意，直到五年前，他仍然往来于贵阳、安顺之间做生意，主要不是经济上的需要，而是在家里坐不住，精力之旺盛让人惊讶。20 世纪 50 年代，许有贤在安顺运输联社当工人，不过，没待多久他就离开了运输联社，自己开办榨油作坊。在许家大院内，老宅的正房后面便是许有贤在20世纪70年代建起的榨油坊，许有贤从周边收购油菜籽，在自己的作坊榨油后再出售。目前，这个榨油坊已经成为堆放杂物的库房，但当年榨油的机器依然在原地。许家还有一个榨油坊，是1994年许有贤在320国道旁修建自己的两层砖混新房子，在新居的后院搭建的。在那个作坊中，许有贤使用了当时先进的第二代电动榨油机，靠电力作为能源。目前，机械设备仍然完好，作坊里依然弥漫着陈年浓重的菜油味道。许道云说曾经有人前来购买，但他不打算出售，准备留作家族的纪念。

而今，花园村沿国道旁从事榨油业的人家不少，都是沿街而开，前店后厂。有的作坊加工量颇大，每天能加工八九千斤油菜籽，整条街道油香弥漫，是名副其实的"油榨街"，驱车从几百米外的高速路上经过时都能闻到。许道云回忆少年时代时说，以前两所屯几乎家家都榨油，是远近闻名的菜油加工专业村，这个传统保存至今。屯堡村落大多各有所长，有专门榨油的，有做米贩子的，比如九溪；做木匠的，比如郑家官；做竹器的，比如杨家官；还有做石匠的。这有可能是当年根据屯堡分布的不同功能需要而设，具有专业化分工的特色。而花园村除了榨油外，历来做小生意者众多，有收废旧物品的、收头发的、收猪毛的、收旧钱币的，还有收甲鱼壳去卖的。据许道云介绍，即使在过去的年代里，屯堡村落的贫困面都相对比较小，因为屯堡人历来善于做生意，也有经营的传统，并且屯与屯之间分工明确，功能互补，各有所长，基本能做到术业有专攻的专业化。

对于父亲，许道云印象最深的就是当年父亲让他上学，并且十分坚定。因为当时的经济状况和社会风气，农村坚持上学的孩子并不多，大多早早地承担起家庭的负担，成为和祖辈一样的农民，顶多是做做小生意，增加一点家庭收入而已。许有贤不仅让天赋甚高的许道云坚持上学，还让少年许道云经常拜访当时附近一些文化水平较高的人家，让他感受言谈之间的差距，感受文化的魅力，激发他对文化的渴求，从内在坚定继续学习的决心。在20世纪70年代，许有贤的远见是一般人所不具备的。许道云有姐弟五人，只有许道云受过良好的教育，父亲为了支持许道云读书，让不如许道云聪明的弟弟早早地在家劳作。许有贤自己则从事各种各样的小生意，这就是许道云从本科一直读到博士的直接动因。

一个有趣的现象是，花园村屯堡人家的老屋大门都朝向一个方向，即都是大门面对西南方。远远望去，可以看到远处新哨境内的一座山，这座山叫桃李山。花园村的村民相信桃李山的名字好，风水更好，村中会出人才，这样的期盼从古至今。果然，1977 年，许道云成为郑家公社第一个大学生，从许家老屋中真正走了出来。这其后，花园村陆续出了不少大学生，考上清华大学的就有两个，其中一个就住在许家老屋的隔壁。许道云说花园村祖辈流传着一个说法，许家出文官，而曹家出武官，到他这一代基本都可以得到印证。到目前为止，许道云姐弟几家培养出了六个大学生，许道云二姐的孩子是全国优秀大学生、宝钢奖学金特等奖获得者，被贵州大学推免为北大的研究生，而许道云自己的女儿许维露目前也在美国读硕士。

对于许家在花园村的历史，许有贤老人说他只知道之前有五代，即“思”、“发”、“兴”、“家”、“有”五个字辈，他们五辈以前原来住在不远处的一个山上，有完整的军事堡垒遗迹，而更早的先辈则埋在龙家庄。许家口传许氏的祖先是文官，有“奉旨点穴”的特权，许氏祖先选择在龙家庄作为家族墓地。花园村在古代是苗族的聚居地，后来才逐渐被屯堡人占据。其中一个证据是，许有贤还记得 1948 年他父亲建房时曾经在靠山处挖地基时挖出一些尸骨，没有墓碑和坟头，据说都是古代苗族的坟墓。而现在两所屯地区是屯堡人占绝大多数，苗族只在附近的水寨居住。

许道云知道自己是屯堡人这一特殊身份也是十多年的事情，之前他并不知道自己的村落和别的汉族村落有何不同，他们祖祖辈辈在这里生活，相传祖先来自南京。他们在屯堡中生活，但“屯堡人”这一称谓则是外来词，许道云坦言这是学界研究成果引起社会关注后才被他们知晓和使用的。在此之前，他们是汉族，祖先迁入贵州后在某一代定居于此。至于屯堡人和周边汉族的区别，许道云强调他没感觉到有什么明显的特征来区别，因为“屯堡人”这个概念是作为“他者”的社会学研究者所赋予他们的，在他们眼中，自己就是汉族，而且是老汉族。因而屯堡人和周边汉族只有乡下人和城里人的区别，而没有本质上的区别。

谈到对周围的主要少数民族苗族的印象，许道云说当年很少接触，汉族和苗族也很少通婚。对于苗族，少年的他有几个基本印象：（1）

苗族都说苗话，不大会说汉话，因此听不懂，无法交流；（2）苗族的生活习惯和屯堡人不一样，没有汉族干净，家居条件和生活习惯显得比较脏；（3）汉族小孩比较害怕苗族，认为苗族凶悍；（4）认为苗族中有人会放蛊，不敢轻易接近，怕被放蛊。许道云的看法可以代表以前屯堡人对于苗族的基本看法。许道云认为，过去屯堡人基本不和苗族通婚，不仅是语言、生活习惯不同，更主要是认为屯堡人的文化层次高、经济状况好、社会地位高。不过情况并不绝对，屯堡人有和仡佬族通婚的，新中国成立后也有和苗族通婚的，但比例很少，属于个案。苗族姑娘嫁到屯堡人家后，也要换装学讲屯堡话，和其他屯堡妇女一样生活劳作，其实是慢慢被同化了。

屯堡社区特别讲究规则和礼节，人与人之间，包括家庭成员之间都呈现出内外有别、长幼有序的中国传统儒家所倡导的风貌。许家就是传统风貌保持较好的屯堡家庭，许道云对于自己的家庭所具备的传统色彩颇为自豪。从许道云 83 岁的母亲董氏，到已经出嫁的两个姐姐和一个妹妹，还有和父母一起生活的弟媳，许家的在屯堡村落生活的成年女性都穿着典型的屯堡服装，青色的长衫圆领右衽，袖子较短，只到肘部，袖口和襟边饰以花边，花边上绣有吉祥汉字图案，里着宽大的裤子，腰部系着长及膝盖的青布围腰，并用丝带环腰而系，吊在身后，而头上都包着布带，老太太裹着黑色的布带，中年妇女则是白色，已婚妇女两鬓头发下垂遮盖住耳朵呈椭圆形，发梢收于头顶，挽成圆髻，由黑色发网包裹，插着发簪，耳垂上挂有耳坠，手腕有玉或银质手镯，小腿部分裹以青布绑腿，脚穿船形尖头的自制绣花布鞋，在家里做家务或外出做农活时均是如此打扮。屯堡服装虽然有特色，但劳动起来并不十分方便，有的妇女也有屯堡服装，但平时并不穿，节假日或有活动时才穿着。像许家这样坚持作为日常服装穿着的，在两所屯也都不多见了。

大脚二妹进城来，脚上穿双绣花鞋。
腰上系根丝腰带，走起路来屁股甩。

——安顺民谣[①]

① 据许道云先生口述。

毫无疑问，服饰是屯堡人通向传统的重要途径，而屯堡人的服饰特别是屯堡妇女的服饰和发型是独特和显眼的，这也是长期以来屯堡人被外界认为是少数民族的最直观的证据之一。无论在田野之间、田埂之上，或者集镇之中，穿着屯堡服装的大脚屯堡女子挑着担子从远处摇曳而来，这景象确实是引人的一幕。独特的屯堡妇女服饰实际是明代江南地区的汉族妇女服饰，较为完整保留和传承至今，咸丰《安顺府志·风俗》记载“妇女以银索绾发髻分为三喈，长簪大环，皆凤阳汉装也，故多江南大族”。不过目前屯堡妇女的发型已经发生改变，不再是史料里最为特色的向前隆起的“凤头髻”，而是向后挽起结笄。仍然独特的是屯堡妇女的两鬓头发包住双耳的发型，而清代《百苗图咏》描绘的“燕尾梳于额前，状若鸡冠”和《安平县志·民风》“以银或铜作细链系簪上，绕髻一周，以簪绾之，名曰假角，一名凤头笄”的凤头发型已经见不到了，这或许是20世纪30年代民国政府强制土著民族改装的结果，当时不仅涵盖少数民族，屯堡人由于一直被认为是地位低下的“诸苗”之一也被波及。由此可见，国家意志对族群文化的影响可以既是深刻的，有时又可以是具体的，可以具体到作为生活形态的方方面面，当年屯堡人的形成即是如此，而作为清代贵州土司治下的地区的改图归流也是如此，到国民政府的强制改装还是如此。而国家政策的干预度也可以单向度地改变一些人的命运，还不仅仅是服饰。许道云的母亲董氏，本来是附近董家庄的汉族，嫁入许家后，服饰也变为标准屯堡服饰。董氏没念过书，是文盲，一辈子勤劳持家，是旧时代标准的贤妻良母，直到现在还每天和媳妇一起做家务，穿着屯堡服装的老太太显得慈祥和落落大方，对外来的客人总是客气而且很有礼貌。

许家的新房的正房后有一天井，地面是水泥铺成，本来的三合院加上后面靠水田而建的榨油作坊，变为一个封闭的小四合院。在二楼的一间卧室里，许道云母亲60年前陪嫁来的一张大床仍然在使用。和以前的大户人家使用的木床类似，这张木床有着吉祥的图案和纹饰。新中国成立后许家有许多物品被分配给其他人家或作大队公用，幸运的是这张床后来又回到许家，许道云说这是有缘。无疑木床是许家的重要物件，不仅仅是许道云姐弟们在此被孕育，而且见证了许家在新中国成立后的历史，在他们心中有特殊的感情，今年50岁的许道云在向笔者介绍时，怀旧之情溢于言表。

许道云对其屯堡人的家庭氛围颇为自豪，在现在沿交通要道的屯堡村落中，保存完好传统屯堡礼俗的人家已不多见，而许家是其中的异数。这和许有贤的严格要求有直接关系。许有贤年轻时读过私塾，后来长期做生意，在自己的家庭内对子女严格要求，待人接物都有具体要求，对待不同的客人皆有规格。我们在许家做客，老人亲自作陪，回答我们提出的各种问题。但到吃饭时，老人、妇女及小孩皆不上桌，由许道云一人作陪。据许道云介绍，他家历来如此，家人的回避主要是体现对客人的尊重。而家庭中女性成员的客人（女性）来访时，家中的男人也要回避，因为男女授受不亲。小孩不上桌是因为过去年代家庭经济条件差，而屯堡人待客十分隆重和热情，贵客来家中时，屯堡家庭往往会拿出最好的菜来招待客人，而小孩子平时是难得吃到这些荤菜的，主人怕小孩子在桌上多吃失态而不让其上桌。妇女不上男客的桌子主要是因为男女大防，当然也有省下好菜以待客的意思。

在许家用餐是一件愉快的事情，天井内十分安静，采光不错，而且空气流通，最主要的是许道云弟媳做的屯堡菜肴十分地道。自家熏制的腊肉、香肠、血豆腐味道纯正，而糟辣椒回锅肉、油炸洋芋片、韭黄炒肉、蒜苗炒胡萝卜、小白菜汤等家常菜都很可口。许道云回忆屯堡菜肴的传统色彩，从他少年时代到现在，基本上没改变过。而在贵州中部，屯堡菜肴的口味并不小众，腊肉、香肠、血豆腐，都是大众喜爱的家常菜肴，这些菜都是每年春节村民各家各户自己生产的，大部分人家都养猪，所以原材料都是自家的，熏腊制品易于储藏，保存的时间也长，在屯堡地区十分普及。

许道云的弟弟有两亩田，就在320国道旁与老宅之间的水田区，人均六七分田，每年可以生产粮食3000斤。而在计划经济时代，两所屯村粮食严重短缺，生产队所产的粮食除上交之外，分配给村民的每年只够四个月食用，缺口要靠村民自己买粮，当时家家户户都要买粮，村民普遍做小生意，也是为了有钱买杂粮吃饱。1980年后，土地分到户，粮食产量不断提高。90年代以后，杂交水稻大面积推广，两段育秧、育苗移栽技术也逐步普及，两所屯的水稻单产大幅提高，从此解决了粮食问题。许道云的弟弟也是一样，目前粮食自给自足绰绰有余，但却缺乏其他的经济收入来源。长期以来，许道云一直都是这个家庭的顶梁柱，一直在经济上支撑在花园村务农的家人。

许道云的弟弟少年时生过一场病，病后智力受到了一定影响。许有贤让他早早辍学在家就是为了从事农业生产以供许道云上学。许道云漫长的求学道路就是建立在父亲和弟弟全力的资助上的。虽然学的是工科，但许道云十分感性，在经济上他对家庭一直大力回报。1998 年许有贤向农村基金会贷款做生意，月息高达 2.5%，数年后生意亏空，许有贤无力还贷，许家新房遂被法院罚没，许家面临搬回老屋的尴尬境地。这时，许道云刚从南京大学取得博士学位回到贵州大学工作，许道云从贵州大学给他的博士安家费中拿出八万元钱，赎回了这栋房子。从此以后，父母兄弟的主要费用都由许道云负担。目前，许道云弟弟有两个孩子在贵阳读大学，自费读贵州大学科技学院 4200 元的学费的和每年 8000 元的生活费都由身为大学教授的许道云承担。

对于地戏，也就是跳神，在屯堡村落集中的安顺七眼桥和云峰八寨一带非常普及。许道云从小就看，他的父亲就会跳，许道云说因为跳神动作比较单调，当年许多四五岁的小孩都会跳。花园村跳地戏一直坚持到前两年。每个屯堡的所跳剧目都不同，花园村的固定剧目是《薛仁贵征东》，篇幅很长，许多参与演出的村民基本都是文盲，但只要一个人会唱，其他人就会跟着背诵台词。开跳时村子里十分热闹，几百人围在一起观看。每年正月初八开始跳，直到正月十七，连跳十天。跳神是村庄的大事件，也是村民集体参与的重要活动，有强烈的精神消费和群体娱乐特征。各屯堡人家有钱的出钱，有力的出力，都是自发的行为。在练习的阶段中，演出队会到村民家里排演，村民会为演出队的到来而非常高兴，还要准备纸烟、茶点和夜宵，周围的人家也要送上一些食物，排演完后大家一起分享，名叫“打平伙”。这是庄严而又欢快的时刻，大人高兴，小孩更是欢乐。许道云记得，小时候他家就曾请来过这类的排演。每年跳神开始和结束时都有仪式，开始跳时叫“开脸”，请出柜子中的地戏脸子时，要说许多吉祥话，结束时叫“扫场”，地戏脸子要放入“神柜”里，存放到下一年。

作为一个生于斯长于斯的屯堡人，许道云对两所屯花园村饱含感情，这里是演绎童年欢乐和家庭温暖的地方，也是通往祖先记忆的神圣之地。

许道云还清晰记得，少年时在老宅正房前的院子里一家人团聚的情景：许道云和父亲、弟弟一起编箩筐，而母亲则带着姐姐们做针线活。尽管不富裕，一家人也其乐融融，许道云用“和谐”一词来形容这样的场景和时光。而作为一个受过良好教育的知识分子，许道云对屯堡人的性格有褒有贬。对于屯堡文化的形成原因，许道云的观点颇为独特。

首先，许道云认为屯堡文化的形成和安顺地域的历史人文环境有直接关系。长期以来，由于安顺一直是交通要道和物资集散地，历史上商贸一直很发达，安顺本地人，包括屯堡人都以精明著称，善于经营，做小生意的现象非常普遍。即使在屯堡初设的明代，安顺民间及屯军就务农经商两不误，农商并重。他们利用安顺地处交通线的区位优势，从事贸易活动，许多人由此外出谋生。明弘治《贵州图经新志》卷十四称：“卫俗本淳朴，迩颇失其态”，“惟贸易日趋于利，风俗日降，势不可为然。转移而返之旧也，则有望于君子焉”。纯朴的屯堡地区开始有了世风日下的景象，商贸在带来财富的同时也让部分从业者唯利是图。部分经商者目光短浅，在做生意过程中往往并不诚信，缺斤少两的有，坑蒙拐骗的亦有，即便是现代，一小部分安顺人和人交朋友也有功利至上的倾向，缺乏真诚待人之感。所以，屯堡人历来缺乏富甲一方的巨富，也没有产生山西晋商、安徽徽商一样的以诚信为本、逐渐做大的商人群体。

其次，安顺人并不十分团结。在安顺各级政府中，不团结的现象较为普遍，内耗比较严重，在贵州九个地州市中，安顺的环境和资源并不算差，交通便利，开发很早，物流便利，但是安顺的地域经济一直发展滞后，这与各级政府的决策和行政能力有关，其实是和安顺人性格中的某些因素有关。由于历史上的先进，安顺人往往并不愿接受新的观念和新的事物。因此，内部长期以来趋于稳定。在屯堡社区，同样如此。而且屯堡人往往长期务农和做小生意，进入主流社会的机会和路径非常缺乏，有能力离开故里的往往凤毛麟角，而绝大部分都是安土重迁，很少离开屯堡地区，新的观念和生活方式很难进入屯堡。屯堡人缺乏进入政府工作的机会，因而缺乏公众话语权和行政决策权，不能为屯堡人群代言，维护屯堡人群的群体利益，只能一直以非主流的形态长期存在。而长期的非主流处境，则会加大屯堡社区对外的封闭和对内的整合，呈现外冷内热的独特境况。

这样的人文环境也会影响到其他人群。比如在20世纪60年代中期到70年代中期，国家在中西部推进三线建设。由于国家意志的作用，许多东北、华东的现代化军工迁入贵州地区，贵州是三线建设的重点地区。当时安顺地区为011航空工业基地（现为中航集团），该基地规模庞大，在今安顺市境内，011下属企业比比皆是，这些企业往往都叫“××机械厂”，比如洪湖机械厂、新艺机械厂、黎阳机械厂、双阳机械厂，等等。20世纪六七十年代，随三线企业迁入安顺的是大量的从东北、上海等地而来的企业职工及其家庭。这些新移民的状况在某种意义上和六百年前的屯军类似，都是受国家机器驱使，从发达地区迁入边远的贵州腹地，并长期在这里劳动和生活。不知是巧合还是真的受到地域人文环境的影响，三线企业在迁入安顺的几十年间也一直是以封闭和拒绝本地化为外显特征，这一点和屯堡人也很像。与几百年前进入贵州的屯堡人先辈一样，三线员工及其家属是当时先进技术、先进文化和先进生活方式的持有者，代表着主流的国家价值，并肩负国家意志和国家使命。到安顺以后，三线企业内部规模一般都不小，各种生活、医疗、教育设施一应俱全，俨然是一个个封闭的小社会。三线企业职工和周边当地居民包括屯堡人都很少交流，他们依然保持着各自的生活习惯，说着各自的方言，以自己的迁入地文化和生活方式为荣。

40年过去了，三线企业的政治地位和面临的市场环境早已发生改变。许道云说，在安顺的三线企业员工的第二代很少进入安顺的主流社会，在政府部门中三线企业职工的第二代很少有担任要职的。这仿佛是个伪命题，但是如果这个命题在现实中成立的话，可能有两个原因造成了这个现状：一是主观上的原因，三线人以自身特定身份和曾经的经济社会地位为荣一直拒绝接受当地文化，所以不愿融入当地社会，包括主流社会；二是在客观原因，当地社会有可能实际上并不欢迎、不接纳其他族群或其他文化背景的人进入其内部，包括移居此地多年的移民的后裔，对外部呈现封闭的现象。

在这点上，三线人在当代的命运和清代的屯堡人颇为相像。而三线人从主流到边缘的时间不过区区二十余年，更具有时代的特点，不像明代屯军的存在基本贯穿有明一代。三线企业在改革开放以后，社会地位、经济地位开始下降，而三线企业员工依然生活在各自封闭的小社会中，随着群体的边缘而边缘。国家意志基本放弃了这个人群，但三线员工还是在固守一个个孤岛。要融入当地社会，还有一个过程。这里面虽然有着社会文化和环境的具体原因，但似乎和安顺的历史人文环境不无关系，屯堡人和屯堡文化现象就是可以互相参照的案例。不过，完全封闭的情况也在逐渐改变，据花园村的村民介绍，现在附近的三线职工的后代开始和周边的屯堡人开亲通婚，这在以前是不可能的。

二、白云庄陈氏：从屯堡出发　齐家与治国

黔处天末，重山复岭，鸟道羊肠，舟车不通，地狭民贫，无论仕宦者视为畏途，即生长于黔而仕宦于外者，习见中土之广大繁富，亦多不愿归乡里。吾以为黔人有五病，而居黔有八便。何谓五病？曰陋、曰隘、曰傲、曰暗，曰呆。闻见不广，陋也；局量偏浅，隘也；任性使气，傲也；不通世务，暗也；不合时宜，呆也。陋者宜文之，隘者益广之，傲者益抑之，暗者益通之，而为呆则宜宝之，不可易以巧滑也。何谓八便？鱼米贱价，一也；无大荒馑，二也；无祁寒盛暑，三也；风俗简朴，四也；举人一科拣选，五也；奇山水可供游观，六也；山多林木，养生丧死无憾，七也；山洞可以避秦，八也。凡子弟就塾，先讲明小学，使朝夕习弟子之仪，则长而傲可化也；博之以经史，使之从明师益友讲习讨论，则陋可文也；浸灌之以儒先理学之书，使识义理之宏阔，集古名臣列传以开拓其心胸，则隘可广也；亲戚有仕宦于外者，使从之游于通都大邑，见大人先生，聆其议论，日阅邸报，与文世事，则暗可通也；若夫呆者，朴实而不知变诈，谨饬而不敢诡随，此黔人本色，天真之可保守而不失，以之任事，则实心可取，以之事上，则直道犹存。由其生长溪山穷谷之中，无繁华靡丽之习以乱其性，故其原易足，无交游声之广以滑其智，故其介不移，去四病而呆不可胜用矣。此黔人之宜守其所长而勉其所不足者也。夫去四病而享八便，黔亦何负于人。求去之去国者，古人之不得已，故《礼》曰：奈何去亲戚坟墓也？若谓去京甚远，以滇例之，而心平又谓黔多苗民，易生反侧，不知苗人经大创之余，边隅绥靖。况兵革之患，至

古而然，即中土能独免呼。今圣朝在御，德洋恩博，声教四讫，四海沐时，雍风动之，休万民，享太平有道之瑞，随处皆乐土，九州皆化国矣，又奚必远适异国，别父母之邦乎。万一谋之不臧，至进退维谷，或子孙习于华移之习不再传，而无以自立，终贻异日之悔，又何如安土重迁之为愈耶！

——（清）陈法《黔论》

这篇文章是清代康乾年间贵州安平县（今平坝县）人陈法所著的《犹存集》中的《黔论》，是关于贵州及贵州人的一篇奇文。陈法指出贵州人有“五病”：陋、隘、傲、暗、呆，即闻见不广、局量偏浅、任性使气、不通世务、不合时宜。但黔人性格中的“呆”也有可爱之处：“朴实而不知变诈，谨伤而不敢诡随”。针对黔人的这几种毛病，陈法提出了相应的解决方法：博之以经史以去陋、习弟子之仪以去傲，识义理之宏阔以去隘，游通都大邑可通暗。黔人性格中的这些毛病其实是与贵州的历史文化、自然环境、经济水平密切相关的。但是贵州也不是一无是处，也有独特的优势，曾宦游天下的陈法指出在贵州生活有“八便”：生活便宜、无大的自然灾害、气候宜人、风俗简朴、科举便利、风景好、林木多便于取用、山洞多可避险。陈法感言如果能去五病而享八变，黔不负于任何人。陈法写作此文时已 71 岁，经过一生的游历与思考，以一个文化人的心态来感受贵州。此文是陈法为劝诫不愿回贵州居住的在湖南为官的弟弟陈浩所作。

陈法，字世垂，号圣泉，晚号定斋，安平白云庄人。[①] 康熙癸巳年（康熙五十二年，1713 年）进士，授翰林院庶吉士，历任刑部南司郎中，直隶顺德知府，山东登州知府，河东运河道护理总河，江南淮扬道尹，安徽卢凤道尹，北京大名道尹等官职，后为河督白钟山辨枉，陈法引咎自责，发往内蒙古十六军台戍边。获赦后，不愿为官，回黔主讲贵阳的贵山书院二十余年。康熙乙未，詹事府詹事贵阳青岩骑龙人周渔璜

① 陈法墓在白云庄约 5 公里的邢江河畔，至今完好。墓碑碑文是“皇清诰封中宪大夫陈公讳定斋府君墓”，左侧两行小字是“工科掌印给事中加二级直隶大名兵备道”，末行是“男符、庆升（陈法的两个儿子陈符升、陈庆升）两房后裔崇祀”，上首一行时间是“乾隆三十二年十二月立 一九九〇年三月二十七日重立”。

曾捐出樱桃胡同的住宅为北京贵州会馆。陈庆升到北京参加会试时，曾想入住贵州会馆，但因人满为患而不得不另租房而居，此事让陈庆升感受深刻。为了方便赴京的贵州举子参加进士考试，陈庆升立志修建新馆，然终其一生未能如愿。遗命其子陈若畴代其完成。20 年后，陈若畴与其弟陈若藻在道光六年（1826 年）捐银 1400 两，购买北京棉花八条胡同瓦房 22 间，作为贵州会馆新馆。

陈法是清代的理学明臣，历仕康、雍、乾三朝，著作颇丰。民国《平坝县志·艺文志》就收录了陈法的《易笺》《明辨录》《河干问答》《醒心集》《犹存集》《塞外纪程》《内心斋诗稿》《敬和堂文稿》8 部著作，涉猎广博，在清代影响甚大。其中的《易笺》近 10 万字，分为 8 卷，是乾隆年间陈法戍十六军台时的著述。陈法研究《易经》数十年，写作此书的原因正是基于此："闲中无事，究心数十年，时有札记，不忍弃去，因而抉择，荟衍为说。"该书与历朝易学研究的著述不同，认为《易》可以深入浅出，并非一味地深奥莫测，探寻《易》的理论和普通日常生活能否有效结合，阐发了陈法的独特见解："易之为教，虽曰精微，然道不外乎人伦日用，易所言者，人事耳。"陈法指出，《易》虽然精微，看似关乎天道，实则关乎人伦。历朝历代的文人，包括朱熹等大家，都把《周易》作为圣人之书，艰涩难懂，作为打开玄妙之门的玄书和日常卜卦预测之书。陈法则反向思维，指出《易》其实就是指导人事的书，对待易学的方法可以"以人事言易"、"言易以主人事"。他认为，《易》所言之人事，"远之在乎天下国家，近之及于旅讼家人，大之关乎穷通得丧，而小之不外日用饮食"。把《易》去神秘化和神圣化，和人们的日常生活结合而论。这是一部承前启后的易学著作。当时著名的诗人袁枚、两广总督陈宏谋都为陈法的《易笺》题词，《四库全书》收入《易笺》，这样介绍："易笺八卷，国朝陈法撰其书，以易为专明人事，其驳来知德错综之说，最为明晰，其论筮亦极有理解。"陈法的另一名著《明辨录》是其晚年执掌贵阳贵山书院时的理学著述，对陆象山和王阳明的心学进行批判，一时影响巨大。乾隆三十一年（1766 年）陈法逝世后，其灵位被陪祀于贵阳尹道真先生祠，当地士子组织"陈公会"，每年于其生辰之日（8 月 24 日）前往祭奠，陈公会后转在奎光阁举行，一直持续到民国。道光时，平坝知县刘祖宪把陈法入祀本县乡贤祠。

光绪进士、翰林院编修、御史、给事中贵阳人陈田在《黔诗纪略后编》如此评论陈法：

> 吾黔理学，有明以孙文恭（应鳌）、李同野（渭）为开先。孙李之学时有出入惟定斋祈响紫阳，粹然一出于正。主讲贵山书院二十年，申明学约于科举俗学之弊，谆谆致戒。

清末曾任礼部祠祭司主事的贵州方志专家杨恩元曾继任可澄总纂《贵州通志》，杨恩元是贵州安顺人，光绪朝进士，在其《黔南丛书》中，曾如此评价陈法对黔中文化的贡献：

> 顾安顺，在明清两代，不少传人，而最近所属的安平殊为远逊。惟清中叶时，陈定斋（陈法晚号）昆仲崛起兹邑，文章政绩，皆足模范当世，取法后来……庶几览者，知黔中文化有开必先，不待郑（珍）莫（友芝）出已名作如林，后先济美。

陈法是平坝屯堡人中的翘楚。本书前面引用的写下“光飞绝域外，影落美人前”这样意境、音韵俱佳的诗句的安平才女陈淑秀，就是陈法的女儿，在文学造诣上，陈淑秀可谓冠绝一时。乾隆十一年，陈法被遣戍内蒙古。乾隆十三年（1748），陈法之子陈庆升参加戊辰科会试中进士，并授庶吉士。陈庆升上书乾隆帝请求代父谪戍，以换陈法颐养天年，陈庆升的纯孝感动了乾隆，陈法被乾隆帝恩准回京。此举一时被传为美谈。陈庆升历任监察御史、刑部给事中、工部给事中、通政司参议、大理寺少卿等职。

平坝县白云镇白云村白云庄的陈氏家族，一直是当地望族，数百年间人才辈出，在当地赫赫有名。白云陈氏的原籍为江南扬州府江都县太平桥，入黔始祖为陈旺。洪武十四年，朱元璋派傅友德、蓝玉、沐英率30万大军征讨盘踞云南的元梁王。当时陈旺为河南祥符卫的左所百户，跟从祥符卫指挥陈胜一同出征，经历了明军在云贵的主要战役。洪武十六年陈旺被封为昭信校尉，洪武十八年以年老致仕，被赐平坝卫左所百户，准许子孙食百户禄世袭，落籍平坝卫城南大街。陈旺之子陈亮，曾任湖广安陆卫后所副千户及贵州平坝卫正千户，今贵阳市清镇市的陈亮堡就是以陈亮之名命名的，此地名从明初沿用至今。世袭军职的陈氏子孙也不少，承袭百户职位的陈氏后裔，一直延续不断。有记载的可见到万历年间的第 9 代，后来的由于战乱不见记载。不仅如此，万历年间还有陈氏后裔陈达道因在四川泸州当知府时变卖家产治理岷江，在崇祯年间被明朝廷旌表在安平南大街建牌坊，上书“功在岷江”四字，此牌坊一直保存到 20 世纪 50 年代才被拆除，现存有照片。①

居黔中之初，陈旺之后五代单传，均居平坝卫城。到第 10 世，同辈男子发展到 15 人，10 世孙陈一鸿首先迁到鲊陇（今安顺市刘官镇属，距白云庄 7 公里）。明末清初黔中战事不断，人口迁徙加快。陈氏子孙开始迁到平坝境内白云庄、卜山、齐伯房、白岩、河湾等处，有的迁居今贵阳、清镇、普定、郎岱、紫云等处，有的更远走云南和华中、华北地区。入黔陈氏，从明初繁衍到今天已有 26 代，共约 12000 人。

据民国《黔南陈氏族谱》记载，陈旺后裔中，仅从明末第 10 世至第 12 世三代之中，族中举为岁贡者 9 人，拔贡 2 人，举人 1 人。有清一代，岁贡 14 人，恩贡、副贡各 1 人，拔贡 2 人，举人 12 人，进士 5 人。其中，在康熙、乾隆各有 1 人被钦点翰林院庶吉士。特别是清康熙、乾隆、嘉庆、光绪间，或是父子相继为翰林，或是祖孙皆成进士（如陈法、陈庆升、陈若畴祖孙三代）。陈氏从明末第 9 世至清末第 21 世的 13 代人中，共有仕宦 43 人；出生白云庄或由此迁出者有 29 人，占 67%，由此可见白云庄在陈氏家族中的重要地位。

据黄才贵先生对白云庄陈氏源流的考证，陈氏迁入白云庄，始于陈旺第 12 世孙陈祥士。清顺治十六年（1659 年），陈祥士从四川庆符县令任上致仕回籍，初居安平嘉禾寨。后迁到其原配谭氏故居槎头堡对面的白云庄，白云庄山后本有陈氏九世祖陈达道之墓，周边原为少数民族居住，人少地贱，便于迁居。陈祥士夫人谭氏亦为屯军后裔，其入黔始祖谭桂高于明洪武二十五年由湖广长沙入平坝卫左所，谭氏出身名门，其父为明崇祯兵部侍郎谭先召。陈祥士与谭先召本为挚友，两家开始结

---

① 塚田诚之、黄才贵：《贵州省西部民族关系的动态——关于“屯军后裔”的调查研究》，《贵州民族研究》1999 年第 3 期。

为姻亲。陈祥士还有继配衡氏、刘氏，共生育了七子。至此，陈氏在白云庄落户生根，陈祥士与其长子仁锡、五子恭锡、七子珍锡住白云庄，次子智锡迁住白云庄北侧的桂麓庄（今称李家院），六子恒锡迁住白云庄南侧的仁里寨（今平庄），三子义锡迁今县城北之校场坝（陈旺墓地前方），四子德锡迁住今县西老虎寨。

黄才贵据民国《黔南陈氏族谱》考证，陈祥士定居白云庄后，其子陈恭锡于康熙己卯科中举人，曾任直隶丰润县知县及玉田县知县，入祀丰润名宦祠，诰封文林郎，晋中宪大夫。其原配谭氏，系其舅父谭瑞（康熙丙午科举人，云南曲靖府知府）之女；继配亦谭氏，共生三子。陈恭锡长子就是前面提到的清代硕儒陈法，陈法于康熙癸巳春举乡试亚元，是年秋成进士，雍正癸卯诏举翰林院庶吉士授检讨，历任刑部郎中，直隶顺德（河北邢台）知府、山东登州知府、河东运河道护理（代理）总河，卢凤道、淮扬道、大名道道台；次子陈浩，由安平廪生历任直隶昌平州知州、顺天府北路同知、正定府和署天津府知府、江西驿盐及湖南驿盐兼巡、长宝道署理湖南按察使等职；三子陈徵，乾隆二年（1737）进士，官江苏溧水知县。陈法原配谭氏，亦为舅父谭廷恺（康熙癸巳科举人、正安州教授）之女，继配王氏、纪氏、汪氏，共生三子。陈法长子符升，由安平廪生出岁贡，任思南府教授。原配王氏（康熙戊戌翰林工科掌印给事中贵阳人王缵之女），生有七子，均住白云庄。陈法次子庆升，由安平增生中式，乾隆甲子中举人，戊辰成进士，由翰林院庶吉士授检讨，充壬申科四川正考官，掌陕西道监察御史巡视西城，丁忧服阕补工科给事中巡视南城，复转工科掌印给事中，升通政使司参议，后升大理寺少卿加一级。原配梅氏（举人梅偶之女），继配薄氏（大兴人，康熙壬辰翰林大理寺少卿薄海之女），共有五子，均在外为官。陈若畴，庆升子，嘉庆四年（1799）进士，官湖北远安、黄冈知县。陈法三子昭升，安平监生，原配邹氏（平邑训导邹述孟之女），生有一子，住白云庄。陈浩长子中升，安平庠生中式，授都匀教谕，后随父往长沙继承家业，住白茅铺。陈浩次子恒升，安平庠生捐附贡，住白云庄。陈祥士的后裔，做官的不少，除了科场显赫者之外，其余皆擅长各种营生。据民国《黔南陈氏族谱》统计，出生于清末民初的陈旺21世一辈男子共169人，务农者44人，占26%；做工者3人，占1.8%；从商者24人，占14.2%；教书者3人，占1.8%；从军者2人，占1.2%；其他93人，占55%。和一般人家不同，陈氏家人还善于理财规划："每年开始，将全家之收入支出，编定预算案。何为必须费、何为预备费，划定的款，以免临时忙乱。"①

新中国成立后，1951年"土改"时，白云村114户人家，仅陈氏地主就有31户，占总户数的27%。一般地主占有田产30多石租，而陈氏大地主陈兆雄、陈兆玉两兄弟，占有田产各100多石租。陈氏地主的田产，除分布本庄及附近村寨外，大部分散在县内其他地方。其中，全县有名的良田洞上场九冲十八凹，几乎被白云庄的陈氏地主所占有。

陈氏后裔中不仅有封建时代的科举胜出者，还有民主革命的参与者，体现了陈氏后裔对进步时代思潮的敏感和追随。光绪末年，陈氏后裔陈祖武创办日新学堂，拥护孙中山的革命主张。宣统年间他加入贵州自治学社，后任同盟分会书记兼《西南日报》总编辑，辛亥革命后，陈祖武任贵州军政府参谋，后任贵州省政府政务处处长。1926年春，参加广东国民革命军出师北伐。1932年，组建中国国民党贵州同志通讯处。1936年，他代表贵州省国民党组织在广东发表抗日反蒋的政治主张，主持抗日反蒋事宜。抗日战争胜利后，陈祖武主张恢复国共和谈，国共谈判失败后他在积极组织反蒋并策动黔军起义。1950年6月，中央人民政府任命他为贵州省人民政府委员，中央人民政府政务院任命他为贵州省人民法院院长。1953年4月，中央人民政府政务院任命他为贵州省人民政府政治法律委员会委员，任贵州省民革常委。1954年，任贵州省人民政府参事室主任，著有《贵州辛亥革命忆略》一书。

作为显赫数百年和一直颇有地位的大家族，白云庄陈氏对于自我的身份认识与其他屯堡人不同。现在的白云庄陈氏只承认自己的"屯军后裔"身份，并不完全认可"屯堡人"的称谓，这和陈氏长期以来的主流地位和主流意识有关。因为即便在清代，白云庄陈氏也从未边缘化过，无论在政治上还是经济上，陈氏族人皆积极介入主流社会，并得到主流社会的接纳和认可。这和一般的屯军后裔的状况大不相同，大部分屯军后裔在有清一代都是逐渐边缘化和归于沉寂，成为不被主流社会关

① 陈文荣等修：《黔南陈氏族谱》，民国二十年，铅印本。

注的普通人群，甚至渐渐被人认为是少数民族。白云庄陈氏对于自己的身份认同有急于澄清的诉求，陈氏后裔曾有两人作为主要编著者参与编著民国《平坝县志》，对于屯堡人的定义，颇费思量，“屯堡人一名词，初本专以之名住居屯堡者。而凡住居屯堡者，工作农业，妇女皆不缠足，从事耕耘。厥后，即不住居屯堡，如其妇女不缠足，从事耕耘者，率皆以屯堡人呼之。则屯堡人意味又不专就住居论矣”，这是对白云陈氏状况的注解，对于屯堡人的族属，则格外强调“其真正之屯堡人即明代屯军之裔嗣也，决非苗夷之类也”。[①]

对于典型屯堡人所具有的可供识别的那些外显特征，白云庄陈氏往往并不具有。比如，白云庄没有跳神、跳花灯之类群体文艺活动，认为这是落后和不长进的象征，并禁止青少年接触；过去白云庄有妇女缠足的现象，而且服饰也和传统屯堡妇女不同，身着短衫而非其他屯堡妇女那种类似少数民族的左衽长衫加绑腿的独特装束，连发型和头饰也不一样，看起来更像汉族。这种和屯堡人有意无意之间的区别，该族群主流文化发达而主动排斥是其背后的深层次原因。

陈氏后裔陈德远先生曾就此话题进行过研究，并提出了自己的观点。他认为，屯堡人是一个历史概念，志书记载有过如下的族群特征：(1) 居住于屯堡的明代屯军的后裔；(2) 多江南大族；(3) 女人服饰为凤阳汉装，不缠足，并参加劳动生产。同时，屯堡人也可以从空间概念来界定，也就是就以其居住地来命名的，证据有《平坝县志·民生志》所载：“平坝人类有‘屯堡人’，名目屯堡者，屯军居住之地之名也，以意推测，大约屯军在明代占有二三百年之特殊地位，政府文告每云‘军民人等’，军冠民上，可见当日之特殊。迨屯制既废，不复能再以‘军’字呼此种人，惟其住居地名未改，于是遂以其住居地名而名之为‘屯堡人’；实则真正之屯堡人，即明代屯军之后裔也。”

这里把“屯军后裔”和“屯堡人”的关系讲得很清楚，屯军后裔当然是屯堡人。当然，并不是所有屯堡人都一定是明代屯军后裔，真正的屯军后裔十分鲜少。因为明代有军屯、商屯、民屯，人员构成有屯军、移民和充军者，在明嘉靖三十八年（1559），由于卫所军不断逃

---

① 民国《平坝县志·民生志》。

逸，造成这样的局面："贵州军民鲜少，多系江西川湖流民侨居。"① 再后来更是历经兵燹，十屯九空，清代外省移民接踵而至，大量填入，与原先所余屯民交融混合，慢慢形成今日的屯堡人，这个过程一直在延续。虽然"屯堡人"一词出现在道光年间，但笔者推测，道光、咸丰期间，正是屯堡人最后定型的时期，起码在人口迁徙和人口补充方面如此。因为道咸期间是屯堡地区动乱程度最大的时期之一，人口的变迁最为剧烈，外来人口的填充超过了历朝历代，这种暴风骤雨式的人口洗牌在变乱的年代随着频繁的战乱而经常发生。据民国二十一年《平坝县志·民生志·第一人口·户口比较》记载：在道光至咸丰年间（1821—1961）以后，"每经各村寨多见空地"。原因是"十之二三"已"迁徙"，有"十之七八"已"绝亡"。如果这样的记载属实的话，屯堡地区的人口及族群的变换就是较为彻底的。

所以，先有屯堡，而后才有屯堡人；屯堡是相对恒定的，而屯堡人则不一定。屯堡人最先是指屯军后裔，后来因居住于屯堡的并具加入这个共同体的移民也逐渐嬗变为屯堡人。因而不能仅仅从一些普遍的外在特征来判定一些村寨是不是屯堡人，大部分屯堡人说话声调高亢，女人不缠脚，且着宽衣大袖，系丝绦腰带。但也有例外，比如白云庄陈氏的女人不仅缠足，而且不穿屯堡服装，穿的是二码裾，与通常屯堡人完全不同。经过陈德远的田野调查表明，平坝肖家庄、骆驼山、大元关、闯马岩、汪井、石家大坡、养马冲、虾耳井、双洞、大坡脚、大山坝、山背后、天龙、杨官屯（大屯）、杨忠屯（小屯）、二关寨等村寨的人，音调都很高亢，女人不缠脚，着宽衣大袖，系丝绦腰带，完全符合通常所说的屯堡人所具有的特征。而与以上村寨相近或相邻的何家庄、平庄、云涨坡、马洞、白云庄、槎头堡、猫洞关、沙子哨、下头铺、五里屯、蛤蟆关、青庄、乐平、刺梨坝、唐约、肖家坉等村寨的人，说话的音调就不一样，其中蛤蟆关、青庄、乐平、刺梨坝、唐约等地的口音，又和何家庄、平庄、云涨坡、马洞、白云庄、槎头堡、猫洞关、五里屯、沙子哨、肖家坉等寨不同，而妇女服饰均不相同。按照前面的三条标准，似乎他们也不是屯堡人。

其实，以上这种差异是外在差异，不是本质差异，是各自村落自身

---

① 《明实录·世宗嘉靖实录》卷47，第4页。

的文化变迁与发展的不同步所致，以上村落皆是屯堡人。明清两代，平坝文化发达，科甲较盛。陈德远据民国《平坝县志·人物志》统计得出，明清两代，平坝有 185 名举人，其中文举 151 名，武举 34 名；进士 24 名，其中文进士 19 名，武进士 5 名。可见其时早已晏武修文，这些举人、进士中许多就是屯军后裔，这些家族的发展，就和普通屯军后裔迥异。到后来，各村落发展也存在差异，以致到今天还存在有的村落人群是否是屯堡人的争论。导致这种现象的原因是："明代的屯军是世袭制，屯军的眷属肯定是不缠足的；明代没有屯堡人的称谓，清代始有这一称谓，而这个称谓在当时虽然没有褒称，但亦并无贬义，只是后来随着各个家庭的文化内涵发生了变化，出于追赶时髦的需要，女人跟着封建世俗缠了足，慢慢地、渐渐地与自己原来的习俗脱离。当平坝社会出现'屯堡人'称谓时，有人不了解历史，仅按当时女人是否缠足和穿着、声音等为情由，便认为自己不是屯堡人了。其实，这是偏见。清光绪丁未会试钦点直隶唐山知县、后任民国平坝修志局局长的陈楷，和民国贵州省柳霁分县[①]县长、民国《平坝县志》文字编辑陈文荣，都是平坝明代屯军陈旺的后裔，难道他们还不知道这一历史称谓的内涵与外延吗？于此不难明白：屯军后裔自然是屯堡人了"。由此可见，白云庄陈氏也是屯堡人的一支，和一般屯堡存在差异的原因是文化经济发展水平较高，与普通村落存在发展程度不一致的现象，在内部受当时主流文化影响的程度要深一些，一些屯堡文化事象早已不存在或者变异了。

白云庄陈氏，从明清以来一直在努力进入主流社会，并以主流文化和主流价值的持有者自居。而且这样的努力也得到了积极的回报，陈氏于明清时期的科甲鼎盛就是一大胜景，可以说在一个家族的传承历史中实现了传统中国儒家修、齐、治、平的主流价值。由此，陈氏对于自身的身份和社会地位的珍视是理所当然的和必然的，在一个阶段内有脱离屯堡人的身份，融入汉族主流社会的倾向是自然的。和周边那些日趋颓败的农耕屯堡村落相比，白云庄在有清一代二百余年间一直是一个欣欣向荣的村庄，大量的陈氏后人带着荣耀从这里走出去，以主流社会的维护者身份出现，实现内圣外王的儒家理想。

---

① 清代所设镇远府天柱县的一座分县城，柳霁分县延续至民国，1936 年废除。

三、家族的变迁：迁徙与再迁徙 族群与文化认同

旧荣怀先德，忠孝家茂兴，
国庆开景泰，伦明世永泽。
——平坝县天龙镇陈氏字辈

这是一首对仗工整的五言诗，也是安顺市平坝县天龙镇陈氏家族的字辈顺序。20 个字中的每一个字，包括“先德”、“忠孝”、“景泰”、“永泽”这些词语的选用，可以让我们轻易窥见陈氏屯堡人对正统儒家价值观的追求与信奉。

天龙旧称饭笼铺，属贵州省安顺市平坝县。地处贵阳、清镇、平坝、安顺的古驿道上，现在清黄高速公路、贵黄高等级公路、贵昆铁路从天龙镇旁经过。之所以叫饭笼铺是因为全镇在草创之初所开发出来的土地，从山上看地形像一个饭笼，故名。后因“饭笼”二字不雅，遂从寨后天台、龙眼二山各取一字而改名天龙。天龙是安顺屯堡地区众多屯堡中最知名的一个，因为这里交通便利，离中心城市贵阳相对较近，屯堡文化的外显特征保存得较为完好。还因为天龙是全国重点文物保护单位，知名度高，加之旅游开发较成规模，2000 年后逐渐成为安顺旅游线上的一个重要景点。游客从贵阳经清黄高速去黄果树景区游览，返回贵阳时可顺带在天龙镇游览。在现在的天龙屯堡入口，牌坊上有一副对联：“源出江淮六百年耕戍田陇，枝发云贵三千里守望家乡。”城门洞上另有一副对联：“黔中寓兵流长华夏千秋史，滇喉屯甲源出洪武十四年”，显然都是今人之作，想告诉游客屯堡人的历史由来。天龙镇政府所在地为天龙街，现有 1250 户，5000 多人口，其中大部分为屯堡人，少部分为后来汉族，周边还有苗族及仡佬族。

天龙街背后有一座号称“黔南第一山”的天台山，山并不高，但是山势奇绝。该山三面为绝壁，只有北面建有盘山石阶，山顶有建于明万历十八年的伍龙寺，寺内保存相传为吴三桂自用的清代佩剑、朝笏、朝服等文物。这个佛道双教合一的寺庙，形制独特，与山势浑然一体，现为全国重点文物保护单位。天台山后有明军兵器坊遗址，旁边的烟堆

山有明代烽火台，龙眼山上有晚清咸同年间所建的防御流寇的堡垒。

天龙所在地原先并非无人居住，在明初屯军到来之前，这里是苗族的聚集地。滇黔交通要道被卫所军占有后，苗族遂往周边山区搬迁，大量良田沃土皆归屯军所有。据道光七年（1827 年）所修《安平县志·地理志·建置沿革》记载：明洪武二十三年闰四月设平坝卫，并从湖广长沙等地"三丁抽一"，征发人力"充实该地"，原因就是"苗夷远窜，地广人稀"。明初平坝卫所辖下屯军数是5400 户，饭笼铺的屯军数量未见记载，但设置百户所以上的建制还是可能的。

天龙街以寨前小河为中心，一条古街贯穿全村。目前尚保存有一座集佛、道、儒于一寺的"三教寺"，门口有对联道："信佛信道信儒即信善，思名思利思德不思邪。"亦可见天龙人的信仰特点和价值取向。在天龙街，张、沈、郑、陈是四大姓，目前还存有郑家宗祠、陈家宗祠等大姓宗祠。据《天龙陈氏族谱》记载，陈氏入黔始祖陈典官职为通政大夫，原居"南京明应天府都司巷高坎子"。洪武十四年随傅友德、蓝玉、沐英大军征云贵。后变为屯军驻守此地，与同来之张、沈、郑三公共创饭笼铺。

按《天龙陈氏族谱》称，张、沈、郑、陈四姓在天龙街上的分布是"插标为记"，形成沈家园、张家园、郑家园、小井园（陈姓），陈姓又发展到大井园、新房园及哨上三处。而据塚田诚之考证，天龙四姓始祖在洪武十四年就随军定居天龙似乎不太可能，有可能存在谬误，特别是陈氏尤其如此。理由是，天龙街保存有陈万镒公显彰碑。陈万镒是陈姓入黔的第三世祖，民国《平坝县志·人物志·忠义》记载："陈万镒，明季饭笼铺人。"显然，晚明时期的陈万镒的祖父辈不可能在洪武年就入黔居于天龙，而是明代后期。还有一个视角是，从天龙遗留的地名上看，天龙街上保有"张家院"、"沈家院"、"郑家院"，并没有"陈家院"。再有，天龙陈姓的聚居地都在前三大姓聚居地的外围。"从街道、村落的发展史上看，陈姓定居饭笼铺的时间比其他姓氏稍晚。"①

除了史志，在屯堡地区，有部分在当地历史上较有影响的家族修有族谱，对入黔始祖有简略的记载。

---

① 塚田诚之、黄才贵：《对民族集团应该怎样研究——以贵州"屯堡人"为例》，《贵州民族研究》2000 年第 1 期。

比如，调北征南的屯军家族有：据安顺西秀区大西桥镇九溪村《顾氏宗谱》记载："始祖成公，由前明洪武二年奉敕征讨滇黔，授征南都指挥之职，躬膺王命，统率王师，自吴来黔。其后平复黔地有功，封镇远侯征南将军，随久镇南疆。"顾氏入黔始祖是顾成，明洪武年间贵州最高军事长官，促成贵州建省。顾成（1330—1414），湘潭人，字景韶，状貌魁伟。明太祖过江，选为账前亲兵，数从征有功，累迁右军都督佥事。自洪武八年（1375）镇守贵州，授贵州佥事，十四年升普定卫指挥使，凡十余年间，讨平诸苗洞寨以百数。建文中御燕师，被执。燕王手释其缚，送北平（今北京），辅世子居守。及即位于论功封镇远候，命仍守贵州，拓筑贵阳城，规模宏壮，修建学校，置建官司。永乐十二年（1414）五月殁于贵阳。时年85岁。"讣闻，太子遣官致祭。后车驾还京，追封夏国公，赐谥武毅。"① 入黔顾氏原居安顺顾府街，子孙繁衍，现以九溪居多②。

---

① 《明实录·太宗永乐实录》。

② 据范增如先生考证，顾成之后各世情况如下：

二世顾统：字总威，顾成长子。永乐八年胡纲《俞氏墓志铭》："俞氏，故普定卫指挥顾总威公之妻也。""洪武庚辰（建文二年）夏，总威公被召"至南京见杀。《顾成传》：成"八子。长统，普定卫指挥，以成降燕被诛。"万历志《名宦》："顾统，以子兴祖贵，封夏国公。"

三世顾兴祖：《俞氏墓志铭》：俞氏"生一子，兴祖，字世延"，"见任普定军民指挥使。"万历志载大学士金幼孜《纪略》："壬午（建文四年）内难平"，以顾成"孙兴祖袭普定卫指挥使。"万历志《名宦》："顾兴祖，成之孙，成卒袭镇远侯。"《顾成传》："统子兴祖嗣侯。仁宗（年号洪熙）即位，广西蛮叛，诏兴祖为总兵官讨之。""宣德中，交止黎利复叛，陷隘留关，围丘温。时兴祖在南宁，坐拥兵不援，征下锦衣卫狱，逾年得释。正统末，从北征，自土木脱归，论死。也先逼都城，复冠带，充副总兵，御敌于城外。授都督同知，守备紫荆关。景泰三年，坐受贿，复下狱，寻释。以立东宫恩，予伯爵。天顺初，复侯，守备南京。"

四世失载。

五世顾淳：《顾成传》：顾兴祖"卒，孙淳嗣。"弟顾溥：《顾成传》：顾淳"卒，无子，从弟溥嗣，掌五军右掖。弘治二年，拜平蛮将军，镇湖广。""五年十月，贵州都匀苗富架作乱"，"诏溥充总兵官，帅兵八万讨之。""加太子太保"，"诏入提督团营，掌前军都督府事。十六年卒，谥襄恪。"

六世顾仕隆：《顾成传》：顾溥卒，"子仕隆嗣，管神机营左哨。""正德初，出为漕运总兵"，"镇淮安十余年"。"嘉靖初，移镇湖广。寻召还，论奉迎防功，加太子太傅，掌中军都督府事。""卒，谥荣靖。"

七世顾寰：《顾成传》：顾仕隆卒。"子寰嗣。守备南京。"嘉靖"十七年。为漕运总兵官"，"镇淮南。会安南事起，移镇两广"，"安南遂定，三十年事也"。"隆庆五年，特起授京营总督。""神宗嗣位，起掌左府。"以两度乞休故也。"久之，致仕，加少保。万历九年卒，赠太傅，谥荣僖。"

又有顾大祥者，据《府志》，乃顾成九世孙，万历中任把总。称见《圆通寺碑》。

顾氏自成及兴祖以下数世俱官高爵显，远出卫指挥，故万历志未录。

旧州詹家屯曾氏族谱记载：“曾巩后裔曾德一，祖居江西南丰，至明朝初年，任征远将军之职，率师来黔，镇居于安顺府。”曾氏入黔始祖曾德一，系宋代明人曾巩后裔，建昌南丰人士。至于曾德一到底是何身份，是否任征远将军，则未见记载。

雷屯雷氏家谱记：“始祖讳龙，原籍凤阳人，后调江西建昌府……洪武十四年随颍川侯傅统领带兵平贵州，留守镇宁卫，……因我祖来黔屯兵以守此地，故名雷屯。”

夏官屯严氏家谱记：“原籍江南应天府柳丝巷铁牌楼。明开辟黔省，奉命填南而来，立足成家。”

“调北填南”的有宦游来黔的、被谪贬入黔的、无业迁居入黔的。比如：安顺东乡蔡官屯王氏家族，原籍安徽，祖先于明洪武年间入黔做官，家族后定居蔡官；么铺陈氏家族，原籍江南应天府石灰巷，入黔始祖陈再兴于明洪武十年（1377）以通政大夫之职入黔，寄居么铺；安顺火烧寨陈氏，原籍不祥，移居安顺事件较早。洪武十四年（1381）吴复在阿达仆建普定城时陈氏祖先陈伯义就负责为明军提供建城石灰，现火烧寨陈氏已发展到千户以上，是不折不扣的大家族；蔡官屯孙氏原籍江西府太和县韭菜园，元末逃难移民至湖南宝庆府邵阳县，明洪武入黔定居蔡官屯；褚姓家族原籍江南江宁府，明洪武六年（1373）入黔始祖褚良相因调北填南迁居安顺西门外；旧州金氏家族原籍江南应天府，入黔始祖于明洪武二年（1369）入黔，后落籍旧州、章家庄等地。

安顺地区长期流传着一首关于明初入黔的屯军始祖姓名的歌谣，这首民谣叫做《十八指挥定黔阳》：

李杜蒋许葛范张，
南北左右西五王，
丁殷庄娄与黄马，
十八指挥定黔阳。

这些姓氏都是指明洪武“调北征南”入黔军官的姓氏，他们在安顺地区落籍屯守，子孙亦在这块土地上生息繁衍。入黔始祖的功业，是他们子孙后代无尽的荣光，虽然不乏攀附伪托之嫌，但这十八指挥是否真实地存在过呢？范增如先生根据明万历《贵州通志》所载的普定卫军官名录，发现真有各级指挥官包括指挥使、指挥同知、指挥佥事十七户，姓氏与民谣相同。范先生从史籍中进行了梳理和考证：

1. 马闰

一世马闰：南京庐州府合肥县人，洪武年功升百户，（洪武×年）调本卫。按：普定卫设于洪武十五年，来卫时间当或随征大军入普定或稍后为宜。

二世原缺：按：府志名录有马伯强，待订。

三世马仲：正统七年升指挥佥事。

四世马友仁：成化二年以父功袭署指挥使。

五世马武：弘治十四年为事降正千户。

六世马玺：十二年袭原职。按：当为嘉靖十二年，原职当为指挥佥事。

七世马恩：裹靖三十四年袭指挥佥事。

八世马朝卿：沿袭。按：通志修于万历二十五年，沿袭即此时已沿例袭职在册，唯是见任管事还是随操不明。下仿此。

2. 许忠

一世许忠：南京滁州全椒县人，充先锋。洪武元年功升副千户，（×年）调本卫。按：洪武元年至正统七年男许祯任正千户已历时七十五年，来卫时间绝不在洪武初年。

二世许祯：正统七年升正千户。

三世原缺：按：嘉靖府志名录有许翼圣，待订。

四世许恒：景泰五年升指挥使。

五至七世原缺，待考补。

八世许鉴：嘉靖五年降指挥佥事。

九世许应春：沿袭。

3. 王葆

一世王用：江西南康府都昌县人，洪武元年功升副千户。

二世王葆：洪武十七年调本卫。功升指挥佥事。

三世王铭：正统六年功升指挥同知。补：父乡贤，云："指挥同知。骁勇善骑射。"正统中，征麓川殒于阵。朝廷嘉其忠，进子泰官一级。

四世王泰：正统六年以父功升指挥使。

五世王伦：正德元年为事降正千户。

六世王镇：仍袭指挥使。

七世原缺，待考补。

八世王元爵：嘉靖四十三年升中军。按：指军标门下坐营军官。

九世王三锡：沿袭。按：袭原职指挥使。

4. 王辅：

一世王宏：南京庐州府合肥县人，洪武元年功升正千户。

二世王辅：洪武二十年调本卫。按：以正千户来卫。

三世王昱：成化二年升署指挥佥事。

五至六世原缺，待考补。

七世王贤：嘉靖元年升右参将。

八世王嘉武：沿袭。按：袭指挥佥事。

5. 章遇

一世章遇：南京凤阳府定远县人，洪武元年功升百户，二十一年调本卫。

二至三世原缺，待考补。

四世章宗：景泰五年功升署指挥佥事。

五世原缺，待考补。

六世章麟：弘治六年奉例授指挥佥事。

七世章银：嘉靖十五年袭署指挥佥事。

八世章达：沿袭。

6. 李进

一世李进：南京凤阳府定远县人，洪武十七年功升指挥佥事，二十四年充都匀卫军，复职调本卫。

二至三世原缺，府志名录有李国珍，待考。

四世李献：天顺二年功升指挥使。

五至六世原缺，待考补。

七世李应芳：嘉靖十一年升指挥佥事。

八世李先春：沿袭。补：府志名录有李光春，注云：“万历间任，见《圆通寺碑》”。当为一人。

7. 黄辅

一世黄忠：南京滁州人，洪武二年功升正千户。

二世黄辅：洪武二十五年调本卫。

三世黄鼎：正统七年升指挥佥事。

四至七世原缺，待考补。按：府志名录有黄明达，不知是否在此缺中。

八世黄崇正：沿袭。按：世系属假定。

8. 范玉

一世范昌：南京凤阳府人，洪武五年功升百户。补：据《范氏宗史·休宁范氏世图》，其父名范澄。字澄仲，洪武间为民兵守凤阳，十四年征南留守本卫中所。有子昌以征进升普定百户，遂迁其地。授明威将军。

二世范玉：洪武二十六年功升副千户，调本卫。补：据《宗史》，袭副千户。

三世范琬：景泰元年功升指挥同知。补：据《宗史》，征麓川功升正千户。

四世范宗：按：原缺，据《宗史》补，升署指挥同知，世袭。

五至六世原缺，府志名录有范任，不知是否在此缺中。

七世范武：嘉靖十七年降指挥佥事。

八世范宠：沿袭。按：袭指挥佥事。

9. 殷贵

一世殷雄：南京扬州府人，吴元年功升指挥佥事。

二世殷贵：洪武三十四年调本卫。按：洪武三十四年实为建文三年。

三至七世原缺，府志名录的殷祚昌，不知是否在此缺中。

八世殷尚贤：沿袭。按：世系不明，此系假定。

10. 丁曩哥台

一世丁曩哥台：高丽人，前元甘肃省右丞。洪武间宋国公下，功升指挥佥事调本卫。按：宋国公名冯胜。

二世丁庸：功升指挥同知。

三至七世原缺，府志名录有丁英，不知是否在此缺中。

八世丁大任：沿袭。按：世系不明，此系假定。

11. 杜友

一世杜泰：北直隶（京师）保安州人。

二世杜得成：洪武十六年升正千户。

三世杜友：永乐十五年调本卫。

四至五世原缺，待考补。

六世杜俊：天顺八年升指挥佥事。

七至八世原缺，待考补。

九世杜思召：沿袭。按：世系不明，此系假定。天顺八年至万历元年，中经一百一十年，至少要历两代才能到杜思召。

12. 王斌

一世王杰：直隶合山县人，洪武二年功升副千户。

二世王忠：洪武三十年功升指挥使。

三世王斌：宣德六年调本卫，升迤西守备。补：人乡贤，云："指挥使，廉介公平，莅卫政三十余年，终始一节。"廖驹《普定卫儒学记》称本卫指挥，正统三年参与复修卫学官。《明实录》载，天顺四年以后都督同知致仕。

四世王玺：按：据《明实录》补入，且云天顺八年袭父王斌原职普定卫指挥使。

五至七世原缺，待考补。

八世王嘉宠：沿袭。按：世系不明，此属假定。府志名录有王加龙，疑即此人。

13. 郭斌

一世郭保：山西太原五台山人，洪武九年功升正千户。

二世郭敏：按：原缺，据《郭太夫人墓志铭》补，称怀远将军指挥同知，宣德六年终于官。

三世郭斌：宣德六年调本卫，升指挥同知。补：据《墓志铭》载，父卒，斌嗣其职，调普定卫任指挥同知，举族家焉。斌领军征剿广右叛壮，殁于王事。

弟郭贵：功升指挥使参将。补：人乡贤，云："指挥同知，机敏有能，守备普定等处，累功升都督，充参将。"镇守贵州迤西地方，桴鼓不惊，寻终于镇。又《明实录》载，景泰三年，指挥同知郭贵升署都指挥佥事，成化元年升都督佥事。又据《墓志铭》，兄卒，贵承其职。正统末，率兵策应清平等卫，以功累官至骠骑将军都指挥使。复统兵征克西堡，以功升右军都督府都督佥事，未几命充参将。

四世郭忠：按：原缺，据《墓志铭》补，系郭贵长子。《明实录》云，成化八年郭忠袭父贵州署都督佥事郭贵原职普定卫指挥同知。

五世郭雄：按：原缺，据《墓志铭》补，系郭忠长子。

六世郭仁：按：原缺，据《墓志铭》补，原职为普定卫指挥使，弘治十七年升都指挥佥事。又据府志所载《王轼传》弘治十三年至十五年讨普安米鲁之役，指挥郭仁等"皆转战死"，所升官衔当为死后追赠。

七世郭瓒：按：原缺，据《明实录》补，云弘治十七年袭父郭仁原职普定卫指挥使。

八世郭振先：沿袭。按：世系不明，此系假定。又府志名录有郭云栋，或在其前。

14. 王源

一世王付二：南京庐州无为州人。

二世王礼：洪武二十年功升副千户。

三世王源：正统四年调本卫。按：应以副千户来卫。

四世王良：弘治六年功升正千户。

五世王雄：弘治十八年功升指挥使。

六世或至七世应缺一人至二人。

八世王休乾：沿袭。按：世系不明，此为假定。所袭之职为指挥使。

15. 蒋荣

一世蒋源：湖广永州府道州人。

二世蒋彦通：洪武元年功升指挥同知。

三世蒋荣：正统四年调本卫。按：当以指挥同知来卫。

四世蒋祚：成化十六年升指挥使。

五至七世原缺，府志名录有蒋尚忠、蒋德显，不知是否在此缺中。

八世蒋国勋：沿降袭。按：世系不明，此属假定。降袭为指挥同知。

16. 庄高

一世庄成：山东青州府莒州人，洪武充军，功升指挥使。

二至三世缺。

四世庄荣：景泰元年升都指挥使，以守备不设，充南丹卫军。

五世缺。

六世庄高：嘉靖三年仍袭指挥使，调本卫。

七世原缺，府志名录有庄自新，不知是否为此缺。

八世庄立：沿袭。按：世系不明，此属假定。所袭之职为指挥使。

17. 王冕

一世王端：南京和州人，充万户侯下军，功升指挥佥事。

二世王冕：调本卫，按：来卫时间不明。

王汝麟：沿袭。世系不明，袭指挥佥事。

这17家指挥有十家为安徽人。洪武年间入黔者有九家，一家为江西人，还有一家为高丽人，有六家为百户、千户来黔，至万历年间才都成为卫级指挥。范增如先生指出，“十八指挥定黔阳”中的指挥并不都是卫级指挥，亦可能只是百户、千户，其实也不错，因为千户、百户亦可称指挥。

明代军户世袭，在卫所密集的黔中地区许多军官家庭承袭武职数百年。这些家族无疑是显赫的显贵，延续的时间也比较长。但是，不可能所有的屯军都是军官。其实，对更多屯军家族后裔而言，对祖先从何而来，以何种身份而来，何时入黔等问题都无法准确回答，这样的情况在今天的屯堡村落是十分普遍的现象，这个现象似乎让研究者失望，但却是真实的客观现实。对那些在过去或现在的岁月中有条件修家谱的人家，对祖先的身份属性也大都存在虚构的现象。在屯堡人的口中，祖先往往身世显赫，在洪武年间随大军“调北征南”而来，因战功卓著而在某地落籍，祖籍往往是南京应天府、江西吉安府，等等，其实无非是想借虚托的祖先身份来提高自身的社会地位。虽然不排除屯堡人的祖先中有许多显赫之人，但可以肯定的是，今天大部分屯堡人的先祖并不都是“骑着高头大马而来”，不过是因各种原因加入屯堡社区的农民或者流民，籍贯也是五花八门，也并非都是服从国家意志“征南”而来，也有被作为普通移民和罪犯“填南”而来，还有为养家糊口而自主迁徙而来，也有因为动乱而移居的。

入黔之后，屯军后裔也并非一直在一地屯种，也有在一定区域内迁徙的现象。无论是“征南”还是“填南”而来，屯堡先民家族都存在从入黔祖居地移居其他地方的现象，并非一味安土重迁。郑氏是定居天龙较早的大姓，《郑氏族谱》曾修过两次，分别是咸丰五年（1855）和1990年。从《郑氏族谱》中可以了解到，郑氏入黔定居后的四世祖郑国清，明成化年间迁到了今安顺西秀区大西桥镇鲍家屯、背陇坡，同期有一支迁到关岭县今坡贡、五里牌、碓窝田；郑贵吾一支在嘉庆年间迁到郎岱的折溪；郑氏七世祖郑登福、郑登方，明嘉靖年间迁到安顺羊武，七世祖郑登崇，嘉靖年间迁到郎岱打志村，八世祖郑天祥，明万历年间迁到平坝县白云镇上坝村。这样的现象说明了一个问题，屯堡人和其居住地之间的关系问题。屯堡先民落籍屯堡后，部分后裔存在移居他地的现象。移居异地的屯堡人，已经不在传统的屯堡村落中生活，但他们依然是屯堡人，无非是开辟了新的生存空间。他们的迁徙传播了屯堡文化，也加速了屯堡文化和周边异质文化的交流融合，成为主流屯堡文化的一种变异和差异化存在。

所以，光从居住地是否在传统的屯堡村落来界定一个家族是否是屯堡人显然是不准确的，对屯堡人的认定不仅要看族源、地缘，主要还要看是否属于相同的文化共同体。屯堡人主要是一个文化上的概念，需要从各种文化特征上加以界定。这也为以后对一些待定族群进行界定提供了新的视角与方法。

表 4－1　《郑氏族谱》中明代郑氏后裔移居情况统计

世　代	谱　名	年　次	再移居地名
4	国清	成化年间	安顺大西桥镇鲍家屯、背陇坡
4	国字辈姓名无可考者	成化年间	关岭县凡化（含坡贡、五里牌、雄窝田）
?	贵吾（邦字辈）	嘉庆年间	郎岱的折溪
7	登福、登方	嘉庆年间	安顺的阳武
7	登崇	嘉庆年间	郎岱的打志村
8	天祥	万历年间	平坝县白云镇上坝村

天龙郑氏迁徙的原因多种多样，和其他族群的迁徙原因也基本类似，不外乎人口增长、逃避兵匪、寻找新的耕作之地、避免过重赋税，等等。1990 年续修的《郑氏族谱》记载现今郑氏在当地及附近地区的分布情况。

表 4－2　续修《郑氏族谱》郑姓人口的分布情况

地　名	户　数	人　口	备考（含小村寨）	所属市县
天龙	256	1092	包括天龙三街	平坝县
天台	41	201		同
双铜	104	450	含打磨山、大山坳	同
上坝	38	196	含牛草坪、骆驼山、周官屯	同
曾周农场	13	68	含上安	同
夏云农场	17	81	含九甲	同
平坝城内	29	112		同
狗场屯	5	43		同
茂指	4	20		同
背笼	47	204		安顺市
阳武	119	571		关岭县
凡化	8	20		同
五里牌	18	72		同
雄窝田	17	86		同
打志	171	744	含附近村寨	六枝特区
折溪	249	1228	同上	同

资料来源：塚田诚之统计。

天龙郑氏家族的人以平坝为圆心，在移居天龙后不久，即明代中期就开始向安顺东北的六枝郎岱方向、向安顺东南部的阳武方向迁徙分布。据续修《郑氏族谱》计算发源于天龙的郑氏人口总数，到20世纪80年代末为止，在平坝县内最多，有506户、2263人；其次是六枝特区，有420户、1972人；再次是安顺，有116户、775人；关岭县有38户、178人。具体来看，六枝折溪人数最多，其次是祖居地平坝天龙。从县域看，平坝还是郑氏的主要居住地，其次是六枝居，再次是安顺，关岭的郑氏并不多。从塚田诚之的统计中，我们可以大体了解天龙郑氏作为屯军后裔的再迁徙路线，即基本上沿着明清古驿道线路向外延伸，这一线地势较平坦，交通方便，而且坝子较多，易于居住和垦殖，这也和大多数屯堡人的居住状况相似。

1902年，鸟居龙藏曾路过的饭笼铺，是只有“五六十户”人家的小集镇。另据上海东亚同文书院1920年的旅行记录①，饭笼铺是个40户人家的村落，可见当时饭笼铺的规模。和饭笼铺百米之外的后期汉族移民组成的石板街相比较，由自耕农为主的饭笼铺是落后的“乡下”，基本上还是传统的从事农业生产的乡村；而石板街则不同，是盐商云集的“小荆州”、“安顺街”，以商贸为主业，这里出现了许多因经商发财后兼并土地的商人兼地主。虽同为汉族，但石板街汉族和屯堡人截然两异，石板街妇女缠足，而饭笼铺的妇女不缠足，两村之间互不通婚。更为特别的是，石板街虽然和饭笼铺地理位置连在一起，但说话和饭笼铺差别很大，石板街说的语言和贵阳话基本一样，而饭笼铺所讲的则和二铺话相仿，而二铺话是屯堡地区的标准语言。可见，早期移民和后期移民差别明显，分属于不同的共同体。

沧海桑田，清季如此颓败的饭笼铺，历史上也曾经是人声鼎沸的大集镇，而如今的天龙，又发展成为一个有一千多户人家的大村庄。在一百年的时间中，从当年的五六十户人家，到今天人口竟增长了20倍！

① 上海东亚同文书院是日本在1901年创立的以进行“中国学”研究为专务的高等学府。其办学的一大特色，即是组织历届学生对中国进行了长达四十余年实地调查。在1901—1945年，东亚同文书院的学生五千余人先后参与调查，旅行线路700余条，遍及除西藏以外的中国所有省区，内容涉及地理、工业、商业、社会、经济、政治等多方面，成果除了作为毕业论文的调查报告书，还有各旅行小组的纪行。

从数字来看，这是令人震惊的。这样的人口剧增究竟是什么原因造成的，是源自人口的自然增长还是不断有大量新移民迁入？在这一百年中，当地的族群文化是否也在人口增长和迁徙中不断嬗变，与一百年甚至几百年前的屯堡文化相比较，存在哪些相似性和差异性，是什么样的力量在起作用？表面平静的天龙其实充满吊诡。而今，因为屯堡旅游热的兴起，天龙成为一个熙来攘往的热闹之地。而且旅游的开发让许多伪民俗出现在天龙，比如说为游客免费提供的“驿茶”，就是本来不存在而新造的，目的是吸引游客，增加文化趣味。

作为屯军后裔而存在的不少家族，本来也确实是来自江南的名门望族，比如安顺汪氏就是一例。入黔的汪氏始祖为汪灿，元末生于江南徽州府休宁县梅林街，是唐代著名人物汪华第八子汪俊的后裔。汪俊在唐曾被敕封为衍泽王，宋追封为崇仁衍庆王，汪灿是汪俊第二子汪处方的嫡传后裔。安顺青龙山汪氏祠堂又被称为汪公庙，由汪灿修建，供奉汪华及其他后人，洪武二十六年正月初八奠基，洪武二十八年正月二十八日落成。每年正月十八汪公圣诞之日，汪氏族人汇聚于此举行祀典。汪灿是何许人，因何而从徽州到普定呢？

> 入黔始祖汪灿公，系汪华公第八相公支派后裔，后因洪武十四年调北征南留守普定卫，钦封世袭前所百户指挥之职。灿公始建立祠堂于安顺府城南门内，其地名曰青龙山，前殿太祖金容，后殿设列各位夫人，合族先王神主俱供在内，每年正月十八日太祖圣诞之期，凡属汪氏五房宗支会祭祀典，祠堂立甲山庚向，前面排列双童侍讲，后耸三公文笔峰左右，罗城周密，族当发贵，即此地也。
>
> ——《汪氏族谱》

对于汪灿的具体情况，可参考《汪灿公墓志铭》：“公十八从军，历任九夫长、镇抚军官。洪武十四年奉旨南征，统军入黔，平靖黔境，因功钦封，奉为普定卫世袭前所指挥之职。公由此留守黔腹，宅居安顺姬龙街。后娶黄公之女为室，共生五子，长子汪福、次子汪祯、三子汪祥、四子汪裕、五子汪祚。此即后世所谓的五房宗支。”汪灿随军入黔，在普定任百户并定居，建汪公庙，此为今屯堡地区汪公信仰的发端，汪公信仰源于祖先崇拜，后来才成为族群的守护神祇。这就是江南汪公入黔时的基本情况。

有学者考证，明初国家并不允许民间设家祠，汪氏祠堂的建立可能有官祠性质，即得到官方认可和支持，不可等同于普通家族的家祠。汪灿虽然军阶低下，只是百户，但汪氏家族凭借祖先的威望在入黔后迅速提升了社会地位和社会影响力，入黔之初即能建立家祠就是证明。

汪灿入籍普定后，其后人并没有只满足于对百户军职的世袭，而是转向封建时代通向主流社会最为快捷有效的终南捷径——科举。可能是因为环境逼迫，也可能是家学渊博、术有专攻，还可能是汪公庇佑，总之入黔汪氏科甲鼎盛，在普定很快出人头地。明初，贵州生员须赴四川考试。永乐十一年贵州建省后，亦未设立乡试，洪熙元年（1425），贵州生员就试湖广，宣德四年（1429），改附云南考试。嘉靖十四年（1535），云南、贵州分别开设乡试科举。贵州乡试解额 25 名，后增至 40 余名。而汪灿第五子汪祚在正统十二年在云南乡试中举，是自洪武年间普定建卫以来中举第二人，其时贵州未有设科，分配下来的名额极少。其后，汪氏长房中三世汪钟，四世汪汉、汪润，五世汪大量、汪大宜、汪大有，六世汪汝含，二房五世汪大智都自科举入仕。[①] 有明一代，汪灿后裔及第的有九举一进士。普定卫自明初至万历年间仅有 4 人中进士，弘治十二年中进士的五世汪大章是普定第二个中进士者。汪灿后裔从第二代到第六代中中举者基本代代皆有，频度很高，父子叔侄接踵而至。安顺城中曾立有两个汪氏牌坊，一是为举人汪大量建的科第重光坊，一为弘治十一年戊午科进士汪大章建的进士坊。[②]

作为安顺郡望，汪氏在明代安顺地区的影响力可以想象。通过科举而进入主流社会，做官后社会地位和影响力得到很大提升，实际上汪氏是通过这种方式成为安顺当地的豪族。后来遍及各屯堡的汪公庙及汪公信仰，与明初作为汪公后裔的汪氏在安顺拥有的显赫地位应有直接的关系。

---

① 万明：《明代徽州汪公入黔考——兼论贵州屯堡移民社会的建构》，《中国史研究》2005 年第 1 期。

② （明）万历《贵州通志》卷六《坊市》。

作为唐宋时期徽州的地方保护神，汪公和他的后裔随明代初年的国家意志来到了黔中安顺，徽州文化也随之进入黔中，而汪公在数百年间被民间供奉，其背后也有官方所倡导的忠义思想在推动，汪公被同为移民的屯堡村民渐渐地本地化和偶像化了。

表 4－3　　明代汪氏科举名录

姓名	世系	科举	任官
汪祚	二世，汪灿第五子	正统十二年（1447）举人	云南通安州知州
汪钟	三世，汪灿长子汪福之子	成化元年（1465）举人	云南广南知府
汪汉	四世，汪钟之子	成化十年（1474）举人	云南云屏州学政
汪润	四世，汪钟之子	弘治十七年（1504）举人	桃源教谕、广州府推官
汪大章	五世，汪汉之子	弘治十四年（1501）举人	湖广德安知府
汪大量	五世，汪汉之子	弘治八年（1495）举人 弘治十二年（1499 年）进士	浙江提督学政 云南布政司左参议
汪大宜	五世，汪润之子	正德八年（1513）举人	云南蒙自知县
汪大有	五世，汪润之子	正德十一年（1516）举人	浙江金华知县
汪大智	五世，汪灿次子汪祯支	正德十二年（1517）优贡	四川长寿知县
汪汝含	六世，汪大宜之子	正德十一年（1516）举人	云南昆明知县

据万明统计。

不过，入黔汪氏子孙在科举中的频频中举似乎持续的时间并不太长。从上表中可以看出，明代普定汪氏的九举一进士所经历的时间跨度并不大，从正统十二年（1447）到正德十二年（1517），在 70 年间出了十个因科举而出仕的人物。在成化年间有两人中举，弘治年间有三人中举，其中的一人在弘治年间还中了进士，正德朝则有四人中举。而明正德之后到明末的一百多年间，则未有人从科举出仕，这似乎是个有趣的现象。是汪氏族谱没有记载完整，还是汪氏子孙真的不再涉及科场？似乎都不太可能。还有就是汪氏与平坝的陈氏贯穿明清两代不同，汪氏在清代也未有科场胜出的记录，似乎早已经归于平淡了。

还有一个有趣的现象是，明季天启年间安邦彦祸乱黔中，兵燹经年，安顺汪氏受到很大冲击而衰落。在这个时期，汪灿第十四代孙汪方卓曾入赘安顺周边的苗族为婿，虽然后来归宗汪氏，但仍坚守苗族习俗，时至今日这支后裔仍在安顺大山脚苗族聚居区内，成为一个特异的景象。《汪氏宗谱》中，就收入汪氏苗族后裔上千人，是为屯堡人与苗族融合的一个特例。汪灿后裔现在在安顺分布广泛，多从事农业，成为普通的农民。

表4－4　　汪氏后裔人口分布及人口数字列表

各房支系	地区分布	人口
长房汪福支	嘎陇塘、普定（含化处等）、丁旗、镇宁城内、贵阳、安顺城内、重庆、关岭六塘、六枝麻窝、林脚底、岩上等、白果寨、干苑塘、马场煤洞、张指挥、大山脚、偏坡、六枝那克、普定格江、鲍家庄、马官平寨	4515人
二房汪祯支	陶官、石柱、镇宁南街、鸡场寨、坝阳、沙坝地等、镇宁江龙新院、凉水、新屯、石官、镇宁西门、六枝六堡、六枝下坝、楼梯湾、普定断桥、计王寨、其他	1980人
三房汪祥支	张官屯、龙旗屯、纳雍、段家庄、织金、织金阿弓、补郎西北、珠藏凤凰山、玉官屯、猫洞下黑石、其他	2200人
四房汪裕支	吉昌、阳宝、大凹、其他、九溪、平坝肖家庄、汪井村、高寨、金平、七眼灶、烂坝、新冲	1200人
五房汪祚支	汪家官克瓦、龙井坡、黄土塘、陈家堡、岩腊、木叶寨、高寨、竹林寨、黄家龙潭、汪井村、汪家关、弯子寨、丫口寨	2000人
总计五房	主要分布于安顺地区平坝、旧州、宁谷、普定、丁旗、镇宁、关岭、紫云等地，东面远及贵阳，西面及六盘水地区六枝、水城，北面至毕节地区织金、纳雍	11895人

据万明统计。

明初随军而来的许多早期移民早已经本土化，和原籍彻底割裂了关系，家族的变迁背后是历史的变化。我们不能忽视的是屯军家族在迁入黔中地区后的命运和当时国家意志之间的关系，即为一个军事移民集团，服从国家意志，服从国家利益进入一个完全陌生的地域为国家服务。而随着军屯制的确立，屯军及其家属基本上不再可能回到原籍，他乡即是故乡。对故乡文化的坚持和强化是屯军后裔保持自身身份识别和族群认同的无他选择，也是自然而然的事。可以说，移民行为一旦发生，文化的移植也随之发生。而屯军迁出地的文化，在当时的屯堡草创之时，也是屯军及其家属的唯一选择。这样的选择自然、亲切，符合当时作为新移民的所有精神需要。而且屯军所带来原籍地域文化也是当时的汉族先进地方文化，比如江淮文化、湖广文化，是国家主流文化的分支，并有国家所倡导的儒家教化功能，对于贵州这个苗蛮杂处、情况复杂的新辟疆域，屯军的原籍的地域文化有便捷的可移植性：它随新移民而来，并一如既往地伴随新移民的异地生活，既保证屯军的社区精神生活不会因为戍边屯垦而发生太大改变，也让化外之地沐浴华夏文明的光芒。移民集团新确立的社会结构也由此而能融入国家的整体社会结构之下，新辟的疆土在传统文化的教化作用下很快就能呈现新的面貌，这样的效果是明显的。例如，普定原为乌蛮据守的地方，然明初卫所设立和屯军戍守之后不久，便呈现衣冠语言渐同中州的文明景象。

而明初政府在贵州的军事行动和之后的相关国家政策，深刻地改变了这个地区的社会结构和文明进程。卫所及屯田制产生了大量的军事和屯田据点，这是出于国家的需要。但是，在国家意志下移居屯戍地点的屯军家族，则需要延续自身的家族生活。这种家族生活不仅是物质的，也是精神层面的。作为一个新的社会结构类型，屯堡社区的社会结构，是国家主流社会结构下的亚型结构。而屯堡文化的逐渐成形，就是移民以原籍家乡文化在移居地复杂的自然和人文环境中的重新建构。可以说，明代贵州独特的军事社会结构，就是国家政策的具体产物，是国家政治军事需要下的资源配置结果，调北征南、移民迁入、卫所屯田，屯军世袭，社会结构趋向军事化加兵团农业化，国家意志简单明了。但是相应的社会结构已发生前所未有的变革，在这样的变革中，影响最大的就是军事移民及其后裔的命运发生巨大的改变。这是不可逆的国家意志造成的，江淮民间文化也随国家意志向边地深度传播，成为移民地区的文化母源和文化主体，逐渐和地缘结合，建构新的族群文化。

汪公入黔和随之而来的汪公信仰就是一个典型的案例。在徽州汪公信仰消失无踪之后，数百年后，在遥远的黔中居然得到完好的保留，并且信众规模庞大，基本涵盖所有的屯堡人，而不仅仅是汪氏后裔，成为普遍信仰和群体信仰，而且这一信仰也符合国家的主流价值观，符合上层政治对于民间信仰整合民间力量而从属于国家价值的总体要求。汪公信仰成为联系官方意志和民间社群的文化现象，汪公也成为团结凝聚屯堡社区和屯堡人的精神力量。

明代以后，屯堡人地位陨落，从国家主流军事集团变为地域农民集团，失去主流身份的屯堡人逐渐趋于弱势，但是在心理上屯堡人并不认可自身的边缘地位，对自身文化的坚持就是表现之一。在连续不断的战乱中，保境安民却又忠君体国的汪公无疑具有现实的意义，汪公从一个家族的祖先先演变为徽州的地方保护神，后来成为贵州屯堡地区全民信仰的族群保护神，汪公信仰也成为区别屯堡人和其他人群的重要标准之一，即便改朝换代也没有发生大的改变。由此，我们惊异地看到，中国传统文化的生命力在民间得以如此充分的积蓄与展现，对传统农业社会的超稳定结构长期存在，起着不可替代的保障作用。

第五章

郁郁乎文的屯堡文化

刚柔交错，天文也。文明以止，人文也。观乎天文，以察时变。观乎人文，以化成天下。

——《易经·贲卦》

孔子曾感叹周代的文化："郁郁乎文哉，吾从周"①，表达了对周代文化的景仰之情，可以说中国的传统文化源于"周文"。孔子也曾说："文王既没，文不在兹乎？"② 那么，何以为"文"？《周书·谥法解》称"文"为："经天纬地曰文"、"道德博厚曰文"、"勤学好问曰文"、"慈惠爱民曰文"、"锡民爵位曰文"。

钱穆在论及中国古代观念与古代生活时，曾以文化来作为区别夷夏的关键，他这样写道："在古代观念上，四夷与诸夏实在有一个分别的标准，这个标准，不是'血统'而是'文化'。所谓'诸侯用夷礼则夷之，夷狄进于中国则中国之'，此即是以文化为华夷分别之明证，这里所谓文化，具体言之，则只是一种'生活习惯与政治方式'。"③

正如钱穆先生所言，屯堡文化其实也是一种屯堡社区共同的生活习惯与政治方式，主要体现在生活习惯上。它在黔中地区的形成与演进，

---

① 《论语·八佾》。

② 《论语·子罕》。

③ 钱穆：《中国文化史导论》（修订本），商务印书馆 1994 年版，第 41 页。

显示了传统中国文化在一个特殊区域内的强大力量，也显示了特定环境对传统中国文化传承的特定影响，屯堡文化因此呈现出和而不同、各美其美的特殊张力。

六百年来，黔中屯堡从一个个军事堡垒演化为屯堡人的栖息之地。与传统中国农村一样，屯堡乡村具有农耕社会的种种特征。与传统中国农村不同的是，屯堡乡村具有许多特点，可以很容易地和其他地区区别开来，在共性中凸显自己的个性。而屯堡所显现的种种文化事象，便是中国传统文化集中浸润、渗透于日常生活的具体表现。

一、屯堡方言：未成曲调先有情

语言是人类交流的工具，是音义结合的特殊符号，具有社会属性，同时又具有文化属性，民族语言是民族文化的重要标志。中国疆域广阔，民族众多，各种方言存在于不同的族群之间，作为主要民族的汉族拥有七个方言区：北方话、客家话、闽语、粤语、吴语、赣语、湘语。贵州汉族方言属于北方方言中的西南官话，贵州汉族方言大体又可分为川黔、黔东南、黔南三个次方言。黔东南方言比较接近湘语的音调，黔南方言则别具一格，自成体系，而川黔次方言大体覆盖今贵阳、遵义、六盘水、安顺、毕节、铜仁一带的49个县市区，占了贵州88个县的大部分，这几个地区所讲的川黔次方言均有细微区别，铜仁话差异最大，遵义话则近似四川话，其中最接近的是贵阳话和安顺话，这两种方言除了个别词语的音调不同外，总体基本一致。

屯堡地区基本上在今日安顺市境内，但屯堡语言却又和安顺汉族所讲的川黔次方言不同，音调变化大，富有音乐性，特征鲜明，极具个性。如果是外人第一次耳闻，可能会以为屯堡方言是云南某个边远地区的方言。这样的特点让屯堡话在安顺地区别具一格，当地人一听口音便知道是屯堡所持有的特殊语言。这是屯堡人的标志性特征，也与其早期汉族移民的语言特征密切相关。

屯堡话又叫二铺话，以安顺二铺方言为标准语言的屯堡地域性方言，涵盖平坝天龙、安顺大西桥、七眼桥、蔡官、旧州、宋旗、华严、跳蹬场、幺铺等地区的屯堡村落，形成一个特别的方言孤岛。作为北方方言，屯堡话最大的特点是音调高而丰富，是一种高调值方言，并有儿话音以及卷舌音，这和贵州其他汉族方言都不相同。

屯堡话只在农村村社之间通行，而周边的城镇和普通汉族村落往往讲的还是安顺话，这形成一个有趣的现象，即屯堡话包围安顺话。屯堡话成了屯堡人的独特身份识别系统，可以轻易和周围人群区别开来。翁家烈先生研究屯堡方言，发现屯堡话的声母为23个，而安顺、贵阳所讲的川黔次方言和黔东南次方言的声母只有19个，以都匀话为代表的黔南方言声母也只有21个，屯堡话的声母较多。再看韵母，屯堡话的韵母为29个，川黔次方言的韵母为36个，黔东南次方言的韵母为34个，黔南次方言的韵母为33个，屯堡话的韵母明显少得多。[①] 与贵州境内的这几个主流方言相比，屯堡话有声母多而韵母少的显著特征。再有，屯堡话有高音多、音调高的特点，是因为屯堡话的去声为高平调。因此，屯堡人说话语调高亢，抑扬顿挫，与邻近的汉语方言语调相区别，并且更有贵州汉族方言所缺乏的翘舌及儿话音，屯堡人的来源大多为江南与川湖，可能带有原籍地的语言特点。如屯堡人“吃茶”的发音即有浓厚的卷舌音，“吃”发阴平声，而安顺话这两个字都不卷舌，“吃”字和贵阳话一样，发阳平声；屯堡话中的“十”、“是”、“吃”、“日”、“知”都发卷舌音，音调上都是阴平，富于音乐性；屯堡话中的“今天”、“明天”两个字中夹带儿话音，成了“今儿天”、“明儿天”，安顺话则无儿话音；川黔次方言中“四”与“是”、“胡”与“服”、“之”与“兹”、“长”与“藏”、“男”与“蓝”、“囊”与“郎”发音均一样，屯堡话却能正确区分。还有，屯堡话中的数字“一”至“十”通读阴平，“不、屋、歇、薛、爷”也发阴平声，其中“不”的阴平声发音与安顺话一样，也是安顺话的一大特点，但与川黔次方言中的其他方言不同，比如贵阳话的“不”就发阳平声。屯堡话具有很强的可识别性，例如，镇宁四旗堡是一个典型屯堡村落，外出做工者众多，屯堡人乡情观念浓重，不少外地人会到四旗堡攀亲，为了防止外乡人假冒乡

① 另据伍安东、吕燕平对九溪村的语音考察认为，屯堡话包含23个声母和26个韵母。23个声母分别为：s sh c ch z zh p b d f h k g r j q w/v n l y m ng x；26个韵母分别为：ɑ i u o ei ai ao an ou iu en ie iɑ io iao in ian iong iang uɑ uai uei uen uan uong er。伍安东、吕燕平：《屯堡方言初探》，《安顺师范高等专科学校学报》2004年第3期。

亲，四旗堡人根据四旗堡的地形地貌，编了一首顺口溜，用于识别本乡的乡亲："一出门洞三个包，一进门洞三洞桥，桥上有把尸拈刀。"三个包指四旗堡南门外的三个小山包，三洞桥指南门（俗称大门洞）内的三孔石桥，尸拈刀则是"石镰刀"的屯堡话发音。[①] 此屯堡熟语成了识别和认同屯堡人群的重要标志，具有特殊的语言魅力。凡此种种，不一而足。

下面，根据伍安东、吕燕平对屯堡村落的调查，简单分析一下屯堡方言的基本特点。

（一）屯堡话的语音特点

屯堡话虽然有少量儿话音，比如"昨儿天"、"今儿天"、"明儿天"，表示昨天、今天、明天，但儿话音都是在词的中间，而不是在词尾。北京话的儿话音就是在词尾，比如同样是表示昨天、今天、明天，北京话的发音就为"昨儿"、"今儿"、"明儿"。

屯堡话没有 e 音，以 o 音替代。凡是在普通话中有韵母 e 的地方，屯堡话都用 o 音代替。比如，"歌"在屯堡话中读作"gō"、"饿"读作"wò"、"可"读作"kō"、"渴"读作"kó"、"河"读作"hó"、"和"也读作"hó"、"乐"读作"lǒ"，等等。

屯堡话声母中的 l、n 不分，一般情况下都发 l 声，比如"男"可以读"nán"，也可以读"lán"；"奶"可以读"nāi"，也可以读"lāi"。

屯堡话没有撮口音 ü 的韵母及相关的复韵母 uan、un、ue，ü 对应 ī 和 ū，单独出现 ü 时就读 ī，ī 与声母 n 和 l 相拼时会出现三种读音，可以读 i、u、uei，比如"绿"、"女"、"驴"、"屡"就读作"lú"、"lī"、"lú"、"lúei"；在这个语音特点上和川黔次方言中的贵阳话、安顺话很相似。

uan 这个复韵母在屯堡话中被 an 代替，比如"圆"在屯堡话中读"yán"、"绢"读作"jān"、"愿"读作"yàn"、"袁"读作"yán"。

---

① 翁家烈：《夜郎故地上的古汉族群落——屯堡文化》，贵州教育出版社 2002 年版，第 94 页。

ue 在屯堡话中也有变音，可发两种音。当前面没有声母时就读作“yo”或“ye”，比如“约”和“月”在屯堡话中就读“yó”和“yè”。倘若前面有声母 j，ue 就可能发成 io 或 iei，比如，“觉”和“决”在屯堡话中发“jío”和“jié”。

un 在屯堡话中单独发音时是 in，前面有声母时发 en，比如“云”、“屯”、“尊”、“顿”分别发“yín”、“tén”、“zēn”、“dèn”。

在屯堡话的韵母中有前鼻音 en 和 in，而没有后鼻音 eng 和 ing，比如，“增”发“zēn”、“姓”读“xìn”、“能”发“nén”、“城”发“cén”等。

（二）屯堡话的特殊词汇

1. 句首的语气词

“讲说是……”：用于起承转合，交代缘由的语句开头用，类似评书话本里的“说的是……”，但屯堡话里的“讲说是……”用于口语的开头，用于一句话的起始，主要是加重说话的语气，并无实际语义。

“朗略”：用于疑问句的句首，有“为哪样”之意，常含有责备该做的未做之意，在遵义方言中也有类似的词汇，也是相同的意思。

2. 句尾的语气词

例如：“不是”，用于反问句，在句尾时不表示否定而表示肯定，是个加强语气的语气词，比如，“你讨打不是?”（意为：你是不是想挨打?）

“得很”，加强语气，表示程度的严重，相当于“很”，比如：“今儿天热得很!”“兹个东西贵得很!”

“完嘞”，加强语气，用于句尾，也相当于“很”，比如：“兹部电影好看完嘞。”（这部电影很好看）

3. 有对应含义的特殊词汇

屯堡话中有些特殊的词汇和普通话中的词汇或语义相对应，有固定的意思。

比如：“相应（yin）”对应“便宜”，例如：“兹个（这个）地方的东西好相应噢!”

“归一”对应“结束”，例如：“你家的秧栽归一不得?”（你家的

秧苗栽完没有）

“不得”对应“没有”。

“滴滴个”对应“一小点”，例如：“米缸里的米还有小滴滴个。”（米缸里的米还有一小点）

“格影”对应“讨厌”、“恶心”，例如：“阿个人讲的话太格影噢。”（那个人讲的话太讨厌了）

“一发似”对应“一下子”，“几发似”对应“几下子”。

例如：“咋个跳都够不到，我再试一发似。”（怎样跳都够不着，我再试一次）“兹个人动作麻利，几发似就把事情搞归一噢。”（这个人动作快，几下子就把事情做完了）

“兹哈”对应“现在”，例如：“兹哈走喂？”（现在走吗）

“跐出来”对应“伸出来”，例如：“把手杆跐出来。”（把胳膊伸出来）

“一哈哈”对应“一会儿”，例如：“再等一哈哈。”（再等一会）

“垒到”对应“赶上”，例如：“我垒了半天才垒到起。”（我追了半天才追到）

“磕起”对应“放起”，例如：“兹个东西不用噢先磕起嘛。”（这个东西不用了先放起嘛）

“格螺”对应“陀螺”，例如：“阿个小崽在掺格螺。”（那个小孩在打陀螺）

“迁翻”对应“挑剔”，例如：“兹个私儿太迁翻了。”（这个丫挺的太挑剔）

“手杆”对应“胳膊”、“脚杆”对应“小腿”，例如：“你是手杆痛还是脚杆痛？”（你是胳膊疼还是小腿疼）

“谙到”对应“预计”，例如：“我谙到起纳们快到噢。”（我估计他们快到了）

“阿个”对应“那个”。

“兹个”对应“这个”。

4. 颜色词后加双音词来形容所代表的颜色，有些是中性词，有些则是贬义词

比如“绿（发 lú 音）茵茵”（类似普通话的“绿油油”）、“黄增

增”（形容黄色很饱和）、“红翻翻”（贬义词，形容红得难看）、“青格格”（贬义词，形容脸色难看或果蔬尚未成熟）、“黑吧吧”（贬义词）。

5. 以“大”开头的四字熟语

这些成语以“大”字开头，但并无“大”的含义，比如“大男八男”（大男人）、“大清八早”（大清早）、“大口马牙”（讲大话）、“大白子天”（大白天）、“大腊月间”（腊月间），等等。

6. 方言成语

款天磕地（吹牛皮）
幌打糊稀（稀里糊涂）
乌鸡呐喊（大呼小叫）
古而怪哉（稀奇古怪）
费其八力（花大力气）
皮皮翻翻（爱出风头讨人嫌）

7. 民间谚语

民间谚语多是反映传统道德观下的人生哲理、农业生产所要遵循的自然规律及农村生活的种种情趣，具有浓重的乡土特征，对农村生活又有很强的实用性和针对性，句式一般都对仗工整，说起来朗朗上口，妙趣横生。这样的谚语在日常生活中很多，以下摘录一小部分。

有关社会关系、人生哲理的：

有理三扁担，无理扁担三
吃不穷，穿不穷，不会打算一世穷
上梁不正下梁歪，二梁不正倒下来
三年不上门，是亲也不亲
读书人不离书本，庄稼人不离田埂
酸汤点豆腐，一物降一物
牛不知角弯，马不知脸长
人心隔肚皮，饭甑隔筲箕
有理走遍天下，无理寸步难行

无风不起浪，无水不行船

手巴掌遮不住太阳，脚底板盖不了大地

吹牛皮不犯死罪，冲壳子不上厘金

做饭要有米，说话要有理

有风吹大坡，有事找大哥

水清无鱼，人恶无友

不怕慢，只怕站

儿不嫌母丑，狗不嫌家贫

公不离婆，秤不离砣

肥肉上添膘，鸡脚上刮油

会讲讲不过理，会跑跑不过雨

听过不如见过，见过不如做过

桃饱李伤人，花红吃了养精神

不得猪肉吃，见过猪走路

平时不烧香，临时抱佛脚

马屎外面光，里面一包糠

远水不救近火，远亲不如近邻

勤耕苦作样样有，好吃懒做样样无

人哄地皮，地哄肚皮

成龙上天，成蛇钻草

好人不用言语重，好鼓不用重槌敲

大哥不说二哥，鼻子莫说耳朵

儿要亲生，田要深耕

人要忠心，火要空心

学好三年，学坏三天

人怕老来穷，谷怕午后风

吃人三餐，还人一席

吃药不忌嘴，跑断医生腿

寒从脚下起，病从口中入

冬吃萝卜夏吃姜，不劳医生开处方

新三年旧三年，缝缝补补又三年

人有小九九，天有大算盘
磨刀不误砍柴工
宁吃十顿香，不吃一顿伤
三天不吃青，心里冒火星
不喝隔夜茶，不饮过量酒
人情留一线，以后好相见
百治不如一防，百愁莫如一笑
不见棺材不掉泪，不到黄河不死心
雪怕太阳草怕霜，过日子害怕瞎铺张
人勤地不懒，寡地出黄金
要知山下路，须问过来人
牛要满饱，马要夜草
栽树栽桐，子孙不穷
跟上好人学好人，跟上端公学跳神
吃得亏，打得堆
家庭富不富，先看庭院树
庄稼无牛空起早，生意无本空赶场

屯堡地区还有许多关于季节时令的农谚：

清明不明，谷雨不淋
四月初一见晴天，高山平地可种田
白露白茫茫，谷子满田黄
若要棉衣送，吃了端午粽
惊蛰冷，打田等；惊蛰热，田开裂
立夏不下，犁耙高挂
夏至不栽，东倒西歪
夏至逢端阳，扫尽万年仓
芒种打田底开裂，夏至栽秧已上节
小满不满，芒种不管
六月六，谷子出

三伏不热，谷子不结
天上鲤鱼斑，明儿晒谷不用翻
八月三个卯，牛吃烂谷草
八月大，萝卜白菜卖肉价
八月小，萝卜白菜当粪草
云走东，雨腾空；云走南，雨成团
云走西，披蓑衣；云走北，地开裂
十月无霜，碓里无糠
芒种栽秧日赶日，夏至栽秧时赶时
重阳无雨看十三，十三无雨一冬干
有雨天边亮，无雨顶上光
月亮打伞，晒得鬼喊
天黄有雨，人黄有病
朝霞不出门，晚霞晒死人

8. 言旨话

言旨话是屯堡社区流行的最有特色的语言表达方式，也是屯堡语言中画龙点睛的神来之笔，主要在平坝、安顺一带的天龙、九溪、大西桥、吉昌屯、七言桥、中所等地流行，是一种典型的社区用语。中国语言中的那些含义隽永的成语或俗语，屯堡人信手拈来，巧妙自如地加以运用，既轻松诙谐，又含义深远，让人们从语言上对屯堡文化的底蕴有一个直观感受。

屯堡人说言旨话叫“展言旨”，有展示成语原来含义的意思。言旨话有语言游戏的成分，但是也不乏人生哲理、生活常识、古典文化的展示。言旨话是对既有成语、熟语的借喻和暗喻，在这些文化不高的屯堡村民嘴里，言旨话是屯堡文化活生生的载体，也是口口相传的文化传承方式。

屯堡人说言旨话时，把四字成语或熟语的前三个字说出来，而故意隐去第四个字，隐去的这个字就是关键字，是说言旨话的人想突出的意思。四字词组基本上都可被用来说言旨话，比如：

青山绿（水）　　酸甜苦（辣）
天长地（久，谐音，指“酒”）　　大惊小（怪）

高粱小（米）　零敲碎（打）
细皮嫩（肉）　门当户（对）
颠三倒（四，谐音，指“事”）　穿针引（线）
张冠李（戴）　八仙过（海）
四马投（唐，谐音，指“糖”）　开门见（喜）
粗茶淡（饭）　黄皮寡（瘦）
雷公火（闪）　四郎探（母）
快栽快（活）　水打蓝（桥）
山清水（秀）　高头大（马）
两面三（刀）　刘备招（亲）
山遥路（远）　三战吕（布）
班门弄（斧）　风调雨（顺）
鸡毛蒜（皮）　无精打（采）
八爪金（龙）　哑口无（言，谐音，指“盐”）
四季平（安）　浑水摸（鱼）
万盏明（灯）　哼哈二（将，谐音，指“酱”）
弯里弯（酸）　毛焦火（辣）
桃代李（僵，谐音，指“姜”）　精打细（算，谐音，指“蒜”）
朝廷要（犯，谐音，指“饭”）　一望无（涯，谐音，指“牙”）

言旨话在深谙其中滋味的屯堡人之间交流，会起到渲染一种独特语境的效果，说的人脱口而出，仿佛在对暗号，说切口，彼此对答如流、心照不宣。

比如，屯堡人上饭店吃饭时可能会这样说：“来半斤细皮嫩——，来一只太子登——，味道要毛焦火——，加点桃代李——，再来一壶羊羔美——”，店家就知道客人要的分别是一盘肉、一只加辣椒和姜的鸡和一壶酒，相当默契，听起来饶有情趣。再如，屯堡人可能这样介绍家人："这个是我的打破砂——，那个是我的款天磕——"，其实是取其谐音，即"打破砂锅（哥）"、"款天磕地（弟）"，意思是介绍其哥和弟。不熟悉这种语境的人，可能就会莫名其妙。

9. 歇后语

屯堡话中的歇后语在结构上分前后两部分，前部分是描写和比喻，后部分是所要表达和强调的本意，前部分相当于谜面，后部分相当于谜底，常借用谐音和双关语。前部分的比喻与描写往往既诙谐又贴切，相当于抖包袱，为后部分的"谜底"埋下伏笔。比如：

高山顶上打锣——（鸣）名声在外
挖煤老二打飞脚——黑人一跳
矮子爬楼梯——步步登高
城隍老爷的马——不见骑（奇）
猪八戒过河——倒打一耙
半天云头的口袋——装风（疯）
泥菩萨过河——自身难保
竹竿上扎鸡毛——好大的胆子（掸子）
抱琵琶进牛栏——对牛弹琴（情）
蜘蛛爬格子——网字（枉自）
大姑娘坐花轿——头一回
癞头打伞——无法（发）无天
屁股夹扫把——尾（伟）大
耗子爬秤钩——自称
关老爷卖豆腐——人硬货不硬
口袋装钉——头多
穿钉鞋拄拐杖——稳上加稳
癞头包帕子——围（危）癣（险）
黄泥巴掉在裤裆里——不是屎（死）也是屎（死）
白布进染缸——洗不清
包公断案——铁面无私
杀猪匠拉二胡——油（游）手好弦（闲）

云里面打灯笼——高明
马尾穿豆腐——提不得
叫花子玩鹦哥——苦中作乐
哥子的房间——嫂（少）来
茅厕里的石头——又臭又硬
猫儿抓糍粑——脱不了爪爪
秀才打架——为笔（未必）
外甥打灯笼——照舅（照旧）
歪嘴婆娘照镜子——当面丢丑
哑巴吃汤圆——心头有数
背婆娘看戏——力也费了丑也丢了
牛背上冒烟——皮（脾）气
土地老爷卖房子——神不住
茅厕头要账——讨屎（死）
豆腐落在灰堆头——吹也吹不得，拍也拍不得
猫猫哭耗子——假情假意
跛脚马拉车——跑不起来
背鼓上门——讨打
拱屎虫戴眼镜——假充阴阳先生
癞蛇蚼打哈欠——口气好大
强盗吃稀饭——贼喝喝

（三）屯堡话和安顺话、巢湖话的比较

1. 屯堡话和安顺话、贵阳话的关系

屯堡话和川黔次方言中的安顺话既有区别又有联系，两者之间存在同源关系。在语言环境上，两者显然互为交错，难以严格区分，因为它们历史上就属同一地区，皆是明初作为上六卫中普定三卫的核心地区。可以说安顺一直处在众多屯堡包围之中，属于同一种语言的不同变体。在语音和语调上，安顺话和屯堡话区别明显，安顺话和贵阳话没有卷舌音，而屯堡话则有卷舌音；安顺话、贵阳话、屯堡话都只有前鼻音，没

有后鼻音，屯堡话音调高，富于变化，而三者的词汇却基本一致，显示出相同的语言文化背景和语言意趣。有趣的是，安顺话和屯堡话那些在外人听起来莫名其妙的方言词汇，在老贵阳话中也基本上能一一找到。

贵阳话和安顺话极其接近，但是在地理位置上连接贵阳和安顺的清镇和平坝的语音又差别明显，实际上贵阳话和安顺话在地理位置上并不接壤，但是又很相似。笔者少年时在贵阳市花溪区读小学与中学，上述的那些屯堡及安顺话中的方言词汇，笔者都耳熟能详，并且也曾经这样说过。只是现在时过境迁，经济社会发展迅速，新的带有时代特征的用语不断涌现，虽然贵阳话的音调未变，但旧时的独具地域特色的方言用语在贵阳及周边地区已经很少使用，也就难得听到了。

由此，笔者认为屯堡话和安顺话、贵阳话之间有着密切的关联，存在着同源但发展不同步的现象。可以说，屯堡话是安顺话和贵阳话的源头，而屯堡话又是屯堡先民带着各自的原籍方言迁入屯堡地区后，不断和其他人群的语言交流融合而形成的新的地域方言。屯堡先民的原籍方言主要是江淮方言和湖广、四川方言，本身的差异就不是太大，尤其是湖广话与四川话较为接近，而四川方言中的部分次方言是有翘舌音的。屯堡话初步形成时，包括安顺城也应该使用这一语言。安顺作为明清贵州首善之地，是云贵交通线上的大邑，官员驻跸，商贾云集，人流涌动，与外界的交流十分频繁，因此语音的逐渐改变是有可能的。而作为省会，贵阳也是如此，在贵州境内安顺和贵阳的联系应该最广，外来的官员移民，一般都是沿交通线先到贵阳，再向安顺一带行进，两地之间人员的往来交融也不会少。所以，两个城市的语言会如此接近，发展也比较同步。而屯堡话作为乡间语言，一直在屯堡地区流传，保留了早期的语音特征和特点。

2. 屯堡话与巢湖话的比较

据吕燕萍等人的研究，屯堡话和安徽巢湖话有许多相似或相同的地方，尤其表现在相同的方言词汇上。比如：

巴：意为紧贴着，例如：“别巴在车门上。”

粑粑：大便，一般用于儿童语言

窝死：解大便

螃海：螃蟹

刷不死你：打死你

麻麻亮：天色微亮

切喝妈乌：漆黑一片

“今天、明天、后天、昨天、前天”：

“今（儿）个、明（儿）个、后（儿）个、夜（儿）个、前（儿）个”

门天、门年：“门”即“明”，即“明天”、“明年”

舌条：舌头

手板、脚板：手掌、脚掌

绳子：索索

哨子：叫居

围腰：围裙

荷包：衣袋儿

乌鸦：老哇

迷：打盹，例如：“我先迷一小哈。”（我先打一小会盹）

沸：淘气、顽皮，例如：“兹个娃娃特别沸。”（这个小孩特别淘气）

斗：凑，拼合，例如：“我们大家斗点钱。”（我们大家凑点钱）

小鬼：小孩

蛆鳝：蚯蚓

俺水：淹水

博要紧：不要紧

上该：上街

孩子：鞋子

孩垫子：鞋垫子

先头、头先：先前

改手：上厕所

落雨：下雨

干饭：大米饭

学乖了：接受教训
讲婆家：嫁人
角（jío）：脚
糟着：惹麻烦
烧包：炫耀
还嘴：狡辩
花脚猫：屯堡话叫“三脚猫”
眼扎毛：眼睫毛
洗澡：游泳
窝肚子：拉肚子
祝起：塞起，动词
祝子：塞子，屯堡话为双音词“祝祝（zúzú）”
挺尸：睡觉，多为贬义
糙蛋：捣乱

巢湖地处安徽省中部。巢湖方言属于北方方言的次方言——江淮官话。巢湖方言词汇中和屯堡话一致的特殊词汇很多，和普通话一致的更多，即便去除和普通话通用的部分，巢湖话和屯堡话相同的方言词汇也达到12%。[①] 加上与普通话一致的比例则更高。

黔中安顺与安徽巢湖直线距离相隔1200多公里，中间还隔着赣方言区和湘方言区，词汇如此地相似是个值得关注的现象。究其原因，两者之间可能也有部分同源关系。这和明初安顺屯军中大量来自安徽、江苏一带有直接的关联。巢湖地处安徽中部，离滁州、南京很近，明初亦归南京府管辖。屯堡话和陕南方言亦有共同点，可能也与陕南的安徽移民众多有关。由于江淮军人最早迁入屯堡地区，他们的乡音也就成为迁入地的主要口音，虽然其后几百年屯堡地区人群的组成在不断改变，迁入者持续不断，不断有新的人群与早期屯军的后裔交流融合。但屯堡地区业已形成的方言语系却不会轻易改变，包括方言词汇也得以长期保留，新近迁入者及其后裔都融入并接受了屯堡共同体的文化，包括语

① 伍安东、吕燕平：《屯堡方言初探》，《安顺师范高等专科学校学报》2004年第3期。

言，这是完全可能的。一个尚存的例子是，同样在今屯堡地区存在的三线内迁厂内，迁出地在东北、华东一代，到现在三线企业员工的后代依然说着家乡话，许多后来进入这些企业工作的其他籍贯包括贵州本地的员工，现在也在说东北话，把东北话作为共同体语言，就是一个典型的例子。

(四) 屯堡歌谣

1. 儿歌

屯堡地区流行着许多儿歌，是伴随屯堡人童年生活记忆的温馨童谣，音韵流畅，朗朗上口，节奏轻快，便于记忆。主要作用或传播知识，或反映童趣，或训练语言。这些童谣的内容和屯堡生活紧密结合，亦和北方方言口音相得益彰、相映成趣。究其源流，与中原文化的关系也很密切，但已经过地域化和本土化的嬗变，既和北方儿歌有紧密的关联，又具有黔中的地域特色和屯堡生活的痕迹，生活气息浓郁，童趣盎然。选录几首，足以窥豹：

斗斗虫，虫咬手，叽叽飞。飞到婆婆家，下个咯咯蛋，拿给我家娃娃做早饭。

圆花园，圆又圆，小小姑娘来做客。不擦粉，了不得，擦起粉来脸又白。开开箱，花衣裳。开开柜，花棉絮。

钉钉般般，脚踩南山，南山白狗，买卖家狗。家狗二面，二尺弓箭。牛蹄马蹄，打断你的驴子小马蹄。

推磨摇磨，粑粑送个，娃娃吃一个，剩下半边，搁在枕头边，耗子拖来床面前，猫儿拖到大门边，娃娃起来喊皇天。

蒙猫猫，逮耗子。逮得到，吃凉饭。逮不到，吃狗屎。一碗油，二碗油，放出猫猫拿水牛；一碗水，二碗水，放出猫猫拿水鬼。猫猫出门，耗子回家。

栽白菜，吃白菜，栽一窝，吃一窝，老婆婆按倒哪里摸，按倒娃娃摸！

三关三关太平久，三匹白马朝下走，两个门墩在打架，王妈妈出来骂一骂。小狗在床脚蹄一蹄，吓得王妈妈出门倒个大青包。

月亮堂堂，下河洗衣裳，衣裳洗得白白亮，打发哥哥上学堂。学堂满，挂笔杆。学堂空，堆烟囱。

一颗豆子圆又圆，推成豆腐卖成钱。人人说我生意小，小小生意赚大钱。

2. 山歌

屯堡山歌属于民歌。源自江淮，在黔中融合地方元素逐渐形成。屯堡山歌多以七言四句为主，在屯堡地区广为流传，为屯堡乡民喜闻乐见、耳熟能详的歌唱形式。屯堡山歌口口相传，曲调高亢，即兴而起，收放自如，生动感人，和屯堡人的生活情感息息相关，是屯堡人交流沟通、抒发情感的有效手段。

贵州是山歌的海洋。屯堡山歌是屯堡人最喜欢、最大众的娱乐与沟通形式，尤其在男女之间，不好表达、不好开口的话和情感在山歌里可以表现得淋漓尽致。平时憨厚羞涩的屯堡男女，对起山歌来热情奔放、直抒胸臆，内容再直白也不会引起对方反感，反而会得到对方的相应回答。山歌的内容往往是即兴而作，脱口而出，即所谓“山歌无本，全靠嘴狠”。屯堡山歌的种类不少，有对歌、盘歌、疙瘩歌、刁难歌、飘带歌等，大多是对唱形式，以男女对唱为主。下面摘取各类型的几首山歌为例。

（1）对歌：最为普及的山歌形式，男女对唱，借物言情，风趣诙谐，常常妙语连珠。例如：

男：说要连来就要连
哪怕你家亲夫在眼前
挨打不过三五棒
坐牢不过两三年
女：讲要连来就要连
哪怕你家婆娘在眼前
挨打不过两三棒
坐牢犹如逛花园
男：想起连妹泪涟涟
连妹吃亏在眼前

半年得块花帕子
豆腐盘成肉价钱

这首男女对歌应用比兴，大胆直白，反映屯堡男女豪放直率的一面，颇有少数民族男女的奔放色彩。屯堡山歌中类似男女情歌的也不少，例如：

男：想妹想得昏了头，
　　拿起酸醋当酱油。
　　想要诓鸡却诓狗，
　　烧酒拿来当煤油。
女：想哥想得昏了头，
　　酒摊子上打酱油。
　　纸火铺头扯绸缎，
　　银匠铺头买锄头。
男：想妹想得颠倒颠，
　　扛耙吆牛去犁田。
　　拿起簸箕当筛子，
　　菜叶当成叶子烟。
女：想哥想得颠倒颠，
　　冬月三十讲过年。
　　二十七八算十五，
　　初八九里望月圆。

这首歌是男女互诉衷情的情歌，难得的是其内容有着屯堡生活的种种具体细节，有着生活的情趣和诙谐的格调，是和农耕生活密切相关的歌谣。再如：

男：大河涨水沙浪沙，
　　鱼在河中摆尾巴。
　　哪天得鱼来下酒，

哪天得妹来当家。

大河涨水波浪宽，
鱼在河中戏水玩。
天天撒网鱼不近，
该来不是妹家财。
女：丝头系腰甩须多，
挽个疙瘩丢送哥。
千年不等疙瘩散，
万年不等姐丢哥。

生不丢来死不丢，
要等蚂蟥生骨头。
木头开花岩生果，
冷饭发芽我才丢。

（2）盘歌："盘"就是盘问之意，是歌手相互考问、比试、较量的一种山歌形式。内容涉及历史地理、时令节气、农耕生活，等等。例如，下面这首盘歌就是考算数的：

男：三百四两有几斤，
共有多少人来分？
每人出来分几两，
看你分得清不清？
女：三百四两十九斤，
三十八人出来分。
每人分得有八两，
看我分得清不清。

（3）疙瘩歌：采用演唱加说唱的形式，边唱边说，边说边唱。先以唱开头，中间加上念白，后再以唱结尾。例如：

唱：远望青山青又青，
　　脚不沾水水不冰。
念：我不想妹梦不乱，
　　今天会到才花心。
　　望你年龄十八岁，
　　细模细样像观音。
　　不高不矮身材好，
　　不胖不瘦动我心。
唱：姐妹娘！
　　我想跟你要花戴，
　　只怕小妹舍不得。

（4）刁难歌：顾名思义就是刁难、考核对方随机应变能力的一种屯堡山歌形式。内容往往是现实生活中做不到的事情，主要是考验对方的思维能力。例如：

男：你唱难歌不算难，
　　我唱难歌把你难。
　　旗杆顶上修牛圈，
　　半天云头吆牛关。
女：你的难歌不算难，
　　唱首刁歌把你刁。
　　野猫拖牛钻墙洞，
　　虼蚤顶起被窝跑。

（5）飘带歌：又称连环计，大量使用衬词，充分表现歌者的机智和语言表达能力，强化了山歌的表现力和感染力。例如：

女：哥在山前山后山左山右左坡右坡上坡下坡东坡西坡南坡北坡栽葡萄，
　　妹在房前房后房左房右房东楼西楼南楼北楼走马转角楼上

绣荷包，
哥栽葡萄大大小小长长吊吊酸酸甜甜涩涩苦苦来送妹，
妹跟你绣一个丁丁拐拐拐拐丁丁须须甩甩甩甩须须鱼跳龙门凤戏牡丹八仙过海金玉满堂的花荷包。

男：哥在山前山后山左山右左坡右坡上坡下坡东坡西坡南坡北坡栽葡萄，
妹在房前房后房左房右房东楼西楼南楼北楼走马转角楼上绣荷包，
哥栽葡萄牵丝挂网绿叶青枝有大有小有甜有酸来送妹，
妹送哥一个红红绿绿绿绿红红花花朵朵朵朵花花犀牛望月喜鹊登枝鹭鸶闹莲野鹿御花的花荷包。

山歌伴随屯堡人的一生，其作用不仅仅是自娱自乐、抒发情感、展示歌者对生活的感悟和见解以及敏捷的才思和语言应变能力，还有一个很重要的作用是教育及教化功能。通过山歌，人们不仅交流感情，得到娱乐，同时也得到各种各样的知识与经验；而且这样的教化作用是如此自然和亲切，让屯堡人喜闻乐见，易于接受。可以说，屯堡人在山歌中成长，山歌伴随屯堡人的一生。虽然在屯堡地区山歌的存在是十分普遍和涵盖大部分人群的，但是在屯堡社区，山歌只是一种非主流的客观存在，并得不到正统观念的认可和倡导，不像花灯、跳神那样名正言顺，为主流所认可和提倡，成为屯堡地区具有仪式感的主流文化活动。山歌不能登大雅之堂，究其原因，是和屯堡人强烈的传统道德观有关。

屯堡村落虽然是农村，但却是中国传统文化观念保留完好的地区，这和周边村落有着显著的区别，屯堡社区的主流价值观是忠孝节义、仁义礼智信，因此，大胆直白的山歌尤其是火辣辣的男女情歌尽管是客观存在，但却不能登大雅之堂。一个证明是，屯堡妇女一般都不会在长辈和自家男人面前唱山歌，也不会在自己的村子里唱山歌，因为这是一个忌讳，有诲淫诲盗的嫌疑。屯堡男女只会在田间地头、山野林泉之间或单独或成双成对地敞开心扉、放声歌唱、放飞心情，让歌声成为这些普通质朴的男女抒发人间爱情、感物伤怀、直逼心灵的工具，成为屯堡人日常艰苦生活的精神慰藉。这是一个大家都接受并心照不宣的潜规则，但又合情合理，长期存在。葛兰言在描绘中国古代的节庆与歌谣时强调："面对面的交互对唱所描绘的每个形象就像是对另一方的应答，每个形象都可以替代它所重复的那个形象。"① 古代大部分屯堡人都有过年轻时山歌传情的美妙记忆，但他们渐渐年长后，会归于沉寂，将年少轻狂藏在心里，告别对山歌的依赖，生活的艰辛写在脸上，成为沉默寡言的中老年人，用宽容的心态默许他们的后辈继续山歌带来的美好体验。

（6）佛歌

屯堡地区中老年妇女笃信佛教的比例很高，佛教信仰是她们精神生活中很重要的一部分。唱佛歌是她们非常普遍的一种行为，既是一种文娱活动，也具有一种对日常生活的教化功能。

佛歌在屯堡妇女当中广为流传，通过口头传习的方式传承。过去屯堡社会男尊女卑，女孩不上学，因此屯堡妇女大多不识字，文化程度也不高，但出于对佛的信仰和对宗教生活的热爱，她们大多能背诵和演唱许多佛歌歌词，并在这个过程中受到深刻的教育。从这个意义上讲，佛歌的作用绝不仅仅是宗教方面的，而是屯堡妇女继承传统、了解世界、认识生活的一种工具。

佛歌有的是教育人要积德行善，广积阴功，从善如流；有的内容则和佛教并无直接关系，而是历史故事、民间传说、传统道德的说唱演绎。不过佛歌有最显著的符号特征，这是和佛教有关的，即每段佛歌结束时，都有一句"佛阿，南无阿弥陀佛！"

西边山上一枝梅，红的红来青的青，千朵莲花共一树，万紫千红总是春；

众亲来到喜堂内，开口念些古圣文，念些仁义礼智信，讲些忠孝道德文。

家有金银无用处，有子送入学堂门，十年寒窗无人问，一举成名天下闻；

① ［法］葛兰言：《中国古代的节庆与歌谣》，赵丙祥、张宏明译，广西师范大学出版社2005年版，第188页。

读书要读《三字经》，写字要写上大人，大成至圣孔夫子，七十二贤在孔门。

八股文章学会写，诗书礼乐勤温习；琴棋书画般般学，吟诗做对样样精。

熟记唐诗三百首，不会作诗也会吟。今日喜堂会亲友，主人家辈辈有人在朝廷。佛来，南无阿弥陀佛。

喜堂念佛
一念客房字画明，画龙画凤画麒麟。
画虎画皮难画骨，知人知面不知心。
二念旅游客商人，拜辞老幼要出门。
在家不会迎宾客，出外方知少个人。
三念春风遍地临，江边杨柳正发青。
有心栽花花不发，无意插柳柳成荫。
四念连天大雨淋，大水淹到九龙门。
易涨易退山溪水，易反易复小人心。
五念端阳闹沉沉，龙船下水起波纹。
长江后浪推前浪，世上新人换旧人。
……佛阿！南无阿弥陀佛！

——《十念增广文》

以上两首歌词取自《增广贤文》，是中国古代劝诫教育的基础读物，朗朗上口并言简意赅，有很强的教化作用，其内容所阐述的道理，符合传统中国社会的生活哲理，也有具体的指导和劝诫作用。

说起散花就散花，念来大家莫嫌杂。
洞洞眼眼桐子花，摇摇摆摆杨柳花。
粉面微红是桃花，双双对对豇豆花。
翻起白眼蚕豆花，满头戴孝是梨花。
牵藤挂网黄瓜花，雪里独开是梅花。
串串吊吊金银花，四时不散午时花。

十指尖尖指甲花，深深作揖李子花。
老子打儿冒金花，酒醉头闷眼睛花。
走进花园四面看，东也花来西也花。
花花世界说不尽，劝人不要把心花。
佛阿！南无阿弥陀佛！

——《散花文》

这首佛歌描写的是各种花的花形，特点是雅俗兼顾，有屯堡农家生活的情趣。豇豆花、蚕豆花这些蔬菜花也能入歌词，“冒金花”、“眼睛花”这样的谐音词也可以入歌词，“老子打儿”、“酒醉头闷”这样的生活情景也入了歌词，除了诙谐，也可见屯堡人佛歌的日常性和乡土性。佛歌能够把和日常生活有关的东西包含其中，仔细品味，低吟浅唱，更觉声声入耳。

二、屯堡信仰：众神目光下的尘世生活

屯堡人是一个特殊的群体，在600年的历史延续中，他们始终坚持自己的信仰，沿袭自己的生活习惯。与中国绝大部分其他族群一样，屯堡人也具有多神信仰的特点，但是区别于其他族群的特点在于屯堡人的信仰目标中，有很多被神化了的现实中曾经存在的历史人物，这和屯堡人形成的历史原因有很大的关系。

中国是一个地域广、民族多的国家，不同的地理条件和民族文化决定了中国人的宗教信仰具有多教化和多神化的特色。就规模和范围来讲，中国的宗教和类宗教流派主要为儒释道。

释教即为佛教。我国有关于佛教最早的记载是东汉永平十年(67)，《僧史略》中有“汉明帝听阳城侯刘峻等出家，僧之始也；洛阳妇女阿潘等出家，尼之始也”① 的记载，由此可见，佛教传入中国，应该是在东汉明帝时期，但史料记述不详。后汉末叶桓灵二帝时期，关于佛教的记载逐渐翔实，史料也日渐丰富。佛教自东汉传入中国以后，千

① （宋）赞宁：《僧史略》卷上《东夏出家》题下。

余年来一直是中国人民的主要信仰，其间经历代高僧大德的弘扬提倡，许多帝王卿相、饱学鸿儒也都加入这个行列，终于使佛教深入社会各个阶层。佛教主张万物平等，注重因果，亦即今世修行，来世享福的观点。

道教是中国本土宗教。产生于东汉，尊老子为创始者，尊号为“太上老君”。道教以“道”名教，是因为“大道无形，生育天地；大道无情，运行日月；大道无名，长养万物。吾不知其名，强名曰道”。[①]道教相信“道”是宇宙万物的主宰者，也就是所谓的“一生二，二生三，三生万物”，社会万物都应该法“道”而为。道教是一种杂神教，所崇拜的神祇多达500余个，多为中国上古传说中的神仙。

以中国文化的观点，宗教可以划分为“人宗教”和“神宗教”。道教、佛教等以超自然的神或者神化了的人物为崇拜对象的宗教就是“神宗教”，而以现实存在的人物为崇拜对象的就是“人宗教”，儒教就是这一类。

儒教以孔子为“至圣先师”，除了少数流派的信徒将孔子神化外，绝大部分中国人并不认为孔子是有超自然的力量的，认为他仅仅是个先贤。中国的儒教在实际意义上并不是一种真正的宗教流派，因为它缺乏宗教定义中的完善的教职制度和紧密的社会组织，所以，儒教一词不必然指“宗教”，有的时候它指的仅仅是“教化规范”。儒教承认鬼神之说但并不介入其中，而是将注意力完全放在了现实世界。儒教以“先王之道”和人际伦理关系中的“礼”“义”“仁”“孝”等为中心；生活态度上主张节俭，富贵不淫等；在性别方面，认为男女有别，崇尚“男尊女卑”；在社会变革上，主张通过个人努力、学习等方式，在国家“选贤任能”的制度体系下来实现个人价值，不主张通过暴力革命的手段来进行社会地位和身份的改变。

儒释道是中国传统文化的重要组成部分，三者的分合贯穿了中国近两千年的思想文化史，对中国文化甚至是社会变革都产生了重要的影响。社会物质的匮乏，生活水平的低下，自然会催生叛逆心理，而宗教所谓劝人向善的理念，往往被统治者利用，以此来驯化万民，巩固秩

---

① 《太上老君清静经》。

序，更有甚者，当宗教被神化后，还会被新兴的统治阶层用作给自己添加光环的道具。以道教为例，李唐皇室就曾自称是老子李耳的后人，尊老子为“圣祖”。后来的宋皇室也仿效唐朝的做法，虚构一位子虚乌有的赵玄郎，奉为道教尊神，尊为圣祖。当然，统治者对宗教的架构利用，也为宗教的发展提供了便利的条件，宗教和统治者之间，在一定意义上取得了双赢的效果。

儒释道三教从传入、产生伊始，就在不断的纠缠糅合中发展，并衍生出“三教合一”的观点。佛教的传入和道教的形成是在两汉之间，但是“三教”概念的出现和被社会广泛接受，却是在魏晋南北朝时由佛教首先提及的①，此后“三教”这一词汇在文献中出现的频率也越来越高。至隋唐两宋，不仅三教鼎立的局面达到了一个高潮，三教理念的交流也空前频繁。陈寅恪云：“南北朝时，即有儒释道三教之目（北周卫元嵩撰《齐三教论》七卷，见《旧唐书》肆柒《经籍志》下）。至李唐之世，遂成固定之制度。如国家有庆典，则召三教之学士，讲论于殿庭，是其一例。故自晋至今，言中国之思想，可以儒释道三教代表之。此虽通俗之谈，然稽之旧史之事实，验以今世之人情，则是三教之说，要为不易之论。”

佛教在贵州的传播，起于唐宋而鼎盛于明。明朝以前的贵州，由于和中原的联系不够紧密，宗教的影响力微乎其微。至明朝初期，朱元璋推行“治国以教化为先”的战略，以儒家为主，辅以佛、道两教，驯化人心，特别是对云贵等边疆地区，更是认为“驯服之道，必宽猛得宜”，如此才能“化愚民”而“弭边患”，达到长治久安的目的②。明洪武十五年（1382），朱元璋下令设立了掌管全国佛教的僧录司，随之逐渐建立了一套完备的僧官制度，与学官、道官相并而行。于是，儒道释三教理所当然地成为了明朝统治者以礼治国的重要帮手和手段。征南战事结束后，经过整修后的驿道，改善了交通，方便了宗教的渗入和发展。当时明朝统治者推崇的是讲究“身、口、意”三者相印、须密

① （唐）道宣撰《广弘明集》卷一载有《吴主孙权论述佛道三宗》一文，同时提及儒、道、释三家。以及《弘明集》卷一《牟子》中《理惑论》，论儒佛思想之一致，可以说是三教一致的最初意见。

② 《贵州通史》编委会：《贵州通史》卷2，当代中国出版社2003年版，第367页。

传密授的“瑜伽密教”，亦称密宗，“此宗在唐代由印度传入中土。在其流传过程中，形成重术数而轻法理的特点，僧人多神异之功，以咒术、礼仪广行祈福禳灾之法”。[①] 这种以咒法驱邪除鬼，祈福禳灾的方术，在巫觋盛行的贵州颇为适应民间世俗社会的需要，因而广受欢迎。在明朝廷的有意推动以及民间需求的双重推动下，屯堡地区崇佛礼佛现象大盛，对后世影响极大。时至今日，几乎所有的屯堡村寨都遗存有寺庙。

屯堡地区的一些佛寺已经不是单纯的佛寺了，上文有述，儒释道三教一直存在着合一的趋向，这在屯堡地区的寺庙里表现得特别明显。比如，安顺“云峰八寨”中雷屯的永丰寺，前殿供奉关羽、文昌君；二殿供奉如来、观音；后殿供奉玉皇。平坝天龙镇的寺庙因为供奉儒释道的各种神祇而干脆称为三教寺。三教合一的趋势不仅仅体现在屯堡地区的寺庙里，也在每家每户供奉的“神榜”中得以体现。神榜中的各路神仙通常是：

增福益禄文武财神　七曲文昌梓童帝君
大成至圣先师孔子　忠义仁勇关岳二帝
历代有功于民者位　教稼后稷五谷大神
三元三品三官大帝　东厨司命灶王府君
求财有感四元官将　南海岸上救苦观音
某氏堂上历代曾祖　左昭右穆内外姻亲

这张神榜，包括了天上地下、国家个人以及儒释道的神灵，最能体现屯堡人多神崇拜的实用宗教观，既能反映他们的精神需要，也体现了其信仰宗教的实用性。

（一）丰富和涵盖一生的宗教信仰

在屯堡地区，一个显著的人文景观就是各种寺庙众多。这和其他汉族地区截然两异，和一些少数民族比如藏族、回族聚居地等地区的单一

① 王路平：《贵州佛教史》，贵州人民出版社2001年版，第57页。

寺庙相比，也存在很大差异。屯堡地区寺庙的种类和数量都是较多的，可见它和普通屯堡人生活息息相关，多神信仰贯穿了屯堡人的一生。

在地方史志中，记载屯堡地区的寺庙数量就不少。据《安顺府志》卷十八及《镇宁县志》卷三记载，散建于屯堡范围内的寺庙，在安顺府有 26 座，在镇宁州有 23 座，在安平县有 27 座。志书的记载并不全面，因为修志时的时间节点和考据不完善，许多寺庙并未被志书记载，志书的记载有挂一漏万之嫌。据翁家烈先生的考证，《安顺府志》并未记载但实际存在的寺庙有：安顺汤官屯万山洞寺、五官屯观音洞寺、颜旗屯杨圣庙、时家屯石佛寺、大屯关狮子山庙、白旗屯将军山庙、头堡关帝庙、幺铺兴隆寺、富家屯永丰寺、东屯东州寺、吕关屯龙沸寺、金关屯龙华寺、詹家屯培风寺、平玉官屯大安寺等。[①] 不仅如此，屯堡地区基本就是传统中国汉文化区域各类庙宇的汇聚之地，不仅数量多，而且品类繁杂，各类寺庙交错杂陈，互不冲突，各有信众。比如，据翁家烈先生从史料中统计，屯堡地区常见的寺庙名称就有：护国寺、龙泉寺、青龙寺、灵隐寺、兴隆寺、钟灵寺、长兴寺、观音庙、龙华寺、云峰寺、二郎庙、狮子山庙、文峰阁、永安阁、财神阁、永祥寺、金钟寺、水星阁、祖师殿、三教堂、天台寺、法海寺、清泉寺、三清观、普德寺、圆通寺，等等。安庄卫城明代建有城隍庙、昭灵庙、通灵庙、紫霄观、高真观、紫云庵等。平坝卫城明代也建有城隍庙、武庙、东岳庙、文昌阁、永福寺、紫竹庵、三清观等。普定卫城由于建制较早，且规模较大，所以庙宇更多，明代庙宇有东岳庙、马王庙、崇贞庙、圆通寺、武当山寺、飞虹山寺、普德寺、长寿庵等。这其中较为有名的寺院有许多，比如天台山伍龙寺、汤官屯的万仙洞寺、九溪的普德寺、七眼桥的清凉寺、云山屯的大佛寺、五官屯的观音山寺、宁谷的龙泉寺、马官的玉真山寺、白旗屯的将军庙、郑家屯的文峰阁、郭家屯的永峰寺、大屯的狮子山庙、颜旗屯的杨圣庙、富家屯的永丰寺、吕官屯的龙佛寺、头铺的关帝庙、幺铺的兴隆寺、玉官屯的大安寺以及安顺的文武二庙、东林寺、圆通寺、火神庙，等等。

---

① 翁家烈：《夜郎故地上的古汉族群落——屯堡文化》，贵州教育出版社 2002 年版，第 146—147 页。

这么多的庙宇分布在屯堡城镇乡间，构成了一个众神共存的世界。屯堡地区除了庙宇分布密集之外，还有一个特殊现象是，有的屯堡村落同时拥有多座不同的庙宇，比如屯堡地区最大的九溪村旧时就有汪公庙、五显庙、回龙寺、龙泉寺、青龙寺等五座庙宇，现在尚存有后街的龙泉寺、大堡的汪公庙和小堡的青龙寺；而安平县的饭笼铺[①]就有三教寺、天台寺；镇宁州丁旗堡有西峰寺、财神阁。许多不同的屯堡村落还有相同的寺庙，比如安平县的沙作铺、骨首铺、陶官铺都有祖师庙，老营铺、九甲堡都有青龙寺，而关帝庙、文昌阁和观音庙等庙宇在屯堡地区则是常见的寺庙。可谓众多神灵汇聚一方，庇佑着屯堡人的精神世界。

屯堡地区的寺庙虽是乡间庙宇，分布于城镇和村社之间，有的一个村落还有不同的寺院。但屯堡寺院不乏占地规模和建筑特色都十分突出者。比如平坝天台山明万历十八年修建的伍龙寺、安顺云山屯云鹫山巅的明弘治年间修建的玉皇阁[②]，都是建在山巅绝壁悬崖之上，顺着山势巧妙布局，俨然与悬崖浑然一体。尤其是天台山伍龙寺，建筑精巧奇绝，在山巅之上巍然耸峙，是人工与自然环境的绝妙结合。伍龙寺山门的对联这样写道："云从天出天然奇峰天生就；月照台前台中胜景台上观。"在三面凌空、用大石块堆砌的山顶，伍龙寺共有山门、正殿、大殿、藏经楼等45间房屋错落其间，至今寺内还保存有吴三桂经过此地时特意留下的其使用过的朝笏、大刀等珍贵文物。

屯堡地区庙宇众多，这和屯堡先民入黔之后艰难百战、披荆斩棘，安身立命后寻求精神慰藉、祈福消灾，希望有超自然力量的神佛庇佑屯堡社区有关。可以想见，敬神修佛，是屯堡人生生世世的不变主题。因此，热衷于修庙筑寺也就不难解释了。镇宁州丁旗堡西峰寺建于明代，数百年间屡坏屡建，丁旗堡人皆乐于疏金，积极修复西峰寺。清代嘉庆年间重新修葺该寺时，对于丁旗堡人来说是一件大事，甚至可以说是一件天大的事，何以见得呢？"当此寺宇整新，神人胥悦，合堡鼓舞。向

① 即今平坝县天龙镇。

② 云鹫峰明代所建玉皇阁在1957年正月初九因香客朝拜人数过多，纸烛引发大火而被烧毁。现为改革开放后村民集资重建。

善蒸蒸日上，将见民气和乐，疫疠不生。志功名者巍科高第，上乘参与；力稼穑者岁稔谷等，慈云护也；业贸迁者，堆金积玉，皇气占也；事艺术者，利用阜财，祥轮驻也。”① 由此可见，重修一座寺庙，对一个屯堡村落来说，竟然是如此之重要，可以达到这样的境界：人神共悦、合堡鼓舞、民气和乐、功名高第、堆金积玉……已经涉及传统中国社会人间生活最理想化、也最重要的几个方面。这些重要的方面都和神灵有关，所以这些理想的状态和希望都是来自修缮寺庙后所期盼的神灵对社区的庇佑。

寺庙并不仅仅是信仰的象征物，也是极其功利地与现实生活息息相关的地方。可见庙宇对于屯堡人精神生活的重要性以及在屯堡社会中发挥的重要功能。对于相对封闭而一元化的屯堡生活，多元化的多神信仰让屯堡人的信仰世界丰富多彩。而传统中国的佛、道及地方神、家族神信仰，也让屯堡这个相对封闭的独立区域在漫长的时间内各种信仰源远流长，相得益彰。在屯堡地区，多神崇拜是具体的，屯堡人在各种庙宇和神龛里可以祭拜的诸神确实很多。比如，如来佛祖、文殊菩萨、普贤菩萨、观音菩萨、地藏王菩萨、阿弥陀佛、弥勒佛、迦叶尊者、四大天王、八大金刚、十八罗汉、哼哈二将、韦驮菩萨、元始天尊、玉皇大帝、太上老君、南极仙翁、九天玄女、尧舜二帝、王母娘娘、轩辕黄帝、东华帝君、五显华光、文昌帝君、三官大帝、东岳大帝、过海八仙、雷师电母、土地山神、南斗北斗、瘟神痘神、福神财神、阎罗钟馗、牛头马面、灵官门神、城隍后土、火神灶神、泰山石敢当，等等，这些神祇，出身各异，涵盖广泛，各有所司。

如果你是一个生活在传统社会的屯堡人，生于斯长于斯，平凡而普通，倘若没有悬念的话，你的生命轨迹和你的祖先、你的后辈基本相同，你能在屯堡社会十分完备的礼俗和信仰中找到自己的所在，并尊崇它，服从它，在这样的文化氛围中度过自己的一生。然后，你的后辈像你当年一样开始，像你们祖先一样在山水田畴、众神目光之下开始生活，周而复始。这样的过程，看似普通乏味，其实也是丰富多彩的，并且不乏精神上的满足感，它可以让那些没有多少文化、极其平凡的屯堡

① （清）齐超渭：《重修西峰寺碑记》，《镇宁州志》卷八。

人在其或漫长，或短暂的生命旅程中有机会超越自身的平凡，在信仰中得以升华，在信仰中得到安慰。

屯堡人参与宗教活动的频率高、比例大，在传统社会中基本是全民信仰，而且不是信仰单一宗教，是多元信仰和多神崇拜。

在屯堡地区，宗教信仰和日常生活相伴，并且贯穿一年的各个节气。屯堡地区的节日众多，过节对屯堡人来说是重要的大事，也是各种信仰和祭祀得以充分展示的日子。重要的礼仪、祭祀的仪程、物质与文化的有机结合，凡间与天上的息息相通，让屯堡人在繁忙的农事之余饱含期待地迎接一个个不同含义的节日。在节日里通过有丰富的文化内涵的仪程来完成屯堡人对乡村生活的文化培训。而许多的节日，本身就是和宗教密切相关的。屯堡人从事宗教活动的地点不外乎三个场所：家里、本村落、外面的寺院。在家里的宗教活动往往是屯堡人过节时的仪式性活动，也是和家庭伦理教化密切相关的日常活动，是每一个屯堡人敬天法祖、多神信仰的最初之地，是每一个屯堡人成长的最生动、直观的课堂。

如前文所述，毫无例外，每一个屯堡人家在堂屋中均设有神龛。神龛就是屯堡人家庭信仰的集中体现之地。上面以“天地君亲师”为主祀神位，旁边就是各类神祇、各路神仙，涉及释、儒、道及地方神、祖先神等多类名称。比如玉皇大帝、观音大士、文昌帝君、关岳二帝、轩辕帝君、先师孔子、文武财神、灶王府君、东厨司命、值日功曹等。值得注意的是，与这些神灵相并列的是屯堡人的家族祖先，几乎每家神龛上均有：“某氏堂上、历代祖先、远近姻亲”等牌位，把祖先的牌位和众神并列一起来供奉，很有意思。由此可见屯堡人对祖先的崇敬，因为他们把对敬祖先视同敬神一般重要。在屯堡人的精神世界中，祖先的灵魂不灭，祖先的灵魂可以保佑后世的儿孙，供奉祖先具有和敬神相同的作用。各类屯堡家庭神龛内容大同小异，除了祭拜的神祇种类略有不同外，基本无太大差异。前面提到的许道云博士家中的神龛也基本如此。这种方式和崇拜内容与普通汉族村落也基本相近，所不同的是，屯堡人对敬神更重视、更周全、更仪式化、也更虔诚。

屯堡人供奉神榜（上）（见145页）

屯堡人供奉神榜（下）（见146页）

在神龛之外，屯堡人也供奉祖先的宗支系谱牌位图，这样的系谱图

天地德祖宗恩当酬当报	大成至上	上右制字	忠义仁勇	天地盖载恩	天地君亲师位	国家水土恩	当年太岁	后稷教稼	青城得道	黄王土圣贤书可耕可读
	先师孔子	苍颉圣人	关岳二圣	日月照临恩		父母养育恩	至德尊神	神农帝君	丑午宫中	
	西配乍哲	始制衣冠	文昌帝君				和合二圣	东厨师命	许氏堂上	
	俩广诸贤	轩辕帝君	助笔魁星				文武财神	灶王二君	历代祖先	

注："乍"作"十二"解。

和屯堡人的现实生活更接近，往往是从几世先祖一直延伸到现在的辈分，活着的人也被记录和祭拜，往往凸显家族延续的重要性和每一个个体生命的重要。2009年8月30日，笔者在安顺两所屯许博士家七月半祭拜祖先时就曾看到，"本音许氏门中历代祖先神位"被供奉在堂屋中，许家把有谱系记录的23世祖先（含配偶之姓氏）的名字牌位罗列

堂满玉金						
地呈泗水珠	进宝郎君	日时	镇宅中堂土地长生兴旺瑞庆夫人之位	年月	招财童子	土产泥山玉

在一张表上供奉，两边有一副对联“祖功宗德申锡无疆　子肖孙贤寅念于祀”。[①] 农历七月半是祭拜的日子，和大多数屯堡人家的做法一样，

① 许家祖先牌位是手写在一张画有二十四孝图案的一米见方的纸上，正中最上方标有“金玉满堂”字样，两边绘有松鹤祥瑞图案，下面为房屋形状的“祖先堂”，其内为许家历代祖先名字。周边环绕着“目连救母”、“董永卖身”、“唐氏乳姑”等二十四孝故事内容图画。牌位下的供桌上有香烛和腊肉、青菜、米饭等供物。

许道云的父亲许有贤老人在印有财物图案的白纸包成的纸包上写上故去祖先及亲人的名字，然后在特定的时间烧掉，以给在另一个世界的亲人们使用。

屯堡妇女在宗教活动中也扮演了重要的角色。屯堡妇女勤劳持家，在家庭中扮演和其他汉族地区妇女所不同的家庭角色，所有的农事活动和家务劳动都是屯堡妇女的天职，生活的重担和压力往往让许多屯堡妇女很早就向往彼世的关怀，对佛事活动具有群体性的热情和参与度。在家修行的屯堡妇女比比皆是，尤其是中老年屯堡妇女，对宗教活动的痴迷更是一个普遍现象。这种在现实生活中对佛事活动的全身心参与构成了屯堡地区宗教信仰的一个有趣现象。

在节日的清晨，烟霞之中着青蓝色宽袍大袖屯堡装蹒跚而来的屯堡中青年妇女和太婆们在田间小路上列队结伴穿行，她们正在奔赴一座座寺庙去朝山，她们往往边走边祈祷，这样的现象成为屯堡乡间的一道独特景象。“城乡士民皆诚斋沐上香，一路祷拜之声不绝。”[①] 朝山的屯堡妇女很注重仪表装扮，出门皆着干净整洁的屯堡传统服装：头缠白色头帕，头式十分独特：两鬓有下垂的半圆形头发盖住双耳，前额剃得十分光洁，身着右衽青布长衫，腰系长丝带，下穿青布长裤，脚蹬绣花厚底布鞋。她们肩挎大布袋，内有随身携带的香烛祭品和干粮。朝山是她们的节日，也是她们精神生活中的重要日子。在寺庙中屯堡妇女除了完成祭拜仪式外，还要集体唱起“佛歌”。当其时，一人领唱，众人相和，集体感很强。其实佛歌并非是唱给神佛的宗教歌曲，其内容多是历史典故、戏曲故事甚至还有爱情故事，为何被称作“佛歌”，可能是这种歌曲每一段间歇时都会加上一句“佛阿，南无阿弥陀佛！”的唱词为惯用语。可以说，佛歌是屯堡地区特有的略带有宗教色彩的山歌，这是屯堡地区的一种独特的歌唱形式，不仅仅是妇女们拜佛朝山时唱，平时集体活动时屯堡妇女也经常唱佛歌。屯堡妇女在家兼顾农事劳作及一切家务，终其一生都十分劳苦。何以排遣呢？有信仰是最好的解决方式。屯堡妇女朝山就是信仰和社交需求的外化行为，由此可以理解唱佛歌也是屯堡妇女在长期面对巨大的生活压力和心理压力之后的一种有效的、释

① （清）常恩总纂：《安顺府志》卷十五。

放身心的方式。“经济上最不安定、最缺乏合理之思考态度的最下层的无产阶级，以及经常处于堕入无产阶级之威胁的、长期受困于贫穷状态的没落小市民阶层，却极易受到宗教布道事业的感召。”[①] 屯堡妇女是屯堡社会的最下层，在佛事活动中寻求精神上的慰藉和解脱成为一种普遍现象。

屯堡地区的佛事活动是很频繁的，屯堡妇女经常朝拜不同的寺庙，每个月都会参加不同的时令佛事活动，倒也因此不会感到寂寞。比如，正月初九是玉皇会，屯堡妇女要到玉皇阁拜玉皇大帝[②]。二月十九观音会，是观世音菩萨的生日。三月二十八祭祀东岳大帝[③]。四月浴佛会。五月二十八是城隍祭日，信众要在城隍庙迎城隍。六月十九是观音得道日，也要隆重祭拜。九月十九是观音成佛日，屯堡妇女更是要到观音寺里参拜。在屯堡地区，拜佛的屯堡妇女往往潜心向佛，从内至外都十分虔诚，她们所有的修行与努力都是追求自身的完善与其艰苦生活的另一种精神解脱，她们力图通过自身对神佛的虔诚膜拜获得力量，以期达成对自我现状的救赎。

频繁的宗教祭祀活动在屯堡地区是寻常可见的。这也构成了屯堡人日常生活的一部分。这些宗教活动不仅有严肃庄重的礼仪和繁复的过程，也有轻松、欢快、活动聚会的特征。屯堡地区宗教信仰具有群体性特征，并且多教并存，互不排斥。尤其是逐渐本地化的佛教和完全本土的道教共存共荣现象，屯堡人的信仰呈现的是泛神信仰，呈现以敬众神来寻求不同神祇保佑为诉求的民间化、实用化为特征。除了屯堡人家的神龛上所供奉的众多属于不同宗教的神祇外，屯堡地区尚有许多寺庙有供奉多神的现象。特别是道教的玉皇大帝和佛教的释迦牟尼、观音共处一庙的情形并不少见。

屯堡人的信仰呈现实用主义和功利主义特点，求神拜佛是生活中很

---

① ［德］马克斯·韦伯：《宗教社会学》，康乐、简惠美译，广西师范大学出版社 2004 年版，第 138 页。

② “玉皇大帝”：即“昊天金阙无上至尊自然妙有弥罗至真玉皇上帝”，是道教中地位最高的神。

③ “东岳大帝”：泰山为东岳。唐玄宗封泰山为天齐王，宋真宗封泰山为东岳天齐仁圣大帝。传说东岳大帝掌管人间生死，东岳庙遍及天下。

重要的一部分内容，不可或缺。而众多的神灵就住在屯堡人的心灵中，构成了他们的精神世界的主体。大多数屯堡人都是乡间的农民，并没有机会受到系统的正规教育，整体文化水平并不会太高。但是，对于传统信仰的执着和坚守，使普通的屯堡乡民能够在众神的引领之下度过尘世的生活，在祭拜神佛和祖先的仪程中获取许多的知识，让他们了解构成屯堡文化诸多因素中最重要的部分，并且和他们的祖先一样，在平凡中坚持和发扬族群的文化。而散见于屯堡地区的众多庙宇足可以说明，在屯堡地区，不管东西神祇，只要能为屯堡人所信所用，就皆有可能和谐共处，被大众顶礼膜拜，以期各司其职。所以，在屯堡地区寻常可见的佛、道、释共处一宇的现象就不难解释了。

（二）五显崇拜

屯堡人宗教信仰的最主要特点除了上面提到的多神崇拜外，就是地方神崇拜。地方神崇拜是屯堡信仰独特性最集中的体现，这种地方神崇拜的特殊性在于，它原来发源和存在于中国的其他汉族地区，不过在历史的演变中逐渐消失。而在贵州高原上的屯堡地区，这些神祇伴随当年屯堡先民从祖居地逐步迁入贵州，在屯堡地区至今仍然形态完整地得以保留和传承，成为现今研究这些地方神崇拜的活生生的标本。

屯堡地区地方神崇拜主要体现在五显、汪公崇拜上。五显源于江西婺源和德兴，而汪公崇拜则源于安徽的徽州和歙州。

> 镇宁巫觋有三：一曰五显坛，以供奉五显、华光为主，药王三圣及一切陪神皆附之。奉此坛者，为江南各省移来之汉族。[①]

不仅仅是镇宁，五显庙在安顺、平坝、普定等地的屯堡村寨中也是较为常见的。而五显坛、五猖坛也为屯堡民间广为祭祀，主要由民间职业化的端公来执掌屯堡人家的庆坛，目的是驱邪纳吉。屯堡人家的年庆庆坛一般在秋后举行，这是由于这个季节秋高气爽，而屯堡村民经历了秋收的劳碌后也要分享收获的喜悦，此农闲阶段是最为合适的时期。庆

---

① （清）常恩总纂：《安顺府志》卷十八。

坛历时一周左右，是乡间生活中的一件大事。牺牲为猪、羊各一头、鸡四只、鱼七条、鸡蛋七枚、刀头肉、糯米粑等，事后由端公带走成为其酬劳。执掌庆坛的端公要通过复杂的仪程和唱、念、跳来完成种种必经的祭神仪式，包括开坛、榨蹬、回神、安神等仪程。庆坛由端公作法，地点就在端公家里的神坛内。

端公可以视为巫师，端公行巫是民间巫术的一种表现形式，所行法事一般是为民众在日常生活中遭遇疾病、灾祸时所做的驱邪仪式，在贵州传统民间有广泛存在空间，不光是汉族，周边的少数民族如土家族、彝族社群中也有职业或半职业的端公存在，在乡间信仰中起到沟通阳间与阴间的作用。马塞尔·莫斯在《巫术的一般理论》中这样定义巫术："跟任何有组织的教派无关的仪式都是巫术仪式——它是私人的、隐秘的、神秘的。"[①] 他指出，巫术的基本要素有三个：巫师、行动、表象。巫师的特别之处在于，他要时时处于节欲、斋戒、冥想等状态。而巫师的身份并不是其个人意愿所能决定的，他们身份可能是后天习得，或是继承而来。巫师"实际上构成的是某些类别的社会阶层。他们之所以掌握巫术力量，并不是因为他们具有个体特异性，而是因为社会对待他们以及他们这类人的态度"。实际上，长期以来，端公及其巫术常被中国主流正统社会视为异端。清乾隆年间学者胡端曾有《禁端公论》一文，要求政府禁止这样的民间巫觋："黔蜀之间风教之至恶者，莫如端公。不悉禁必为大害。"理由是："决祸福假以神以诳煽妇女。小民无知亦信其家人妇女之言，遂烧香许愿，敬其神，畏其鬼，争迎端公至家歌舞以祷焉。"端公借助巫术诓骗妇女，骗人钱财却无帮人消灾之实，所以该禁。究其缘由，胡端的结论十分奇特，认为端公行巫之术学来自苗民，理由是"吾尝观其歌舞，跳跃盘旋，苗步也；曼声优哑，苗音也；所称神号，苗祖也。……彼苗之言曰：'吾有疾，勿药，神能疗之。吾有仇，欲报，祖能杀之，且吾蛊食以召人，杀牛以祭神，得失吉凶，吾师皆能先知。'于是群跃曹歌，以灵其神，且以其术惑汉人"。这样的结论真可算是奇谈怪论，不过产生在巫觋盛行、对少数民族充满

---

① 王铭铭主编：《20世纪西方人类学主要著作指南》，世界图书出版公司2008年版，第3页。

歧视的明清时期，也是可以理解的。

五显崇拜的五显本是凡人，源自宋代时期萧姓同胞兄弟五人，“五显父为萧家福，宋时人。一胎五子，俱以显为派。长曰萧显聪，次曰显明，三曰显正，四曰显直，五曰显德。四显具有仙根，而五显尤灵异。能降妖救难，故民争立朝祀之”。[①] 萧家五兄弟排行为“显”字辈，名子为“聪、明、正、直、德”，而排行第五的萧显德道行最高，具有降妖除魔的奇异力量，因而广为民间所崇拜。五显本是本土道教神仙，但是在民间信仰里又与佛教中的华光天王同为一体，所以五显又被称为华光、五通。华光天王本是如来佛法堂前一盏灯中的灯花，被如来佛化为人身后赐予五通本领和法眼，故也叫“五通”，两次投胎后获得法宝成为华光天王。而在道教里，五显被封为五显灵官大帝。“五显灵官大帝，佛书所谓华光如来，显迹婺源久矣，岁岁朝献不绝。”[②] 由此可见，五显崇拜最初应是江西婺源一带的地方神崇拜，并在江南汉族地区逐渐广为流传，后随着江南移民迁入西南，在四川、贵州等新迁入地区被建庙奉祀，成为这些地区新移民具有文化认同感的保护神祇。在贵州屯堡地区，对五显的信仰尤其普及，五显和汪公一起，成为屯堡人自己的地方神，并历久不衰。

供奉五显的庙宇在屯堡地区寻常可见，除了城镇以外，许多村落亦有，被称为五显庙或华光庙。据翁家烈先生考证，屯堡地区五显庙、华光庙分布大致为，安顺府城内的五显庙位于安顺学宫左侧，建成较晚，为清嘉庆二十五年（1820）所建。平坝华光庙本来在上清溪堡，建于明代，清康熙二十三年（1684）移建城内南街，乾隆四十年（1775）重建，嘉庆十八年（1813）增修。平坝五显庙有五座，分别位于宋家河、十家桥、羊场堡、大堡、齐伯房、车头堡等地。镇宁的华光庙有一座，位于城内北街，建于乾隆年间，同治五年（1866）毁于战火，光绪三年（1877）重修。光绪十四年（1888）由镇宁知州唐昭敬建正殿五间，左右厢房三间。民国年间，市民募集资金增修戏楼及石牌坊。镇宁城有五显庙三座，分别在城内东街、西门外猪市坝、城内南街。镇宁

---

① （清）李调元：《新搜神记·神考》。

② （清）陈梦雷：《古今图书集成·神异典》。

城外的五显庙亦不少，在十三旗、詹官堡、烈山堡、颜旗堡、将旗堡、雷昭堡、桂家堡、王官堡、陶关堡、吴官堡等屯堡村寨都有。[①]

五显产生年代较晚，在宋代时五显才逐渐由凡人而演化为神仙，被人们所膜拜。五显华光也本非道教和佛教的原始神祇，而是经历了由中国民间神祇被主流宗教吸纳后演变为正统的神佛的过程。这个过程伴随着宋明以降佛道信仰的民间化和世俗化趋向，也显现了中国民间信仰的非谱系性和世俗功利化特色。在中国流传的各类宗教，其基础信众是广大的底层人民，他们可能没有足够的知识水平和认知水平，对于神佛基本上都是无条件地顶礼膜拜，期望得到各类神佛的保佑，呈现泛神崇敬的特点。他们不会也没有能力去区分各类宗教教义的基本区别，甚至也没有这个必要。因此，五显华光崇拜的缘起虽然显得有些离奇和缺乏系谱，但仍然在中国民间登堂入室，成为地域神灵而在一定区域内得到广泛崇拜。

屯堡人崇拜五显，有着明显的江南地域化特色，这当然和他们的先辈主体是由江南籍士兵及其家属构成有关。五显崇拜在明代的流行和发展，并非仅仅是源自民间的传统，也有明初官方的正统意志在起作用。

明太祖朱元璋本是淮右布衣，曾入寺为僧，作为一个有丰富底层生活经历的人，十分熟悉中国民间底层社会的基本情况，对民间信仰也是如此。他不仅仅熟悉这些民间信仰，可能也信奉这些信仰，包括五显、汪公，并且有可能从信仰中获得过精神上的支持和对于群体的感召力即凝聚力。因此，当朱元璋天下初定之后，一方面为了感激诸神对他平定天下过程中的帮助，一方面也为了顺应民心民情，在建都南京后在南京修建五显庙，“太祖建都金陵，建十四庙，一曰五显灵官庙，以岁孟夏季秋致祭”；“洪武中，五显灵官庙，每岁四月八日、九月二十八日，遣南京太常寺官祭”。[②] 南京如此，其他地区就纷纷效仿。一时间，广大的江南地区建立了许多五显庙。五显在民间的地位也得到显著提升。

不过，五显崇拜虽然长期存在，但在清朝，五显的官方地位却有所

① 翁家烈：《夜郎故地上的古汉族群落——屯堡文化》，贵州教育出版社 2002 年版，第 141 页。

② （清）陈梦雷：《古今图书集成·神异典》所引《明会典》《江南通志》。

下降。有时甚至被视为地方邪神，五显庙也被视为淫祠而被地方官吏抵制。清康熙江苏巡抚汤斌在其《奏毁淫祠疏》中特别强调苏南地区崇祀五显所起到的坏作用：

> 苏松淫祠，有五通、五显、五方贤圣诸名号，皆荒诞不经。而民间家祀户祝，饮食必祭。妖邪巫觋创作怪诞之说，愚夫愚妇为其所惑，牢不可破。苏州府城西十里，有楞伽山，俗名上方山，为五通所踞几数百年。远近之人，奔走如鹜。牲牢酒醴之饷，歌舞笙簧之声，昼夜喧闹，男女杂沓，经年无时间歇。岁费金钱，何止数十百万？商贾市肆之人谓称贷于神可以致福，借直还债，神报必丰。谚谓其山曰玉山，其下石湖曰酒海。荡民志，耗民财，此为最甚。更可恨者，凡年少妇女有殊色者，偶有寒热之症，必曰五通将娶为妇，而其妇女亦恍惚梦与神遇，往往羸瘵而死。家人不以为哀，反艳称之。每岁常至数十家，视河伯娶妇而更甚矣……

在汤斌的描述中，苏州城西上方山因有数百年历史的五通祠而祸乱一方，周围百姓因为崇信五通神而疯狂靡费。汤斌认为，五显、五通神信仰荡民志、耗民财，淫人妇女，确实是邪教所为，不禁止都不可能了。康熙二十四年，汤斌在苏松地区捣毁被称为淫祠的五通庙，在当时亦受到大多数百姓的欢迎，深得民心，被视为有为清官的德政之举。不过，五显庙仍一直存在下去，信众也并不在少数，从未被真正禁止过。在贵州屯堡地区，清朝近三百年间依然有许多新的五显庙被建立和奉祀，屯堡人把五显视为他们族群的保护神，无论是在江南老家还是到云贵戍边驻守，五显崇拜都伴随着这群特殊人群，并且五显在新移民的屯堡地区受到更为广泛的尊崇。

对五显的祭祀，在屯堡地区从明初跟随屯军迁入，一直长盛不衰。不仅仅五显庙在各地分布广、数量多，而且五显在民间也得到广泛的、主动的祭祀。

> “民间十有九户皆祀坛神，有川坛、五显二种。有仅供一坛者，有兼供两坛者”。“每年十月起至腊月底止，凡许有愿心或事

业如意、富有之家，即请端公来家赛神，又称庆坛，俗称‘赛菩萨’……悬诸五彩画轴于堂，燃香烛，端公着各种戏衣，戴面具。所扮之神，称将军、元帅、仙娘……载歌载舞，即所谓跳神”。[①]

这是屯堡民间以家庭为单位的对五显的主动祭祀。对于作为公众祭祀场所的五显庙的祭祀，一般在正月初八和九月初九传说中的五显的诞生日进行。正月初八尚在春节期间，迎五显是具有高度神圣感和参与感的公共狂欢活动，从五显庙中迎出的五显神像，在巡游经过之地被沿路公众燃放的香烛鞭炮所包围，《镇宁县志》这样描绘迎五显的热闹场面：“炮竹喧阗，锣鼓惊天，远近趋集，大街小巷，观众如堵。为全县民众每年最狂欢之日。”显然，迎五显不仅仅是宗教祭祀的仪程，也是屯堡社区一个全民参与、全民狂欢的节日。九月初九，许多要对五显还愿的屯堡人在家祭五显坛，由法师在夜间做法事，展现五显降妖除魔的英雄事迹。其间还要演唱相关的戏文，载歌载舞，被称为“跳神”，在场的百姓往往听得如醉如痴，并在此过程中接触到生动活泼的神怪传说。当然，这样的“跳神”和也被称为“跳神”的地戏在性质和内容上是完全不同的。这些祭祀五显的活动年复一年，而屯堡人的参与热情也年复一年，不会因经年的流传祭祀而逐渐淡漠，可见五显崇拜在屯堡地区的普及程度和屯堡人的日常生活密切相关。

在屯堡地区再度流行的五显崇拜，并未被当地主流社会视为邪教，五显庙也未被当作淫祠而被铲除。荡民志、耗民财、淫人妻女的现象似乎在屯堡地区从不曾发生，屯堡人对五显这个地方神心无旁骛地虔诚祭祀，而五显神对于屯堡人似乎也倍加关照与呵护。在屯堡地区，五显和汪公一起，成为屯堡人最为亲切的保护神。

（三）汪公崇拜

油菜花残麦穗长，家家浸种办栽秧。
社公会后汪公会，又备龙舟送大王。

① （清）《镇宁县志·民风志》。

这是清代方士庹《新安竹枝词》对于徽州民俗迎神赛会——“嬉菩萨”的描绘。这里所提及的“汪公”、“大王”指的是隋末农民起义领袖、江南六州的最高统治者、徽州最高级别的地域神——汪华。

韦伯曾经指出：“在中国，直到今日为止，只要有一些显著的成功就足以使一个神祇能证明自己的神力，身为其臣民与上天打交道之代表的皇帝即会颁赐封号与其他荣誉予他们。”① 汪华在其身后的际遇，就是如此。

汪华（586—649），字国辅，又字英发，原名世华，为避唐太宗李世民的讳，遂改名华。安徽省绩溪县汪村人（隋唐时属歙县）。汪华的一生，颇具传奇色彩。从加入郡府义军开始，以其勇猛能战而广受将士爱戴。隋朝末年，汪华兵变占据歙州，并相继攻占宣、杭、睦、婺、饶六州（皖、浙、赣三省交界），拥兵十万的汪华号称“吴王”。在割据期间，汪华“镇静地方，保境安民”。② 公元622年，汪华顺应民意，归顺唐朝，被封为上柱国、越国公，历任六州诸军事兼歙县刺史、左卫白渠府，统军事掌禁兵、九宫留守等。贞观二十三年（649），卒于长安。汪华死后，其故乡徽州境内，陆续出现了许多汪王（公）庙来祭祀他。宋政和四年（1114）朝廷赐谥号“忠显”，后改“忠烈”。汪华的出生地汪村，于宋太平兴国五年建汪公庙，又称“汪王故城”。对汪公的祭祀，最早是在汪华归顺唐朝后，百姓感其免乡梓于战乱而在乌聊山为其建生祠。宋真宗大中祥符三年追封汪华为“惠灵公”，就是在宋代，汪华不断被追封为“英济王”、“广惠王”、“威信王”、“英烈王”、“英圣王”等，从“公”变为“王”，地位更加显赫。政府的推崇加剧了民间的汪公崇拜，经过长时间的民间演绎，汪华逐渐成为了徽州地区的地方保护神，在徽州拥有大量的信众。

对汪公的崇拜，起始只是在徽州一带，明初的调北填南，使这一信仰被江淮籍军士带到了贵州并在屯堡长期流传。每逢春节，屯堡村落都

---

① ［德］马克斯·韦伯：《宗教社会学》，康乐、简惠美译，广西师范大学出版社2004年版，第39页。

② 作为古徽州的“一府六县”之一的安徽休宁县万安镇，曾有“吴王宫”，内有对联评述汪华功绩：“乱世据六州，保境安民，煌煌功绩重千古；治平朝帝阙，忠君爱国，赫赫英名满神州。”

有抬汪公塑像坐红轿出游经过村民家门口，各家各户设香案、放鞭炮迎汪公，以保一年平安的习俗，称为“抬汪公”。此习俗至少从清代中期就已流行，“正月十七日，五官屯迎汪公至浪风桥。十八夜放烟火架，狗场屯、鸡场屯共迎汪公”。[①] 时至今日，这一习俗仍然在部分屯堡村寨得以保留，比如吉昌屯、九溪、鲍屯的每年正月间的“抬汪公”、“抬亭子”就规模盛大，远近闻名。

三、揖让进退：形神兼备的屯堡礼俗

> 种类杂糅，习尚异宜。茹毛饮血，日久渐更务学，力田颇循汉礼。其俗勤俭，尚儒重信。刻木示信，犹存古风。务本兴行，渐洗蛮陋。土俗尚存桴鼓，流寓渐有华风。诗书礼乐，不减中华。文教日兴，人才渐盛。民乐输将，不喜健讼。[②]

清乾隆年间谢圣纶所著的《滇黔志略》对滇黔两地的自然人文有简明的描述，兼有对已有史志的综合归纳和他自己的洞察体会。内容分为：沿革、山、水、气候、名宦、学校、风俗、人物、烈女、物产、古迹、流寓、轶事、土司、种人、杂记等目。以上的引文，就是对于清乾隆期间的安顺府社会习俗的描绘。“诗书礼乐，不减中华。文教日兴，人才渐盛”，可见当时的安顺府，郁郁乎文，已渐渐和中州大地没有区别。

谢圣纶，字研溪，福建建宁人。清乾隆年间曾任贵州天柱知县、云南大理府云南县知县、代理宾川州知州、代理贵州柳霁县知县等职，在云贵为地方官近二十年，对云贵地方文史风物有深入了解和体会，其《滇黔志略》就是佐证。谢圣纶所描绘的安顺教化兴盛的景象，是当时的真实写照。这样的结果，当然经历了一个漫长的演变过程。谢圣纶作为在云贵一隅做地方官多年的正统文化人，其观察的角度是主流社会的

① （清）常恩纂：《安顺府志·地理志·风俗》卷十五。

② （清）谢圣纶：《滇黔志略点校》，古永继点校、杨庭硕审，贵州人民出版社2008年版，第270页。

视角。

在作为以移民文化和原住民文化的交融融合后形成的新移民文化为主要表征的贵州各地域文化中，安顺地区无疑是文化昌明之地。在以明初军事移民为发端的安顺人中，不仅汉族社会的主流文化，江淮、湖广等屯堡先民的祖居地文化也得以保留和发扬光大，这是屯堡文化的一大特点。即使在数百年后，在当年的屯堡人的祖居地都难觅其踪的种种古老文化事象，在今日的屯堡地区也许还能找到其踪迹，这不能不说是一个独特的文化现象，也是屯堡文化作为一个文化孤岛所具有的独特功能的具体体现。

（一）源远流长的屯堡礼仪

礼俗，是礼仪风俗的简称，主要包括婚丧、祭祀、交往等各种场合的礼仪。中国自古以来就是一个以礼治为主的国家。从周代确立了“吉、凶、宾、军、嘉”五礼的基本形制以来，“礼”就逐渐衍化成了中国一种独特的统治规范和社会调控手段。屯堡的形成，是礼仪教化的结果，是为了统治的方便，屯堡文化也是中土文化对边缘地区的侵蚀和影响，所以，屯堡人的礼仪规范大体上也遵循着中国传统社会中汉民族的礼俗范畴。

中国的礼仪制度的形成，最初确立于周代。起始的礼制是专为“士”以上的官僚阶层制定的，并遵循着礼高于俗、凌驾于俗之上的原则，所以，历代统治者都奉行以礼节俗、以礼导俗的方针。但是两宋以后，“家礼”、“乡礼”的产生和制定，使民间礼教得以确立，自汉以来就开启的礼下庶人、刑上大夫、刑礼不偏的过程，整个中国社会从官方到民间都纳入了礼仪教化的范畴，礼俗逐渐重合并最终合流，形成了礼俗合一的历史社会现象。

在屯堡周边人群眼里，屯堡人是规矩特别多的群体，在传统社会如此，即使在经济高速发展的今天，屯堡人仍然如此，在丰富的礼俗规范中生活。

屯堡人普遍讲情重义，在日常生活中礼俗众多。可以说，屯堡社会的礼俗可以涵盖屯堡人的一生。在一年中的各个节气，在人生的各个阶段，屯堡人都在礼俗的引导与规范下生活。从正月到腊月，从清明到“七月半”，岁月在礼制中更替；从屯堡人出生时的“做大客”、满月酒，到注重“八字”与“六礼”的婚嫁习俗，到程序繁多、禁忌不少的人生终点“白喜事”，可以说屯堡人的一生在礼俗中穿行。而作为无数个普通的个体，数百年来，屯堡人就是在“礼”的范畴之下度过他们或平凡，或普通而又不失丰富多彩的一生。屯堡社会也在礼俗的约束与规范之下，不断建构世俗而又多元的屯堡文化，以至我们今天还能感受与触摸到。

可以相信的是，相对封闭的地缘生存环境，缺乏主动交流的文化沟通途径，以及略为孤芳自赏的文化优越感，让屯堡文化在其形成和演化过程中保留了许多特质，并且是相对稳定的，不易受到外界干扰而嬗变。这使得屯堡文化中许多特殊元素得以几百年保留不变，同时也是屯堡文化具有特殊魅力的主要原因之一。屯堡文化并不是一个狭隘的文化体系，但是它的保留和传承确实也不是处在一个完全开放流动的环境中，这是屯堡文化的一个静态写照，也是屯堡人处变不惊的生活方式的写照。

通过对屯堡文化和屯堡人生活中的文化场景进行梳理，我们可以得出一个不是相对简单而是较为复杂的结论。一方面，屯堡文化和屯堡人的生活密切相关，屯堡文化是屯堡人的生活背景和底色，是一个完整的、涵盖屯堡人生活的符号性文化网络，是传统元素在漫长历时性结构中缓慢生成的结果；另一方面，屯堡文化作为具有象征性符号的复合体，它本身也在不断穿越历史的语境，在穿越不同层面的历史语境中经历一次又一次的历史性变形，并且留下痕迹，逐渐嬗变为我们今天依然可以触摸的文化共同体。

屯堡作为一个特殊的文化共同体，有其独有的特性。“从文化人类学的角度讲，一种以稳定为主而不是以变异为主的文化系统，其系统内文化因子的功能与作用，跟系统的结构平衡之间有着正相关的联结，两者是互洽的，即一方面结构制约着功能，另一方面，功能强化着结构。走进屯堡社区，深入屯堡人的生活，我们会发现，构成屯堡族群身份特征的那些纷繁的文化事象，事实上是一个相互联系的有机整体，一个按照稳定有序的结构编织起来的文化网络。”①

---

① 朱伟华等：《建构与生成：屯堡文化及地戏形态研究》，广西师范大学出版社 2008 年版，第 137 页。

（二）屯堡人的葬仪

屯堡人是汉族的特殊群落。日本学者塚田城之对屯堡人的定位是“汉族下位集团”，在文化传统上，屯堡人毫无疑问具有传统中国汉族的种种属性。屯堡人从各自的祖居地移居现在的屯堡地区后，其与生俱来的汉族文化传统在长期的融合与传承中坚持下来。不过共性中也有个性，屯堡人从祖居地所带来的江淮、湖广地域汉文化习俗也逐渐和黔中独特的地缘环境、地缘文化发生碰撞与交融，形成新的汉族亚文化——屯堡文化。屯堡文化具有许多特征明显的文化事象，丧葬礼仪就是其中之一。

汉族是讲究礼俗的民族，其中丧葬礼仪更是和汉族的礼俗文化传统密切相关，屯堡人也不例外。丧葬礼仪不仅仅是一种民俗现象，也是一种生活的礼仪和仪程，属于可以传承与效仿的、规范化和不断重复性进行的仪式范畴，属于人生礼仪中的重要组成部分。屯堡人移居屯堡地区后，在坚持汉族农耕文化和生活习俗的同时，不断强化自身的文化传统。屯堡人的丧葬礼仪就是在这样的文化背景下传承、演化而来，各屯堡地区丧葬礼仪有小异而存大同，不存在大的地域差异和族群差异，是以一个族群为特征的，具有整体性的特点，也是屯堡文化事象的重要组成部分。

本节以安顺市西秀区刘官乡周官村为例，以安顺民间屯堡研究者秦发中的入户访谈为基础，研究屯堡葬仪以及相关人群对待葬仪的态度，试图通过屯堡人对逝者的妥善安排，传达出对人生的基本态度和观念。①

周官村是安顺到平坝之间的一个传统屯堡村落，紧邻安顺旧州古镇，是屯堡文化长期浸淫之地。不过，周官村并不像九溪、天龙等典型屯堡大村那样保留许多传统屯堡建筑等屯堡象征物，由于缺乏这些外显的特征，周官村给来访者的印象会显得比较普通。周官村也因为它是屯

① 周官村，屯堡村落，位于安顺市西秀区刘官乡，地势平缓，风景秀丽，为具有传统的屯堡傩雕之乡。周官与黄蜡乡、东屯乡、旧州镇为邻，距离安顺市区 47 公里、省城贵阳 67 公里。包括大山、周官、水屯三个自然村，全村有农户 436 户，人口近 1900 人。

堡传统的傩戏面具雕刻之乡而曾被誉为“中国傩雕第一村”，据说木雕制作已历经600年，全村不到2000人中曾有300余人从事木雕生产。周官生产的傩柱、龙柱、地戏柱、傩面具、地戏面具远近闻名，不仅在国内销售，还远销日本、韩国及欧美地区。

在貌不惊人的周官村，传统的乡村生活基本上得以完整地延续。在中老年村民中，屯堡传统生活的种种记忆尚未远去，并且一直影响着他们的生活。屯堡研究者秦发中先生本身就是周官人，他在做田野调查时选取的对象为有不少葬仪经历的中老年村民、道士、佛头等人。

1. 周官村的丧仪

在屯堡村落，人的辞世不是一件小事情。对于死去的人，屯堡人有种种叫法。从这些称谓中不难看出称呼者与死者的亲疏远近，据秦发中的不完全调查，周官村人对于逝去者的死亡，一般以“不在”、“死”、“死鬼”、“叼糯米饭”、“唱孝歌”、“过世”、“去世”、“老去”等为代称。“不在”是死者的长辈对晚辈死者的离去表达痛惜之情；“死”是人们对同龄死者的称谓；“死鬼”是中青年夫妻间一方对死去的配偶的叫法，包含夫妻分离的爱恨之情；“吃（叼）糯米饭”是过去同村家族之外者对死者的称谓；“过世”、“去世”“老去”是晚辈对死去长辈的尊称。

伴随老人的辞世，一系列的活动流程也就相应启动了。屯堡人的丧礼过程分工细致，一家办丧事，合族帮忙，分工协作，整个过程有条不紊。首先，辞世之人被亲人摆放在门板上，停放在家里。屯堡人家有人去世后，办丧事的人家会去通知本姓家族来帮忙，同时请一两个有协调统筹能力和一定号召力的人来担任这次丧事的总管，主人家办丧事的钱物都交给总管，由他们来管理相关的一切事务，实际上是丧事的总指挥。总管一般分为内总管和外总管，内总管是总协调人，往往负责重要的经济开支管理、收礼记账等，外总管负责事务性协调。总管们都很有经验，也当仁不让，一点也不会含糊，进入角色后点兵点将，排兵布阵，指挥各路帮忙的人分别忙乎起来。比如去通知姻亲、请道士先生、请村中女佛头带妇女来帮忙，以及到各家各户借桌椅板凳、采买酒肉蔬菜及香烛纸钱，等等。总管的工作很重要，方方面面都要经他指挥和协调，尤其是人多的时候，是主人家依仗的主心骨，他们的协调能力决定主人家能否顺畅完成各项丧仪，所以关乎主人家的脸面。

道士在屯堡人的丧仪中是一个重要角色，人死以后就要找道士先生来为死者打通通往阴间的道路，名为“开路”。根据死者的生辰八字，道士先生要选择一个黄道吉日为下葬日。道士还要为死者确定安葬地，确定好后要钉好木桩确定位置，等主人家开始丧仪的各项内容。有的人家还要“开堂点祖”，如果不开堂点祖，那就唱经书，到发出去的前一天所有的亲戚朋友都要来拜祭，晚上要读祭文，12点后就开始“绕棺”，由道士先生用唱词来解读经书，死者的孝男、孝女、孝婿、孝孙、侄男侄女都要来参加，由女婿捧着死者的引魂幡和灵位，孝子执哭丧棒，如有多个儿子则每人拿一根。绕棺仪式由道士先生鸣锣开始，孝子带头，依次在灵前磕头敬香，每绕一圈就磕一个头，众人都是如此，道士先生则在一旁唱经书，一直绕到天亮出殡的时候。

请来的女佛头是半职业化的丧仪参与者之一，一般由老年的屯堡妇女担任。佛头要到辞世人家去磕头，祈求逝者一路走好，这个仪式叫“上路佛”。应主人家要求，也可能还要为逝者诵佛经超度亡灵。如果死者是信佛的老年妇女，佛头还要为其整理长期修佛朝山所获的香灰等积累之物，名为“理佛”。出殡的前晚，佛头还要在燃灯的时候进行参拜仪式，名为“拜灯”。

和佛头的重要性不同，村中一般来帮忙的妇女则是干些帮忙的出力活，比如洗菜、帮忙做饭、吃饭时帮客人盛饭、洗碗以及为哭丧的妇女打洗脸水洗脸等具体事务性工作。

周官村办丧事有严格的流程，人员分工也很细致，参与丧仪的各种人都有各自的称谓，从称谓基本可以了解到其身份和地位。比如，孝男（子）孝女（女）、道士（先生）、老太婆（佛头）、总管、帮忙的（具体又可分为：撵客、抬菜、做饭、添（盛）饭、洗碗、刷桌子、挑水、洗菜、和煤（把煤面和黄土混合在一起做燃料）、接客、收礼、出殡、打杂等）。

周官屯堡人办丧事还有一些禁忌。死者要看年龄，老人死后自然可以入土为安，小孩及患传染病死去的一般要火化，小孩死去是夭折，患传染病而被屯堡人称为患不好的病，因而患这类病死去者不能直接土葬，要先火化。远行在外死的人尸体就不能回村，只能在村口外办丧事。

据周官村的老人讲，周官人在丧事期间还有一些特殊的禁忌。比如，主人家要派专人守灵，目的是防止狗及鸭子进入灵堂，尤其是黑狗黑鸭，一旦它们进入灵堂，据说就可能有不祥的事情发生。还有就是，“在封闭棺材的时候，跟死者和日子冲煞属相的人不能在场，要不就会生病或者有危险；出殡时在路上，棺材不能落地，只有到安葬的地方才能落地；在出殡的时候，抬棺材的人只能从棺材的后面接力，不能迎面，迎面代表接丧，魂魄会被死人带走；下葬的时候，也是一定属相的人不能在场，如果有阳光，人要避开，不能把自己的影子留在墓井里面，否则会大病一场。”①

2. 周官村的葬仪

周官人的丧事流程既细致又分工明确，其过程大致为：下门板（停放尸体）、剃头（给男性死者剃头）、梳头（给女性死者梳头）、净身（给死者清洗身体）、穿衣（给死者穿寿衣）、下材（把死者放进棺材）、磕头（含为死者念上路佛）、燃灯、办夜（分为：开路、办夜、开堂点祖、绕棺、出殡）、安葬、叫（喊）魂、跨火、上新坟、满百日等。

出殡前一天晚上，亲戚朋友要来祭拜死者，同时还要宣读祭文，此时大家都要肃穆聆听，死者的子侄辈则需要跪着听祭文。祭文由村中文笔最好的人撰写，内容是总结死者的一生，感叹生活的艰辛和死者的高尚品德。祭文夹议夹叙，有陈诉有哀悼，好的祭文往往能感动在场的人，让大家为之流泪哭泣，死者亲属更是痛哭流涕。

出殡之前，要举行最后的告别仪式，要打开棺材让众亲人和死者见最后一面，道士要喊魂：“生魂出，亡魂入，死魂亡魂入棺木……”闭棺钉棺钉时，亲人则会根据对死者的辈分称呼叫死者躲避棺材钉，比如：“妈躲钉或爹躲钉或爷爷躲钉或奶奶躲钉……”

出殡当天，亲朋也要在场。亲戚朋友中的女性则要围着死者的灵柩哭丧，哭丧一直不停，直到主人家来劝说才能停止哭泣。男性亲朋来祭拜时则要送礼，一般要送被单、被子或毛毯作为“祭帐”。祭帐上要贴

① 秦发中：《屯堡人的丧葬礼仪——周官村丧礼习俗调查》，未发表。

祭文，一般为绿色或黄色的纸书写，内容为向死者致敬的话，多为“某某大人千古”，还要表明致敬者与死者的关系，如果死者是姨妈，则左边写“新故（逝）姨母大人×旬千古（或‘永垂不朽’）”，中间是一个“奠”字（或“云中驾鹤”），右边是“孝侄：××敬挽”，如果送有现金，则要把现金贴在其上，这既有让主人家和大家能一目了然的作用，也有炫耀之意。

每当出殡时，出殡队伍前要有一个人撒纸钱，意为死者通往阴间的买路钱。在出殡的路上如果有洞或桥，而棺材必须经过的，孝子则要趴在桥面上，让队伍抬棺从其身体上通过，意为背死者过桥。如果死者为其母亲，则喊道：“妈，我背你过桥了。”在入土下葬时，道士先生同样要喊魂：“生魂出，亡魂入，亡魂亡鬼入坟墓，众亲众友生魂出，亡魂死鬼入坟墓，百姓人等生魂出，亡魂死鬼入坟墓……”

周官村人办丧事仪式感很强，各项流程紧密配合，村民的参与性和互助性都体现得很充分，完全是一套制度化的丧仪。这样的丧仪，不仅体现了对死者的尊敬与怀念，对传统孝道的严格遵守，也是生者对死者的真情流露之举，通过这些仪式，死者更让人们怀念，后者会更加珍惜生活，家族和社群的力量也得以充分体现。丧仪的完整也凸显了屯堡文化涵盖屯堡人生活的完整性。

第六章

人神之间的屯堡地戏

土地问和尚："你从北京来要到哪里去？"

和尚答："扯匹毛草做滑竿——"

土地明白，说："噫，抬弯呀！你从台湾来，路过哪点？"

和尚又说："小偷儿蹲檐脚——"

土地明白，说："啊，拗门（澳门）……"

这样问来问去，土地再问和尚："带来哪些经典？"

和尚故意答不对题，乱答："菜油也经点、煤油也经点，桐油、猪油也经点，只有土地佬儿的油不经点"。①

上面是对屯堡地戏中重要组成部分"扫收场"起始阶段的一段生动有趣的描述。"扫收场"是屯堡地戏有别于其他戏剧曲目的一个特殊部分，与其相对应的还有"请脸子"。后者是用隆重而庄严的仪式启封开箱，请出地戏的特殊道具——木雕面具并祈求神灵赐予灵气；前者则是用一些吉言祈求神灵扫除人间瘟疫病痛，祈保村寨安乐并恭送众"神"归位。

地戏在屯堡文化中占据着一个非常重要的位置。在旧传统中，地戏演出有严格的时间限制。一年中，屯堡人只在两个时期演出地戏。一是在大年初一，即传统春节，叫做"玩新春"。这个时候的演出，是为了欢庆辛劳一年的丰收，也是在传统意义上的"冬死春生"时节祈祷新的一年风调雨顺、村寨平安。春节时的演出往往会持续半月乃至一月，

---

① 郑正强：《最后的屯堡》，贵州人民出版社2001年版，第233页。

家境富足者还可以请戏班为自家开财门等。另一个是在农历七月十五，也叫中元节，用一个普遍化的说法就是富有神话色彩的传统节日“鬼节”，叫做“跳米花神”。“鬼节”的意义对于屯堡人来说，是个非常重要的节日。以农事为主的屯堡人会在此期间开箱请神，祈求神灵和祖先保佑五谷丰登、人畜安乐。春节和中元节都是神话色彩比较浓重的节日，由此我们不难看出，地戏是和鬼神相关联的，地戏的通俗叫法“跳神”也正说明了这一点。

地戏见于史料记载，最早的是明嘉靖年间《徽州府记》中关于徽州一带迎汪公时“设俳优、狄、胡舞、假面之戏”，屯堡地戏和这里的假面之戏应该是一脉相承。在贵州的史料中，最早出现关于“地戏”字样的记载是清道光七年（1827）刘祖宪修的《安平县志》，其卷五《风土志》中有“‘元宵’，遍张鼓乐。灯火爆竹，扮演故事，有龙灯、花灯、地戏之乐。庶民绅士，各燃其祖坟，荐其时食”[①] 的记载。清代镇宁举人余上泗的[②]《蛮洞竹枝词》曾生动描绘了地戏表演的场景：

伐鼓鸣钲集市人，
将军脸子跳新春。
凭谁认得杨家将，
看到三郎舌浪伸。

正如这首诗中的跳地戏场景是屯堡人日常生活中的欢快场面一样，地戏是屯堡人生命中一抹浓重的色彩，是屯堡人对“礼”“义”“忠”的崇拜和宣扬，也是屯堡人道德规范的外在艺术表现形式。

一、屯堡地戏的产生和发展

地戏又叫“跳神”，是流行在安顺及周边地区屯堡人群中的一种民

① 丁世良、赵放：《中国地方志民俗资料汇编·西南卷》（下），北京图书馆出版社1991年版，第533页。

② 余上泗，字凫山，清代贵州镇宁人。清乾隆二十五年（1760）举人。曾任过黎平、黔西学正。著《蛮峒竹枝洞》一百首。

间戏剧，有借助诸神的力量，驱邪除魔、祈求平安之吉祥寓意。地戏以其粗犷、奔放的艺术性质和忠义报国的文化内涵而深受屯堡人的欢迎。

地戏的产生，有其独特的历史原因和地理因素。截至 20 世纪 90 年代，研究界普遍认为，地戏是明洪武年前后由征南军队带来的移植性戏剧形式，是受到弋阳腔影响的“军傩”的转化。

11 世纪前后，在经济高速发展的推动下，傩仪由于各种因素的影响，逐渐发生演变。宋元时期，战乱不止，社会动荡不安，特别是元朝轻文尚武、种族压迫的特殊社会因素，使很多文人流连于瓦舍勾栏之间，他们对戏剧的参与，极大地促进了傩戏向戏曲的转变，南北杂剧等应运而生。但是在江淮地区的农村，由于下层民众生活水平低下，人们由于生存的需要，在无法把握自己命运的社会条件下，鬼神信仰盛行，傩戏被当做祭祀祈求、驱邪禳灾的重要仪式而颇为兴盛。

明朝初年，为了巩固对云贵边疆的统治，朱元璋分别于洪武十四年（1381）、洪武二十一年（1388）两次派遣共 30 万大军“调北征南”。后来，又从江南诸省征调大批移民附籍，史称“调北填南”。明朝平定云贵以后，袭用元朝的官衔制度，“西南夷来归者，即用原官授之。其土官衔号宣慰司，曰宣抚司，曰招讨司，曰安抚司，曰长官司。以劳绩之多寡，分尊卑之等差，而府州县之名亦往往有之”。① 明成祖永乐十一年（1413），中央政府利用贵州土司思南宣慰使田宗鼎与思州宣慰使田琛争斗仇杀的机会，将土司制度裁撤，“乃分其地为八府四州，设贵州布政使司，而以长官司七十五分隶焉，属户部。置贵州都指挥使，领十八卫，而以长官司七隶焉，属兵部。府以下参用土官。其土官之朝贡符信属礼部，承袭属吏部，领土兵者属兵部。其后府并为六，州并为四，长官司或分或合，厘革不一。其地西接滇、蜀，东连荆、粤”。② 为了强化对贵州的统治，中央政府委派官员，组织大量征南、填南的士兵百姓在以贵阳安顺为中心的 50 公里范围内以村寨为单位就地屯田，从而形成了现在被称为屯堡人的特殊群体。

早期的屯堡人，他们的主要来源是江淮地区的农民及手工业者。虽

---

① 《明史》卷 310，列传第一百九十八“土司”。

② 《明史》卷 316，列传第二百四十“贵州土司”。

然他们也是最底层的民众，但是东西部经济的巨大差异，使他们在心里上有一种优越感，他们拒绝融入当地的社会，始终维持自己的传统，沿袭自己的信仰。傩戏也在这一时期在云贵大地扎根成长并逐渐演变为现在的地戏。

屯堡人来源于战争，发展于战争，这就决定了他们必然是一个崇武尚义的群体。有学者考证，地戏来源于军傩，高伦在《贵州地戏简史》中提到："我们可以确认地戏就是傩礼中驱鬼仪式的傩戏演变而来的。它传入贵州的时间不会晚于明嘉靖，上限可推至宋时军傩的诞生和传播阶段。"① 军傩是傩戏的一种。对于军傩的记载，最早见于南宋周去非的《岭外代答》，其中记载："桂林傩队，自承平时，名闻京师，曰静江诸军傩，而所在坊巷村落，又自有百姓傩。严身之具甚饰。进退言语，咸有可观，视中州装，队仗似优也。推其所以然，盖桂人善制戏面，佳者一直万钱，他州贵之如此，宜其闻矣。"② 军傩原先流行于军队，带有一定练兵习武的性质，也带有祈神降福、振奋军威的作用，后来逐渐演变为民间傩戏的一种。军傩带有浓重的统治阶级的色彩，这决定了它只能表现忠君爱国之事，屯堡地戏作为军傩的衍生物，同样带有这样的特点。有别于其他剧种的题材多样、唱腔纷繁复杂，地戏的题材全部都是封建思想里正统的内容，没有《西厢记》那种肝肠寸断的爱情叙说，也没有《水浒传》里的绿林义气，有的只是《三国演义》中关二爷的忠肝烈胆、《杨家将》的热血报国，地戏的唱腔也使用与这些忠烈题材相匹配的语调高昂的弋阳腔。

地戏作为屯堡地区一种特殊的戏曲形式，它与弋阳腔的演唱形式和风格一脉相承。弋阳腔在贵州的流传，据《南词引证》记载："永乐间，云、贵二省皆作之"③，而明初朱元璋"调北征南"、"屯田戍边"、"调北填南"，来自浙江、江西、安徽、河南的将士以及百姓，把流传甚广的弋阳腔带到贵州也就顺理成章。由此可见，屯堡地戏和弋阳腔有着极深的历史渊源。

---

① 高伦：《贵州地戏简史》，贵州人民出版社 1985 年版，第 21 页。

② （南宋）周去非：《岭外代答·乐器门》之"桂林傩"。

③ （明）魏良辅：《南词引证》。

二、地戏详述

（一）地戏分布

长期以来，屯堡人恪守传统的文化观念和生活习惯，为屯堡文化的传承和发展提供了客观条件，地戏就是屯堡文化最具有历史感、最具特色的文化事象之一。地戏以跳一部大书为一堂，一般每个村寨只唱一堂地戏，大的村寨有2—3堂地戏。比如安顺九溪、中所及许道云博士的家乡两所屯等村寨有3堂，詹家屯、吉昌屯、夏官屯等村寨有2堂。据1992年相关学者的一次调查统计，以西秀区为中心，包括贵阳、清镇、平坝、长顺、普定、关岭、六枝在内，上万平方公里范围内，有地戏370多堂，而在安顺市的258个村寨中就有300堂，西秀区最多，达190堂，最少的是紫云县和关岭县，只有2堂。20世纪八九十年代，安顺东路地区的詹家屯、九溪、中所、梅其、金官，西路地区的蔡官屯、陶关等村的地戏队就很有名气。

地戏分布大致如表6－1所示。①

表6－1　1992年地戏分布表

西秀区	
东关办事处	头铺《岳传》，麒麟屯《四马投唐》，新哨《反山关》，关脚《三国》，湾子、马军屯《薛丁山征西》
七眼桥镇	汤官《岳传》，河边、左蒋《三国》，兴隆《薛刚反唐》，时屯《罗通扫北》，花苑《三国》《薛仁贵征东》，两所屯《反山东》《三下河东》《四马投唐》，吴屯《三下河东》，雷屯《四马投唐》，夏官屯《五虎平南》《大破铁阳》
大西桥镇	大西桥《四马投唐》，九溪《封神》《四马投唐》《五虎平南》，吉昌屯《薛仁贵征东》《薛丁山征西》，中所《岳传》《三国》《三下南唐》，狗场屯《三国》《薛丁山征西》，鲍屯《薛刚反唐》，小屯《四马投唐》，安庄屯、三铺《五虎平南》，西陇《三国》，王家院《罗通扫北》
旧州镇	詹家屯《三国》《岳传》，苏吕堡《三国》《反山东》，金子《四下南唐》《薛丁山征西》，羊保、猛贡《反山东》，大地坡《五虎平西》，龙潭、茶坡、高坡《四马投唐》，罗官《三下河东》，甘糖堡《三国》《反山东》

① 帅学剑：《安顺地戏》，浙江人民出版社2008年版，第46页。

续表

双堡镇	双堡、花恰、仡佬寨、塘寨、小高堡《三国》，左官堡《四下南唐》《五虎平南》，张官堡《三国》《薛仁贵征东》，许官堡《初下河东》，双青、山京哨、平寨《四马投唐》，江平《五虎平西》，骟马牛《薛丁山征西》，大毛其堡、应当、猛度《反山东》，小毛其堡《杨家将》，严屯、下窝《薛刚反唐》，塘山《薛仁贵征东》，鹁鸽《二下偏关》

西秀区	
龙宫镇	蔡官屯、下苑《薛丁山征西》，山嘎《三下河东》，马头《四马投唐》，桃子凹、石头寨《反山东》
宁谷镇	大寨、五官屯《薛丁山征西》，下羊场、林哨《三下河东》，木山堡《反山东》《三国》《三下河东》，下哨《反山东》，六岩底《三国》，胡军《薛仁贵征东》，老鸦石《岳传》
轿子山镇	郭家屯《三国》
蔡官镇	马官屯《三下河东》，张官屯《薛丁山征西》，唐官屯《四马投唐》《反山东》《罗通扫北》，董官屯《三国》，驿马寨《岳传》
鸡场布依族苗乡	鸡场、磨石堡《反山东》，王官屯《沈应龙征西》《大破铁阳》，四方井《薛仁贵征东》，甘堡《楚汉相争》，孔旗堡《四马投唐》
新场布依族苗乡	场坝《三国》
杨武布依族苗乡	杨武《薛丁山征西》，毛栗坡《薛仁贵征东》，红土寨《四马投唐》
黄腊布依族苗乡	黄腊、长土《三国》，腊寨、罗陇《反山东》，六保《罗通扫北》，黑秧、孔陇、马头山、铜鼓山、龙青上院、猛坝、玲珑《四马投唐》，王官、龙青《岳雷扫北》，鱼陇、小马桥《三下河东》，白岩《沈应龙征西》
刘官乡	刘官、红仡佬《薛丁山征西》，周官屯《五虎平西》《四马投唐》，鲊陇《粉妆楼》，黑土《四马投唐》，大黑土《二下南唐》，小黑土《薛刚反唐》，水桥《岳传》，金齿屯、高福《残唐》，新寨《三国》
东屯乡	东屯《粉妆楼》《四马投唐》，西屯《薛丁山征西》《大破铁阳》《二下南唐》，湖坝坡、小寨《三国》，吕官屯《四马投唐》《薛丁山征西》，金官屯《粉妆楼》，高官屯《英烈传》，半山《沈应龙征西》，小屯《五虎平西》，磨玉、双子《反山东》，夏官屯、梅旗堡《楚汉相争》，玉山、山湾《五虎平西》，王寨、陈家堡、市梅《薛丁山征西》，窑上、山旗堡《四马投唐》，新寨、本寨《薛刚反唐》，克瓦《二下南唐》，海马湾《岳传》

平坝县	
城关镇	关乡《四马投唐》，戴官堡《三下河东》
白云镇	槎头堡《反山东》《四马投唐》，大寨、茂柏、路塘《三下河东》，马硐、芒种《二下偏关》，金梯、天池洞、高寨《薛丁山征西》，大王下、洋西《三国》，林下《四马投唐》，笔架山《反山东》，新场《杨家将》，肖家庄《岳传》《薛丁山征西》，锦屏《薛仁贵征东》，浔江河《五虎平西》《九转河东》

续表

平坝县	
高峰镇	七甲堡《岳传》，十甲堡、杜家苑、岩孔、石家堡《四马投唐》，白岩、穿石、大狗场、老郎寨《三国》，金银《反山东》，上洛阳《二下南唐》，猫场《杨家将》，场上《岳雷扫北》
天龙镇	天龙《薛丁山征西》，天台《三国》，双硐《五虎平南》《薛仁贵征东》《罗通扫北》
夏云镇	介首铺《四马投唐》，马武屯、石场《杨家将》，黄家院、新堡《三国》，江西寨《薛丁山征西》
马场镇	毛栗坡、马鞍山、川心堡、猪槽堡《三下河东》，三台、毛昌堡《四马投唐》，鱼雅《反山东》，后山、杨柳哨《三国》，加禾《王玉连征西》，马路《罗通扫北》，新院《薛仁贵征东》
羊昌乡	羊昌、安脚寨《三国》，大坝《杨家将》，王官《反山东》，河头寨《罗通扫北》，陈亮堡《三下河东》，虾蟆《薛丁山征西》
十字乡	大屯《三国》《五虎平南》，小屯《岳传》《薛丁山征西》
乐平乡	朝田《薛仁贵征东》

紫云苗族布依族自治县	
猫营镇	猫营《三国》，龙场《薛丁山征西》

关岭布依族苗族自治县	
坡贡镇	凡化《楚汉相争》《三下南唐》

安顺开发区	
幺铺镇	幺铺《四马投唐》，赵家苑、白旗屯《五虎平西》，上羊场、龙屯、陶官屯、南山、龙家寨《三国》，青苔堡、阿歪寨《薛丁山征西》，小屯《残唐》，颜旗屯《三下河东》，邵小《薛仁贵征东》《薛刚反唐》《四马投唐》，杨家桥《封神》，河上堡《薛仁贵征东》，新屯《反山东》
宋旗镇	破木、龙旗屯、对门《薛丁山征西》，平寨《五虎平南》，兴屯《四马投唐》，打纸屯《英烈传》

普定县	
城关镇	三棵树、下坝《三国》，老马台《薛丁山征西》
马官镇	贾官《薛仁贵征东》，上老谭堡《三国》《薛丁山征西》，二官《二下偏关》，余官《三国》，张官屯《五虎平南》《初下河东》

续表

普定县	
化处县	把路《二下南唐》
白岩乡	蒋易寨《三国》，管定、高坡《薛丁山征西》，魏旗屯《反山东》，龚家苑、陈家寨《薛仁贵征东》，白旗堡《三国》《岳传》

镇宁布依族苗族自治县	
江龙镇	江龙《薛丁山征西》
丁旗镇	包寨《薛丁山征西》，西窑《三国》，楼梯湾《反山东》《四马投唐》
朵卜陇乡	朵卜陇《薛丁山征西》，新苑《三下河东》《反山东》《薛丁山征西》

资料来源：塚田诚之统计。

地戏曾经是屯堡人区别于当地其他民众的一个显著特点，唱不唱地戏被学者视为识别屯堡人的主要特征之一。但是在漫长的交流嬗变中，屯堡文化逐渐与周边少数民族接触并逐步被当地少数民众接受，从而在潜移默化中成功地完成了一次文化浸润融合的案例。一些临近屯堡村寨的布依族、仡佬族、苗族村寨也唱地戏，也有地戏班子。贵阳市花溪区大寨布依族地戏的长期存在就说明了这一点，可见地戏在传统农村的强大感染力。现在，地戏已经不仅仅是一个族群的个体特征，而是作为一种特殊的文化现象存在。

（二）地戏演出的服饰与道具

1. 地戏服饰

“跳神者首蒙青巾，腰围战裙，戴假面于额前，手执戈、矛、刀、戟之属，随口歌唱，应声而舞。”① 在这段文字描述中出现了地戏演出所用到的服饰。首先是“青巾”，地戏中的青巾为200厘米长、80厘米宽的黑纱，主要作用是蒙面。其次是战裙，根据地域分割和氏族派别的差异，可以分为“东坡裙”和“马甲裙”②。“东坡裙”为长120厘米、宽约100厘米的绣有图案及花边的百褶筒裙，上面喜欢吊饰各种刺绣的

① 民国任可澄总纂：《续修安顺府志》。

② 马甲裙也叫八字两片裙。

烟手插荷包扇袋，而“马甲裙”则是两块搭在前腿上的或绣花或印花的布片且不佩戴任何饰品。除了青巾和战裙外，地戏艺人还要穿戴长衫或短衫①，腰围“玉带”②。

2. 地戏道具

（1）辅助道具

刀枪剑戟是地戏中主要的辅助道具。地戏表演中武器的材质有两种，一种是铁质长把的刀枪，用农民的话说叫“玩真家伙”。由于对操作要求较高，铁质武器安全性比较差，这种具有实战性质的表演，现在已经基本看不到了，只有在某些戏队开场时，由主将表演耍大刀“杀四门”驱邪迎神才有可能出现。一种是木质的小型化兵器，以彩绘装饰，一般为70—100厘米。选用木质的小型化兵器，一是出于安全的考虑，另外就是由于场地的限制，大型武器无法施展，表现不出地戏表演中战斗场面的激烈。

地戏中的辅助道具除了刀枪剑戟外，还有一把纸扇和一条毛巾。由于地戏表演全部都以战争为题材，打斗激烈，体力消耗比较大，往往一场表演下来，演员都是气喘吁吁，满头大汗，这个时候，毛巾和纸扇就有了用武之地。此外，在某些场景中，纸扇还能起到加强情感表达的作用，特别是伴唱者，手执彩帕纸扇，手舞足蹈，为惨烈的厮杀场面增添一份柔美的色彩。

地戏表演局限于条件，有其独特的随意性。某些剧情中需要的特殊道具往往取自日常生活用品，如茶杯替代酒杯，毛巾替代圣旨等。布景也遵循这一原则，如一条板凳就代表一条险关隘口，一张桌子就是一座崇山峻岭，一条布带就是绵延的大河等。但是在某些鬼神类题材的表演中，如《封神》之类，其中妖魔仙道使用的番天印、照妖镜等“法宝”，却做得精巧细致。

（2）地戏脸谱

地戏脸谱也叫脸子。地戏脸谱以木头为材料雕刻成形，然后再施以彩绘、油漆。制作脸子的木材首选丁木，其次是白杨木和其他软质木

---

① 长衫或短衫以颜色来区别正反方，一般白色为正方，蓝色或灰色为反方。

② 丝绸或者布做的腰带，在演出中称为玉带。

材，这些木料的特点是光滑和易于雕刻。雕刻制作脸子的工艺十分复杂，要经过许多程序，品质全靠雕刻者的功力和经验。地戏脸谱分为文将、武将、少将、老将、女将五种色相，具体来说，又可分为老将、少将、女将、文将、杂扮、道人、动物这七种。在面具的特点上，老将老成，少将英俊，文将儒雅，武将威武，女将妩媚；而眉毛造型特色为“少将一支箭，女将一根线，刚烈人物如烈焰”。

老将——装有胡须的将领面具。一般长35厘米，宽20厘米，厚6厘米。正将造型严谨，反将夸张。

少将——即青年将领。尺寸较小，脸型较窄。正方多为瓜子脸型。

女将——造型部分正反，尺寸较小，在造型和装饰上突出女性特点。

文将——多为君王、文臣。尺寸较小，不注重耳翅装饰。

小军——多为稚童造型，头上有髻，无盔头耳翅装扮。红脸或白脸为正方，蓝脸或绿脸为反方。

道人——正方道人刻画端庄，反方造型阴险。

动物——尺寸较小，以写实为主，不夸张。

地戏脸谱中色彩的运用也有严格的限制。地戏的常用颜色为青、黄、蓝、白、赤，即黑、黄、蓝、白、红或黑、黄、蓝、白、绿。脸谱颜色是区别阵营的一个重要标准，一般来说，正将主要颜色以红、黄、蓝、白、绿、黑单一颜色为主，而反将颜色不是浑浊就是混杂，多以两种或多种颜色套花为主（屯堡人称为花脸），但也不是绝对，正面人物中黑、蓝、绿脸猛将也跟反将的武将差不多。

无论何种角色，地戏的表演者皆是男性村民，从无例外，而且是中老年男性居多。近年来，在一些屯堡旅游景点如天龙屯堡，作为旅游项目之一的地戏表演已经模式化，曲目也十分有限，地戏队往往只选取一个片段，为游客作议程式表演，游客也大多不会苛求，只图看个热闹、感受一下新奇而已。表演者大多年纪老迈，年轻人似乎并不热衷这个传统的项目，地戏的传承前景堪忧。

最老的地戏脸子应该产于明代，但是屯堡地区经过清代的咸同之乱，明代的脸子基本荡然无存。现在尚能找到一些咸同之后的老面具，不过经过20世纪“文化大革命”的洗劫，老面具也十分鲜见了。大量的面具还是屯堡地区恢复跳地戏之后雕刻的，安顺地戏面具还作为旅游工艺品被大量生产与复制，在贵州的旅游景区都能见到，价格也很低廉，并不是一类成功的旅游商品。

三、地戏唱本的特点

地戏演出一般都是依照唱本进行的。地戏唱本一般为七言，有时也会转为十字，即为十字调。十字唱词一般有两种情况，一种是七言唱词中因为叙述的需要对单句进行加字，如《三国》中："我有船只不渡你，任你插翅也难行。你今要过黄河去，除非是人会腾空马驾云。"这种加字是为了符合演唱的节奏，似乎是一种惯例；另外一种情况是出现在需要专门加以强调的地方，十字调以整段的形式出现，这种段落往往被称为"赞"，主要表现人物的内心独白，形式上类似于西方歌剧中的咏叹调。十字调用带有强烈主观意识和一定抒情色彩的手段，交代一些主要情节，同时调整剧情进展的节奏，下文中会有一些详细的唱本选段用以加深了解。

地戏唱本和一般的戏剧剧本相比，有着鲜明的特点。首先，地戏唱本的行文格式都是按照说唱底本的格式，以七言唱词为主，间以半文半白的叙述句，这种叙述句在唱词中起间隔的作用。其次，从内容上说，地戏所表现的全部是关于"征讨""英雄传奇"之类的武戏，这与屯堡的产生是息息相关的。地戏唱本的独特性和存留性，使其在文化研究特别是戏剧研究中有着举足轻重的作用，下面将列举部分有特点的选段以供参考。

《薛仁贵征东》

一战恶龙出东海，二战猛虎下山林，
三战三英战吕布，四站猴王闹天庭，
五战五龙来戏水，六战六丁六甲神，
七战七雄争天下，八战八仙过海门，
九战九门提督将，十战霸王把楚关。
棋逢对手无高下，遇良才各显能，

刀来戟架叮当响，戟去刀来迎火星。
好似观音逢水母，又如菩萨遇七星，
好似哪吒逢大圣，又如杨戬遇猴孙，
恰如秦王马跳涧，好比刘备过檀溪，
恰如伍员临潼会，好比庞涓遇孙膑，
来回一百八十合，未见高低杀手平。
苏文战得火星冒，大刀犹如闪电云，
夹头夹闹只管砍，仁贵戟架不沾身，
才把钢刀挡过去，连倒几戟不容情，
上使雪花来盖顶，下使古树去盘根，
三十六路花枪法，七十二路大开门，
先前见人不见马，后来见马不见人，
等时人马都不见，一片戟声响沉沉，
点点常奔喉咙刺，戟戟只想透前心。
苏文也把手段使，大刀盘旋晃眼睛，
一路刀花分两路，两路刀花分四路，
四九分成三十六，八十一路有精神。
两家兵器团团转，八只马脚乱飞腾，
二马盘旋来来往，好似元宵走马灯，
杀得灰尘如云雾，战得战鼓似雷鸣，
战马口内吐白沫，征人背上似水淋，
重新又战百余合，不分胜负一般平。
人困马乏难争战，气竭力穷少精神，
杀作不败不为狠，放你回去万不能，
我为狼主争天下，我为唐皇保乾坤，
扣住马儿又交战，恶战龙潭虎穴坑，
画戟犹如龙摆尾，大刀好似蟒翻身。
二人杀得鬼火冒，谁肯轻易放饶人，
巧手将军逢巧手，有名人遇有名人，
两旁军士齐喝彩，中间二将显才能，
看看一天战到晚，不分输赢收了兵。

战斗场面描写：

枪来枪去龙摆尾，好似狮子斗麒麟，
棋逢对手无高下，将遇良才各显能。
战得天上无日月，杀得地下鬼神惊，
战得恶龙沉海底，杀得猛虎奔山林，
战得四方雨雾起，杀得尘土往空腾，
战得行人难走路，杀得白光晃眼睛，
战得兵卒人人怕，杀得儿郎把舌伸，
战得将军汗长淌，杀得战马四处奔。

地戏唱本中十字调的运用：《薛仁贵征东》战后行军途中的十字调：

号炮连天冲霄汉，旌旗招展跃日明，
行路犹如长龙状，雀鸟不敢闪翅飞，
三军行路多骁勇，十字句儿数花名。
上天朝龙颜怒操练兵马，红旗滚闹哄哄四海翻腾，
只因为上荼花无故造反，牡丹花兴人马御驾亲征，
芙蓉花冒功劳逢山开路，芍药花白出阵遇水扎营，
绣球花在后营搬运粮草，紫金花升宝帐统领三军，
玉簪花论阴阳神机妙算，金桂花年纪老去赶救兵，
蔷薇花护龙驾银光照眼，玫瑰花执旗伞火焰飞腾，
五色花玉麒麟月字号内，粉团花任一个火头小军，
金银花时不至空有本领，海棠花无本事又来混争，
水仙花得胜回挑贼下海，青莲花来对证忠奸分明。

描写战斗场面的：

这一个欲夺宋朝花世界，那一个扶保康王定乾坤，
只听那斧来枪架叮当响，只见那枪去斧迎冒火星，

只杀得宋营将士齐呐喊，只战得汗流衣甲透九层，
只杀得愁云夜雨起四面，只战得满天云雾日不明，
只听见銮铃震耳甲胄响，只看见战马蹄飞起灰尘。

描写水上战斗场面的：

这一边船只一摆千层浪，那一边船开鲤鱼跳龙门，
只杀得鲢鱼钻土糠糠战，只战得鲫鱼摆尾颤惊惊，
只杀得团鱼缩头在肚里，只战得黄鳝打洞忙藏身，
只杀得蚌壳顶起房子走，只战得螺蛳一见关了门。

最常用的十字调是宣读圣旨、书信之类：

杨户部拆圣旨从头唱念，狄状元跪在地细听分明。
上写着嘉祐王仁宗天子，传旨谕到三关御弟知闻。
只因为西辽国兴兵造反，领雄兵调良将杀上东京，
幸喜得你五虎把他杀败，西辽将才只得收兵回营。
征平服西辽王班师回转，凌烟阁标名性官职不轻。

“正十字”和“倒十字”，如：

一战观音降水母，二战行者斩妖精，
三战哪吒三太子，四战四大金刚神，
五战五龙出东海，六战六丁六甲神，
七战七星朝北斗，八战八仙过海门，
九战好个岳飞将，十战十胜岳家军。

十猛虎遇十猛虎，九天神闯九天神，
八战哪吒捧法宝，七战菩萨遇七星，
六战六丁并六甲，五战旗号乱纷纷，
四下儿郎齐喝彩，三军个个把舌伸，

两个将军争胜负，一对猛虎定输赢。

一战迎春花满地，二战杏花白如云，
三战桃花初放蕊，四战荷花遍地生，
五战榴花红似火，六战栀子对芙蓉，
七战莲花团团转，八战桂花月中存，
九战菊花人人爱，十战雪花满山林。

十战腊梅雪中笑，九战秋菊黄似金，
八战嫦娥月中桂，七战海棠花满庭，
六战牡丹添富贵，五战榴花火烧云，
四战蔷薇迎风摆，三战荷花水中生，
二战槐花满天舞，一战桃李把春争。

地戏的套路并不复杂，甚至十分简单。地戏演员虽是村野农民，但是长期排练与演出已把他们训练得经验有素，在演出时也是一板一眼，配合得十分默契。孔武有力的招式加上苍凉高亢的唱腔，忠勇报国的台词和邪不压正的观念，往往让演员演得十分投入和传神。

不仅如此，地戏在屯堡地区以“跳神”形式出现，被赋予了超自然的神性特点。“由于鬼神在人们心中的崇高地位，因此必然对人们的行为起到一种震慑作用，对不同的社会群体起到整合、凝聚的作用。”①地戏唱本中所表现的内容虽然出自不同的朝代，但是其情节和叙事明显的模式化特点和思想内涵中所体现出来的“唯忠为大”的传统忠君思想却是显而易见的。

四、地戏表演程序及特色

（一）角色

地戏在屯堡的产生与发展和屯堡军民担心武备的废弛有关，地戏只

① 赵世瑜：《狂欢与日常》，三联书店2002年版，第40页。

有武戏而无才子佳人戏就是一个特点。地戏演出内容的单一化，即只有金戈铁马的战争故事，决定了地戏中的角色不可能用传统戏剧中的生旦净末丑来划分，而是用一个特殊的字眼“将”来划分。

地戏中的角色按阵营分为正将、反（番）将。详细分为：武将、文将、小军（正、反面小军习惯上叫小童）、动物。武将具体又分为：老将、少将、女将；文将包括：皇帝、军师、土地、和尚、太婆、老者、小歪歪、道人（分文道人、武道人）等。其中土地、和尚、太婆、老者、小歪歪、道人习惯上称之为配角，也称为通用人物。

（二）地戏的祭祀寓意

1. 地戏演出中的祭祀礼仪

先古之民，因为无法理解自然的风雨雷电等现象，兼之生活条件的恶劣，疾病瘟疫的横行，出于生存的需要，产生了蒙昧的原始崇拜，祭祀便是这种原始崇拜的派生物。初始的祭祀活动野蛮而简单，竹木泥土的塑像、岩壁的简单刻画，都是崇拜对象的附生。随着社会的发展，物质的丰裕，祭祀礼节也愈加完善，逐渐形成有史可查的傩礼，并进一步发展为傩戏。

地戏作为傩戏的继承，同样具备了傩戏娱神的特性。“屯堡人的多神崇拜，在儒释道三教合一的世俗化过程中，还表现出很强的功利性和实用性。”① 屯堡地戏中的祭祀礼仪，更多的体现在乞求神灵庇护，保佑村寨平安、五谷丰登上，这种与自身息息相关的祭祀，屯堡人就显得格外重视和虔诚。

地戏中的祭祀礼仪，分为开箱、参庙、扫开场、扫收场、封箱、开财门六个部分。

（1）开箱

开箱是地戏演出前的仪式之一。从字面不难理解，就是打开箱子的意思。每年的地戏演出结束，都要把“脸子”郑重地用专门的木箱（俗称“神柜”）封存起来，等来年要使用的时候再“请出”使用。开

---

① 朱伟华等：《建构与生成：屯堡文化及地戏形态研究》，广西师范大学出版社 2008 年版，第 190 页。

箱仪式包括请神、敬神、参神、顶神四个部分。请神是指在跳神的当天将神柜从存放处抬出，安放在神案、佛座、院场或者寨门前，由德高望重的长辈或者戏班负责人（俗称“神头”）焚香祈祷，请神下凡（只请正方人物，反方不请）。开箱仪式有专门的祝祷词，如下：

××年来正月间，香烟渺渺飘上天
本村开箱跳地戏，奉请天上众神仙
弟子今日把香敬，众位神灵请下凡
降临村寨吉祥赐，男女老幼保平安

香烟渺渺透天庭，惊动天官众神灵
众神纷纷来下界，酹爵献诸敬神明
太白金星云中现，紫微星官降凡尘
众位神灵来到此，全村老幼喜盈盈

开开柜　开开箱，迎请众神来戏场
吉日良辰来到此，保护我村男女老幼
大吉大利福寿长

日吉时良　天地开张
吉日开箱　五世其昌
弟子吉日开脸箱，虔诚奉请焚宝香
奉请紫微星下界，福禄寿星请到场
酹酒三樽　弟子开箱
一开天长地久，二开日月华光
三开三官献宝，四开四季安康
五开五谷丰登，六开六畜兴旺
七开七星高照，八开八百寿长
九开久长久远，十开金玉满堂

请神完毕，就进入了敬神的环节。敬神是将神柜中的正将脸谱请出，按次序摆放，并由主持人念敬神词，祈求神灵降福，保佑村寨平安。敬神词如下：

香烛烟火透天门，奉敬虚空过往神
天地三界　十万神灵
满宝尊神　纠察善神
前汉后汉　三国神兵
众神齐相聚　弟子把酒斟
虔诚三献礼　弟子奉尊神
今有酒礼　开壶敬献
初巡敬酒奉尊神，惟愿尊神到来临
二巡敬酒奉尊神，惟愿尊神亲纳受
三巡敬酒奉尊神，奉乾坤福满门
三献圆满不重斟

天无忌　地无忌
紫微星官到此地
魑魅魍魉邪魔鬼怪都回避
众星到此　大吉大利
开箱跳神　万事如意

念罢敬神词，还要点鸡。点鸡的意思是用红公鸡的血去点神柜的柜头、柜腰、柜脚等处，以此来祈祷村寨安乐富足。点鸡分为两种，一种是只掐破鸡冠的，称为“小捡”，还有一种是剁下鸡头的，称为“大捡”。点鸡词如下：

此鸡　此鸡，不是非凡鸡
头顶红冠子，身穿五彩衣
日在昆仑山上叫，夜在凡人笼内啼
要问此鸡来何处，听我弟子表根底
王母娘娘捡得一窝蛋，拿来孵得一窝鸡

一只飞往天宫去，封在天上是金鸡
一只飞往山中去，封在山林是野鸡
一只飞往田里去，封在田坝是秧鸡
一只飞往家中来，封为五更报晓鸡
一只飞在弟子手，拿来做个开箱跳神兴旺鸡
雄鸡点箱头，全村老幼乐无忧
雄鸡点箱腰，全村老幼福寿高
雄鸡点箱脚，家家荣华富贵子孙多
点鸡已毕受封赐，福禄喜神进我村
户户兴隆财源旺，恭喜人人寿百春
点鸡已毕 万事大吉

完成点鸡仪式后，就诵读参神词或者唱佛歌。
参神词如下：

正月里来是新春，虔诚奉请众位神
男女老幼齐叩首，佑财源滚滚福满门

佛歌如下：

太阳出来像蓬话，照见万户与千家
太白星君云中现，人也发来财也发
佛也拿摩阿弥陀

到这里，开箱部分的祭祀仪式部分就全部完成了。接下来，由主事人呼名，穿上戏服的演员一个一个上来顶戴面具，这就是顶神了。顶神的顺序一般为先帝王，后文臣武将，其说法为“天为大，君王为上。先有君，后有臣”；也有先文臣武将后君王的，说法是“有兵有将，才能保主登上龙位”。

（2）参庙

参庙是地戏演出前的仪式之一。屯堡人信仰多神崇拜，屯堡地区神庙众多。在完成开箱仪式后，所演剧本中主要“神灵”（正将）会在元帅的带领下到村庙、土地庙及桥梁、水井等处参庙拜神，对各种神明表示尊重，并祈求保佑。

参神词为：

庆祝佳节贺新春，元帅领兵来参神。
上参玉皇张大帝，下参地府十阎君，
中参中朝仁圣主，三参神圣得知闻。
参了五百阿罗汉，又参三千谐谛神；
普陀手执降魔杵，十八罗汉分两边；
再参至圣孔夫子，颜鲁石孟四帝君；
牛马二王分左右，减灾菩萨与众神。
只因神灵多护卫，神佑无辜得丰登，
六畜成行家禽广，百姓无灾无难星。
今日共度新春节，祈有感民沾恩。
你在村中坐神位，日管阳来夜管阴。
百姓求神拜庙宇，早受民香晚受灯。
神灵护佑民安乐，共享荣华太平春。
千千神灵表不尽，万万神灵表不清，
良辰吉日参过后，万紫千红日日新。

（3）扫开场

扫开场是演出前的仪式，也是地戏正式演出前的重要部分，分为出马门和扫开场两部分。参庙完毕的地戏演员来到事先选定的空地（空地事先已围成圆场，同时，在村边的田地里或者村寨前，会竖起一杆“帅”字大旗，这是该村跳地戏的标志。这杆大旗从第一天插上，直至最后一天封箱才收起），准备演出。

①出马门

出马门是地戏演员亮相的过程，一般由正方先出场，然后是反方。出场顺序为小军，副将，主将，主帅；反方亦同。

②扫开场

正反方演员亮相结束就进入了“扫开场”环节。扫开场仪式由两个小童表演。小童是正方中小军的角色，主要职责是通风报信，但是在“扫开场”环节中，他们却是以“和合二仙”① 的身份出现，以此来体现子孙昌盛、添喜发财。

表演时，两个小童手持花扇、毛巾，在锣鼓声中边走边唱：

一对童子一双双，金銮宝殿侍玉皇，
天宫领了玉皇旨，差吾下界走一场，
玉皇差我无别事，庆祝开元扫教场，
自从今日扫过后，全村老幼得安康。
（两小童边舞边念用手中道具作扫地动作。）
扫开场来扫开场，扫开乌云见天光，
扫条大路好跑马，扫条小路好排枪；
扫个大场卖牛马，扫个小场卖猪羊；
扫个文场卖笔砚，扫个武场卖刀枪。
吉日良辰扫过后，清洁平安万年长。

念完这段唱词，两个小童互相把住对方的肩膀，继续唱到：

和合二神仙，双手把住肩，
有人侍奉我，金银财宝万万千！

之后，由正方主帅上前将两个小童双手分开，说：“二位童哥请回去。”两小童说：“奉请元帅下教场。”

“扫开场”仪式赋予了地戏神话色彩，神灵下凡，保佑村寨，使村民得到了心理上的满足和慰藉。

（4）扫收场

“扫收场”是地戏正戏演出完成后需要进行的仪式，是一种驱邪纳吉的仪式。“扫收场”仪式由一个和尚和一个土地主持，表演诙谐幽

① 和合二仙在民间传说中是专管人间夫妻和睦、家庭幸福的福禄神。

默。唱词和表演手法如下。

正戏演出完成后，演员下场，土地手持点燃的信香上场，边走边念：

土地：打扫堂前地，炉内烧高香，
诸神来此地，除祸免灾殃。（将香插在地上）
轻轻作个揖，一年大吉利，
轻轻磕个头，一年好到头。
土地出来喊三声，喊得天摇地也崩。（众和：地也崩）
五瘟喊上高山去，众姓人等得安宁。（众和：得安宁）
土地佬来土地佬，周身都是臭虫咬，
看牛娃娃不懂事，打破香炉无香烧。
土地本姓牛，一顿要吃四个烂猪头，
吃得肚子膨膨胀，屎尿顺倒坝脚流。（注：坝脚即大腿）
土地行行走走，开到场子的边边，（众白：场子中间）
抬头一看，半天云头落下一个和尚儿来。
和尚敲着木鱼边走边念。
和尚：和尚出来喊三声，
喊得树倒水也浑。（众和：水也浑）
口嘴是非喊出去，
众姓人等得安宁。（众和：得安宁）
和尚本姓高，上树讨核桃。（注：讨即摘）
核桃落下来，打个大青包。
揉又揉不散，捏又捏不消。
请个先生来号脉，药方要的刁；
半天云头老鸹屁，火塘长出的马鞭稍。（注：马鞭稍即嫩竹）
雷公菩萨的胡子，闪电娘娘的眉毛，
东海龙王的眼泪水，城隍老爷的烟枯膏，
虱子的苦胆，虮子的尿包，
熬成汤药灌下肚，寅时吃来卯时消。
和尚和，一辈子讨不到一个好老婆，

想拿泥巴捏一个，睡到半夜不热和；
想拿石头打一个，摸到浑身硬撮撮；
想拿竹子编一个，起是个空壳壳。
土地、和尚走穿花步相撞。
土地：土地出来撞和尚，
一年四季大发旺。
和尚：和尚出来撞土地，
一年四季大吉利。
土地：和尚，你从哪点来？
和尚：西天雷音寺来。
土地：来干哪样？
和尚：来画扁。（众：化缘）
土地：你从西天来，经过哪些地方？
和尚：多了。有肚脐眼上盖章，（众：印度）
有读书娃娃编课本，（众：蒙自）
有朗朗晴空无云朵，（众：昆明）
有大姑娘改嫁，（众：兴仁）
有三双草鞋拼个数，（众：六枝）
有姐绣荷包，（众：补郎）
最后来到这县太爷受贿。（众：张官）
土地：和尚，你从西天来，带来哪些经典？
和尚：菜油也经点，煤油也经点，桐油汽油也经点。
土地：我是问你办来哪些经书？

和尚：哦！你问这个嗷！有大乘经、地藏经、金刚经、观音经、三元经、血盆经、玉皇经、救苦经。

土地：这些都是正儿八经。
和尚：白毛！（土地的谑称）你盘我一盘，我也要爬你一爬！
土地：麻和尚！你只管盘来。
和尚：你今年贵庚多少？
土地：那天出门输了钱，回家来老婆拿我跪五更呢！
和尚：我问你多少岁？

土地：有新棉絮、就棉絮，那天晚上我出门不在家，老婆喊来二三十老者扯得粉化乱絮。

和尚：我问你好大年纪？

土地：两口子闹架，一个气走一个，那个跟你联起。

和尚：我问你好大寿缘？

土地：寿缘啊！不老不小，一百二十岁，讨得个老伴，要说生得好，一脸的蚂蟥斑，要讲生得白，白得像筒碳；要说她脚小，鞋穿一尺二寸半。

和尚：你有几弟兄？

土地：惊动锣鼓点，掏开牛耳听。

（唱）大哥生在南天门，又会武来又会文，

领了玉帝亲敕令，封为南天土地神。（众和：土地神）

二哥坐在山关口，又会武来又会文，

领了玉帝亲敕令，封为山关土地神。（众和：土地神）

三哥坐在桥梁上，又会武来又会文，

领了玉帝亲敕令，封为桥梁土地神。（众和：土地神）

四哥坐在田坝中，又会武来又会文，

领了玉帝亲敕令，封为秧苗土地神。（众和：土地神）

五哥坐在寺庙中，又会武来又会文，

领了玉帝亲敕令，封为庙堂土地神。（众和：土地神）

六哥坐在堂屋中，又会武来又会文，

领了玉帝亲敕令，封为家堂土地神。（众和：土地神）

只有小弟年纪小，也会武来也会文，

领了玉帝亲敕令，封为领兵土地神。（众和：土地神）

和尚：想不到你这白毛还有点本事呢！

土地：和尚，你爬（盘）我也爬（盘）够了，我们打搅众大屁股（众：众大施主）这么些天，就好好帮他们扫扫场，扫得人人清洁，个个平安，老的无灾，小的无难，牛羊成群，六畜兴旺。扫个五方五龙归位，扫个一年到头五谷丰登。打起锣鼓，惊动四方，土地开口，和尚帮腔。

土地手里拿雄鸡念道："此鸡，此鸡，说起此鸡有来历，鸡由哪里生，鸡由哪里起，王母娘娘捡得一窝蛋，拿来孵得一窝鸡。一只飞往天宫去，封在天上是金鸡；一只飞往山中去，封在人间是野鸡；一只飞往田里去，封在田坝是秧鸡；一只飞往家中来，封为五更报晓鸡；一只飞在弟子手，拿来做个扫场鸡。”念完，掐破鸡冠，用鸡血点出场人物所戴面具。土地、和尚领唱，众人和。

土地唱：一扫东方甲乙木，扫场老人来赐福，
但愿祖代受皇恩，五子登科受天禄。
和尚唱：二扫南方丙丁火，招财童子笑哈哈，
年年红运年年有，勤俭换来财宝多。
土地唱：三扫西方庚辛金，过往神圣将福临，
读书儿郎多长进，不中状元中将军。
和尚唱：四扫北方壬癸水，心诚求得神圣灵，
福禄寿喜年年进，锦上添花万年春。
土地、和尚唱：五扫中央戊已土，风调雨顺添福禄，
五谷丰登粮仓满，金鸡高唱红日出。
和尚：扫了五方，再扫个满实满载满堂春
(唱)：一扫一本多万利，二扫二喜双临门，
三扫桃园三结义，四扫四季大发财，
五扫五龙来戏水，六扫六位高高升，
七扫七星来高照，八扫八仙来临门，
九扫久长又久远，十扫福寿满门庭。
十一扫个千儿万十二扫个万儿千，
千儿万来万儿千，荣华富贵万万年。
土地：扫了满堂春，再扫个清洁平安福寿万年。
土地、和尚领唱，众和。
土地：虫旱涝灾——（众和：扫出去）
和尚：五谷丰登——（众和：扫进来）
土地：杂疫杂瘟——（众和：扫出去）
和尚：六畜兴旺——（众和：扫进来）
土地：三灾八难——（众和：扫出去）

和尚：情节平安——（众和：扫进来）
土地：亏本亏利——（众和：扫出去）
和尚：一本万利——（众和：扫进来）
土地：亏心魍魉——（众和：扫出去）
和尚：忠心厚道——（众和：扫进来）
土地：背祖叛国——（众和：扫出去）
和尚：精忠报国——（众和：扫进来）
土地：不恭不敬——（众和：扫出去）
和尚：孝敬老人——（众和：扫进来）
土地：不吉不利——（众和：扫出去）
和尚：万事如意——（众和：扫进来）
土地：不名不利——（众和：扫出去）
和尚：名传千秋——（众和：扫进来）
土地：扫场已毕，万事大吉。

唱罢，土地领着众神向村外走去，至此，“扫收场”仪式完成。

扫收场和扫开场一样，已经脱离了地戏演出的范畴，更多的体现在驱邪纳吉方面。

（5）封箱

封箱是地戏演出中最后的祭祀礼仪，也是较为重要的祭祀部分。演出完成后，演员将各自演出使用的面具按顺序放在祭祀台上，正方面具在上，反方面具在下，由神头或主事人主持祭祀。这个时候，村里许愿的、还愿的村民也将各自家中的祭品一同供奉于“神”（面具）前，默默祈祷。祈祷词如下：

众姓人等工封神，祈保全寨得安宁，
士农商学都兴旺，万事如意万年春。
（念完祝词，将面具一一归于神柜内。）
今将众神来封箱，祈保老幼得安康，
来年风调并雨顺，人兴戏旺万年长。
封箱已毕，万事大吉。

（6）开财门

在地戏演出中，有的时候还会出现区别于正戏演出的部分，这就是“开财门”。开财门一般只在春节期间出现，部分家境丰裕的群众会请地戏队去为自家祈福。开财门由正方主持，一般为八人或者十二人，取“要得发不离八”和一年十二月月月吉利之意。开财门一般分为参门、踩财门、参桌、参神等部分。开财门时，众人在正反主帅的带领下，敲锣打鼓来到主人家门前，这时主人家的门是关闭的，两个小童打着花扇，侍立大门两旁，主帅上前“参门”。以詹家屯《三国》地戏队的“开财门”为例，刘备为正帅，黄盖为正将。

赋乡神来贵乡人，来到贵家开财门。
只因主人多忠厚，造下华居定财门。
此木不是非凡木，天上娑罗树一根，
王母娘娘行善事，降下一枝贵府门。
鲁班先师来造下，造成金银两扇门，
门对青山风景好，子子孙孙在朝廷。
一对金狮两边坐，两扇门上有神灵，
左边站的秦叔宝，右边站的敬德神。
秦叔宝来敬德神，二位将军听原因，
若有好人来喊你，开开大门让他行，
妖魔鬼怪来到此，三鞭两锏化灰尘。
吉日开门曾富贵，良辰启户出贤能，
早晨开门金鸡叫，晚来关门凤凰鸣。
春季开门春季旺，夏季开门夏季兴，
秋季开门进五谷，冬季开门进金银。
公公开门寿长久，婆婆开门永常青，
娘娘开门生贵子，少爷开门出贵人，
姐妹开门去挑水，一股银水淌进门，
儿童开门进学校，高中皇榜点头名。
财门今日开过后，富贵荣华永常青。

众人念完“开门已毕，百事大吉”后，两小童左右推开两扇大门，念“踩财门”词：

童子年年长，财门日日开，
家有读书子，富贵自然来。
左脚跨门生贵子，右脚跨门生贵子，
望贵子，贵子生，寿喜福禄送进门。

童子“踩财门”后，会将一根一尺六寸的红布挂在主家大门上，取八八“发发”之意，然后众人鱼贯而入，进入天井。在天井中，还要进行一种名为“猜果盘”（又名“拦路虎”、“闯门锤”）的仪式。猜果盘是主家为了考验地戏队而设置的，所设内容或紧扣地戏演出的内容和人物，或暗喻有民族特色的典故。

“猜果盘”完成后，进入天井，地戏队先“下四将”①，“镇住场子”，然后朝参说“奉承”。

开了一层又一层，层层都是龙凤门，
吉日良辰神下降，来为主家开财门，
进得门来抬头看，主家华居有两层，
第一层高九尺九，久长久远出贵人，
第二层高九尺九，五辈同堂贺新春。
好个院坝宽又宽，宽宽院坝跑麒麟。
院中一颗摇钱树，一对斑鸠飞来住，
一个咕咕叫发财，一个咕咕叫发富。
门对青山好风景，弯弯河水绕门庭，
秀水引出读书子，不中状元中翰林。

“奉承”的内容比较多样化，没有固定的格式，主要用来表现对主

① “下四将”是一种驱邪的仪式，可以看做是傩仪的一种继承。只是傩仪中的方相氏“狂夫四人”被勇猛武将四人所代替。

家的赐福等。“奉承”之后就是“参桌”。

一张桌子四角方，青菜杨梅盘内装，
恭贺主家福寿到，“青梅煮酒”论英王。
一张桌子四角尖，金钱玉镯在中间，
主家贤惠财运到，“金玉满堂”万万千。
一张桌子四角整，果盘内装宝和珍，
贺天贺地贺主家，“同心同意一家人”。

“参桌”完成后，地戏队来到堂屋前，正帅和正将分别上前“参门”。

我是汉家刘皇叔，来为主家开财门，
自从今日开过后，福寿双双落主门。
我是汉家老黄忠，来为主家开财门，
自从今日开过后，百岁老人见玄孙。
我是汉家五虎将，来为主家开财门，
自从今天开过后，五谷丰登代代春。
叫声童子你且听，今日开门要用心，
你把财门打开后，日进黄金夜进银。

“参门”完毕，正帅会吩咐两个小童在堂屋大门前念“踩财门”词，如下：

四季财门我来开，金银财宝滚进来。
滚进不滚出，滚在主家大堂屋。
恭喜，恭喜，元宝垒起。
黄金归库，大发大富。

童子念完“踩财门”词，进入堂屋，分两边侍立在神龛供桌前，刘备进堂屋参谒供奉的家神：

一进门来看四方，四根中柱顶中梁。
大梁本事沉香木，二梁就是紫檀木，
三梁四梁认不到，不是秋杉是白杨。
东华日照兴隆地，南极仙翁福寿康。
吉日良辰来道好，华堂落成子孙旺。
进得堂屋抬头望，一对红烛亮堂堂。
天地君亲中央坐，金字对联贴两旁。
世上只有天字大，玉皇大帝坐天堂。
天字底下是地字，人皇地主管四方。
君子底下是师字，尊师如父不能忘。
师字底下是位字，吾皇登基在朝堂。
再奉神龛众神圣，显威显灵佑四方。
大成至圣孔夫子，关岳二帝威名扬。
增福益禄至德神，东厨司令君灶王。
文武财神魁星笔，求财有感四员将。
如意真人和合仙，七曲文唱上神榜。
八九相公和汪王，观音大士驾慈航。
家堂神灵数不尽，还有土地坐下方。
招财童子一边站，送宝童子在一旁。
众位神灵显灵验，护佑主家坐华堂。
自从众神来参过，全家老幼福寿长。

正帅参神完毕，众人念“参拜已毕，百事大吉”，主人家燃放爆竹，小童钉财门布，敲锣打鼓，众人走出主人家。至此，“开财门”仪式结束。

“开财门”是一种没有情节的祈福仪式，表现了人们对神灵的尊崇，对主人家用许多吉祥话，寄托了人们美好的愿望。

（三）地戏的演出程序

地戏的表演也称跳神，“跳神”一词十分形象，地戏演出过程中演员一直在跳着唱着。演出地点一般在屯堡村中空地或村落中的祠堂内，跳神的表演程序分为下将、设朝、正戏三个部分，正戏又分为出师、攻关、班师、分封四个部分。

1. 下将

下将也叫“下四将”，是紧接“扫开场”的仪式。“下四将”中能明显看出地戏和傩仪中相似的地方。古代傩仪中有方相氏狂夫四人负责引导整个仪式的开始，在地戏中，“四将”也起了相同的作用。“下四将”又名“定场”，即决定表演场地的意思。

“下将”有严格的顺序限制，是先正后反，双方各出两员大将或者以元帅一先锋，以吟诗自报家门的方式进场。以《薛丁山征西》一剧为例，正方由主帅薛仁贵、先锋秦怀玉，反方由主帅苏宝童，先锋黑连度上场。在“扫开场”结束时两童子一句“奉请元帅上场”中，薛仁贵上场念诗，赞曰：

峨眉两道志气豪，罗成转劫第二朝，
气壮山河冲牛斗，保驾征东有功劳，
跨海东征班师转，一字并肩王位高，
因与青龙结下恨，誓与番贼比低高。

（白）本帅薛仁贵是也。因跨海征东有功，官封一字并肩王。今蒙主圣恩，挂帅征西，打扮已毕，便叫驸马爷，你也打扮一番，好与番军作战。

先锋秦怀玉跳跃上场，吟诗打扮：

（白）怀玉得令，连忙打扮。看看看，看我怀玉怎披挂，怎打扮，盖世英雄真好汉。赞曰：

头戴金盔凤翅摇，斗大红缨顶上飘，
身穿白银甲一副，内衬一件滚龙袍。
左绣龙来右绣凤，中缝二龙来抢宝，
雄赳赳，气昂昂，双铜一摆鬼神豪。

（白）吾乃秦怀玉是也。

接着，番营苏宝童上场。

(白) 且说，苏宝童见唐将十分威武，连忙披挂，赞曰：

威风飘飘志气高，青龙降生下天朝，

金凤山上学法宝，从此飞刀乱唐朝，

西辽国内为元帅，要报祖仇把恨消。

(白) 本帅苏宝童是也。宝童打扮自己已毕，便令连度总兵，你也打扮一番，好与唐贼作战。

紧接着，黑连度出场。

(白) 连度得令，连忙打扮。赞曰：

奉王旨谕守界牌，百般武艺记心怀，

英雄镇守此关隘，太岁闻名不敢来。

(白) 咱乃黑连度是也。

四将自报家门结束，由薛仁贵开始，双方四人轮番大战，然后各自收兵下场，“下四将”仪式结束。

2. 设朝

“设朝”仪式具有请神下凡的作用，同时，也是对“下将”的补充，对正方人物进行详细的介绍。汉族正统思想认为，天下之大，君主为尊，在地戏中的表现则为“设朝”，屯堡人认为“有国才有家，有君才有臣，有朝廷才有州府，只有保主登上龙位，才能调兵遣将”。在“设朝”中，只有正方角色出场，也就是正神，因为村民认为只有正神才能带来富贵，才能保证村寨的平安吉祥。地戏中的“设朝”以《薛丁山征西》为例，简述如下：

黄门官赞曰：

位列上中下，才分天地人，

五行生父母，八卦定君臣。

黄门官说道：老汉黄门官是也。想我主五更三点登殿，须上朝见驾。来至朝房，主上未曾登殿，暂且打坐一时。

程咬金诗曰：

老汉八十五，雄心赛猛虎，

站在阵头上，能把将来堵。

程咬金说道：老汉程咬金是也。小名一郎，外号程老虎。想当年我与龙俊达打劫皇纲，被问成死罪，丢入大牢。承蒙众弟兄大反山东，救我老程活得一条性命。如今众弟兄死的死了，亡得亡了，只有我与牛鼻子道人保定唐家。我主五更三点登殿，须当上朝见驾。来至朝房，吾主还未临朝登殿，暂且打坐一时。

秦怀玉诗曰：

头戴金盔凤翅飘，身穿一件滚龙袍，

唐王驾前为驸马，一日三参把主朝。

秦怀玉说道：吾乃秦怀玉是也。想我保定唐家，东征西讨，扫灭群雄，主上念我天大功劳，将我招为驸马。正值五更三点，圣主临朝，须朝王见驾，来至朝房，主上未曾登殿，权且打坐片时。

罗通诗曰：

威风凛凛志气高，扫平北番逞英豪，

唐王驾前为臣子。保定圣主在当朝。

罗通说道：吾乃罗通是也。想我扫平北番之时，杀了番邦多少英雄好汉。主上念我功高无量，封为越国公之职，认吾为皇儿。现值五更三点，须当上朝见驾。来到朝房，主上还未登殿，暂且打坐一时。

徐茂公诗曰：

袖统八卦，妙算无差，

阴阳有准，保定唐家。

徐茂公说道：吾乃徐茂公是也。随主扫北征东，调兵遣将，妙算无差。主上念我功高劳苦，封为军师之职。五更三点，理当进朝见驾。

东华门击龙凤鼓，西华门撞景阳钟。

东华门内文官进，西华门内武将临。

朝房聚齐众文武，只等万岁坐龙廷。

李世民诗曰：

忆昔先皇起义兵，炀帝江山一旦倾，

父王一朝归龙海，又到寡人坐龙廷。

唐太宗说道：吾乃唐太宗李世民是也。自孤登基以来，风调雨顺，国泰民安，扫北征东，天下太平，真乃万千之幸，寡人喜之不尽。

值此国宁无忧日，正当君臣欢欣时，

君王玉步登龙座，双手分开龙凤钩。

黄门官说道：春风动，海水潮，架上金鸡把翅摇。和风吹动金铃响，万岁君王设早朝。朝鼓一下响，文武尽皆知。朝鼓二下响，文武整朝衣。朝鼓三下响，齐上玉丹墀。

文听鼓响朝皇帝，武听钟鸣拜明君。

拜王二十单四拜，山呼万岁口称臣。

拜罢已毕平身起，文武左右两边分。

君王殿上开金口，众位爱卿听朕云。

有事出班来启奏，无事退班出朝门。

设朝是地戏演出中很重要的程序，是屯堡人集体无意识地对在朝心态的具体体现，屯堡人虽是屯军的后裔，逐渐演变为在野的地道的农民群体，但其祖先的忠勇、忠义思想为整个群体所信奉。“设朝”便是忠君思想的体现。

3. 正戏

正戏部分以《四马投唐》中《洗马救驾》为例。

李世民唱叙领兵出征情况之后就说道：话说秦王言道“今日端阳佳节，众位王兄，各去游玩闲耍，明日兴兵攻打洛阳，可好?”

众将闻言，各自上唱下场。

尉迟恭唱：尉迟赶起乌骓马，河边戏耍走一程。

秦王唱：单留秦王把茂公叫，同孤上马出南门。

徐茂公唱：茂公伴驾把马上，君臣欢喜出大营。

秦王、徐茂公二人边绕着圈边唱来到花园内。

此时，单雄信登上桌子唱叙二人必是秦王、徐茂公，手提枣槊兵器，杀出城来，与李世民大战，追得秦王围着“树林”乱窜。

徐茂公惊慌中抓住单雄信战袍。

徐茂公唱：大叫二哥且住手，一把抓住战袍襟，看在小弟薄面上，放我主公转回营。

单雄信唱：他父杀我亲兄长，今日怎能饶他行？我与妖道各为主，割袍断义绝旧情。

单雄信抽刀断袍，追秦王而去。徐茂公急乱中听见马叫，只见尉迟恭正在河边（用一块白布铺在地上代表河流）洗马。

徐茂公唱：忽见溪边一员将，涧中洗马马翻腾。

大叫将军快救驾，挨迟一步命归阴。（挨迟：晚了的意思）

尉迟恭唱：尉迟听得忙不住，赤不弄冬难见人。（赤不弄冬：赤膊光身）

光身跳上乌骓马，心忙意急救主人。

单雄信追打秦王，两人围着桌子（代表山坡）、椅子（代表树林）转。边打边唱，边唱边追。

秦王唱：正好闯来尉迟将，

雄信唱：且说雄信吃一惊。

叫声黑贼绣挡驾，老子同你把命拼。

尉迟恭和单雄信两人在紧锣密鼓声中大战。

尉迟恭道：“话说我二人大战数十回合，雄信他一架打来，被我敬德挟住，我狠狠一鞭打将过去。”

单雄信道：“雄信我只觉得周身麻木，将槊一送，空手回城去也。”

秦王、尉迟恭、徐茂公说唱中遇见众将，秦王唱：“且喜今日脱险境，明日攻打洛阳城”。

至此，整部书就跳完了。

（四）地戏对于屯堡人的意义

地戏是屯堡人的地戏。地戏具有高度的模式化的特点，在情节设置上如此，在叙事模式上也是如此。不难理解的是，地戏长期在屯堡乡野流传，表演者也是地道的农民演员。他们不可能有更多的技能来适应更为复杂和多变的表演要求，较为简单的模式化则可以让参演者在基本的模式下达到表演要求而不至于走形太多。

有研究者认为，地戏是“继发性仪式剧”，对地戏的定性为“它是军事移民后裔在贵州落土生根之后于屯堡社区逐渐成形的，它是由仪式、打斗、面具与说唱文学嫁接而成，承担整个社区的祈福消灾、道德教化和交际娱乐功能”①。朱伟华等学者认为，来源于傩仪消灾祈福祭祀仪式的地戏在屯堡地区的演变发展中被屯堡人赋予更大的作用，即承担了屯堡人关于自身祖先的神圣叙事的功能。

可以理解的是，屯堡人从明代初年的社会主流人群逐渐边缘化，从军事集团逐渐演变为农民集团，屯堡也从当初的军事聚落逐渐演变为普通村寨，而聚居在屯堡内的明代屯军后裔在清代演变成了在其他人群眼中已经苗化的非主流人群。在这样的境遇之下，对祖先入黔开疆拓土历史有着深刻记忆的屯堡人对于自身境遇的变迁有着怎样的感受？

虽然地戏本有傩仪的痕迹，具有驱邪纳吉、众神庇佑的含义，也有表演和娱乐的成分，但在屯堡地区的跳神过程中，这些功能的显现并不强烈。首先，地戏的表演者都是农民，并非专业演员，在表演的水准上参差不齐。其次，地戏的表演程序简单而模式化，观赏性、娱乐性并不强，内容都是历史故事，唱本冗长、单调而且不易为普通人完全听懂。那么，为何地戏在屯堡地区根深蒂固、代代相传呢？

越是地位卑微，就越是对祖先的荣耀倍加怀念；越是身在野，就越是心在朝；越是躬耕农事，就越是向往金戈铁马。加上相对封闭的社区环境，对于跳地戏这样的传统习俗，每一辈屯堡人都能接受。地戏在屯堡社区中，首先是作为一种被所有屯堡人都从主观上和客观上加以接受的传统仪式而流传的，这种传统仪式作为一种传统习俗被屯堡人更多地赋予了精神消费的特征。一般屯堡人看地戏虽然不一定完全看得懂，但是地戏的表演仪式、表演内容都是他们向往和崇尚的，是他们对屯堡祖先征战经历的仪式性模仿，也是对祖先地位加倍夸大地彰显。同时，作

① 朱伟华等:《建构与生成——屯堡文化及地戏形态研究》，广西师范大学出版社 2008 年版，第 241 页。

为军事移民集团后裔，屯堡人在潜意识中一直以国家的护卫者自居，是国家正统的捍卫者。所以，屯堡地戏只唱武戏不唱文戏，只唱忠君戏不唱反叛戏，其精神价值突出一个“忠”字。

在清代，屯堡人地位低下，加上兵匪不断，生存环境险恶。屯堡社区内部普遍缺乏安全感和主流感，向心力很强的屯堡人除了构筑坚固的寨门、寨墙之外，还不断集体性地演兵习武，强化屯堡的军事功能，以便应对不时之需。除了这些外在的防御准备，屯堡人还在精神上有着对不安全感带来的焦虑的反叛意识，嘉道年间，历史演义小说在民间大量流行，屯堡人对自身境遇的反叛在尚武忠君的核心价值之下找到了文本的载体，地戏的内容来源有了保障，地戏也就在屯堡地区很快风行起来。

地戏的题材都是历史剧，而且是类型化的历史剧，突出忠义与英雄，强调的是对君主的“忠”，对正统皇权的维护。这是屯堡人民间意识形态中的主流倾向，是屯堡人对自身遭遇的理想化反动，也是他们建构自己的族群历史的形象化载体。在这种虚拟历史感中，屯堡人可以找到自身存在的历史渊源，这样的历史感也可以赋予屯堡人道德上的优越感和主流感，让屯堡人的精神世界总是处在一个历史阶段，相对恒定，足以抵御外面环境的千变万化。

附　录

屯堡地戏唱本选录

九转河东

说唱全集　杨家将故事

位立上中下　人分天地人　五行生父子　八卦定君臣

自从盘古分天地　三皇五帝制乾坤　几朝君王多有道　几朝无道帝王君

前朝后汉都不表　单表河东国王君　有诗赞曰：

日头出来高万丈　马配金鞍将挂袍
老将日行千里路　万岁君王设早朝

且说河东国王驾设早朝，文武百官上殿朝贺，拜王二十四拜，口称万岁、万岁、万万岁，拜罢已毕文左武右两旁站立，君王问曰：文武齐否？众臣答曰：文官不少，武将俱齐。君王问曰：有事出班早奏，无事卷帘退班。话扰未了，有一臣上殿奏曰：启禀我主得知，但愿我国清平无事，国泰民安，万民乐业，靠我主洪福，民沾恩矣。突然又闪出张广一臣，撩袍上殿，启奏我主得知，闻听得杨六郎已死，孟良焦赞相继而亡，这如今单剩得杨宗保一人，量他一人不能成其大事，一木难撑大厦，我王可发下战书一封，送上汴梁，只等那杨家兴兵前来自投罗网，全部把他歼灭，然后再兴兵杀上汴梁，拿住赵天子，将他君臣个个杀了，那时我主得到一统山河，岂不是好。刘王听奏，龙心大喜，赐爱卿三北御酒，两朵金花，十万人马，任爱卿前去按你的计划打点行事。张广立即辞王别驾出了朝门，一骑马来到自己衙中，来到堂前，将身坐定，便叫左右与我取文房四宝过来。两旁不怠慢，取出文房四宝，墨是紫金墨，紫金用酒熬；笔是锦章笔，玉兔是羊毛，磨墨石砚中，纸上放光毫，张爷手舞笔，胜似杀人刀。

上写张爷亲书写　拜上赵王小国君
你把杨家当好汉　是我河东马带兵
快下河东来朝主　万事甘休不理云
若道半声言不肯　我主兴兵上东京
拿你君臣个个死　踏平东京一座城
一封书信写完了　变差韩雷弟兄们
赐你三千人和马　快到东京下书文
二人接书拿在手　辞别张爷就起身
翻身跳上高头马　出了河东一座城
行一里来又一里　走一程来又一程

过山不问打柴汉　遇水那问钓鱼人
翻了一山又一岭　走了一冲又一坪
五里当做三里走　十里改为八里行
行程也要三个月　书中只要半时辰
在路行程来得快　东京就在面前存
远望城楼三滴水　近望垛口是祥云
人说东京好景致　话不虚传果是真
一直来到东京地　大喝杨家看守人
吾乃河东差官将　韩雷韩月弟兄们
特来你国不返表　你国有能快兴兵
小军城上亲听得　闻听此言看一惊
连忙去报主将晓　跑进城来喘不停
战士兢上来跪下　叫声老爷听我云
河东兴兵要造反　现在领兵到来临
老爷快上去抵住　杀进城来了不成

王应寿听了怒从心上起，恶向胆边生，这些反贼，如此可恶，便叫左右牵吾战马，抬吾盔甲过来，我若活捉不得反贼，一世不为人矣。看我王应寿怎收拾怎打扮盖世威风称好汉。

头戴金盔亮堂上　身披铠甲应皮黄
腰间紧扣丝鸾带　手提丈八紫金枪
应寿打扮多齐整　带领人马就起身
城门开放旗幡绕　人马一涌出了城
来到阵前抬头看　看见番将甚凶横
你看他一个花脸红胡子　一个黑脸像赵君
应寿看罢重重怒　作死的贼骂几声
上邦有甚亏负你　因何作乱下反文
劝你回朝去奏主　年年进贡不理云
倘若执迷不醒悟　我国便要把兵兴
拿你君臣碎万段　把你河东一扫平

韩雷弟兄心大怒　大骂应寿狗贼人
你朝气数将已满　天下该让我国君
让我国王管天下　也免两国动刀兵
二家说话翻了脸　拍马上前大战争
三人大战杀伤上　杀得天昏地不明
战得愁云大雾起　杀得日月分不清
战得天摇并地动　杀得海翻山也崩
韩雷举锤只乱打　韩月板斧不容情
杀得应寿难招架　实实难抵二将军
虚晃一枪逃命走　打马如飞不住停
二人随后来追赶　应寿马快跑进城
二将追至城楼下　守城军士已关门
呐喊一声齐放箭　箭如雨点伤他兵
韩雷弟兄无可奈　怀中取出反书文
也把弯弓拿在手　取出刀翎箭一根
将书绑在箭头上　搭上弓弦不住停
开弓好似天鹅叫　箭去犹如风送云
一箭射入城中去　落在东京锦绣城
宋营军士捡了去　二将收转马和人

却说韩雷兄弟二人把反文射进城中，收回人马，星夜转回河东城内，离鞍下马进府参见张爷，张广问道：二位贤弟去下战书，事体如何？二将答曰：我二人去下战书，遇着一员小将名叫王应寿，被我二人杀败而逃，我弟兄追至城下，不料此贼马快进城，闭门相阻，宋军箭如飞蝗，我二人不能进得，将书绑于箭上，射入城中，现回来缴令。张广闻言，心中大喜，叫左右与我摆酒，为二贤弟贺功。

小军闻言忙不住　安排酒宴甚主隆
一时摆好席桌上　提壶斟酒闹哄哄
张爷将杯来拿起　我与贤弟贺头功
二将接酒拿在手　一饮而尽到肚中

两旁从人又斟酒　吃了一盅又一盅
传杯换盏多一会　醉得二人面皮红
不唱这里来饮酒　且言应寿转城中
走进帐中来坐下　思前想后闷心胸
只说清平常安乐　谁知外国起兵蓬
自思自想心烦恼　军士进来说从容
小人正在搭放箭　忽然一箭落城中
小人捡起来观看　有封书信看不通
因此拿来老爷望　此书写的是那宗
应寿将书从头看　便是造反书一封
吩咐军士推下去　紧闭城门不放松
提起灯笼连夜走　来到本府大营中
将身坐在大庭上　只等天明日出红
次日要把宋王见　急早派兵下河东
春风吹动海水潮　架上金鸡把翅摇
风刮金铃叮当响　万岁君王设早朝

朝鼓一下响，文武尽皆知；
朝鼓两下响，文武整朝衣；
朝鼓三下响，文官武将站满玉丹墀。

五更三点王登位　聚集三台八位臣
东边打起龙凤鼓　西边景阳钟在鸣
东华门内文官进　西华门内武将行
文听鼓响朝皇帝　武听钟响拜明君
拜王二十单四拜　三呼万岁口称臣
拜罢已毕平身起　王开金口问众臣
有事出班来启奏　无事退班出朝门
王问一声犹未了　班中闪出姓王人
应寿上殿忙啟奏　我主在上听分明
今有河东西夏国　战书送到我边廷

正月二十兴人马　要夺东京锦绣城
微臣领兵去抵挡　被他杀败走无门
反表便呈龙案上　请主龙眼看分明

赵皇帝打开书从头观看，一字字一行行写得详情，上写着河东城刘王驾下保驾臣名张广亲笔写明，多拜上赵真宗小国亡子，见书信来我国俯伏称臣，想当初你仗着杨家父子，把东京占去了直到如今，快把我东京地还我便罢，若不然我的主就要兴兵，我河东西夏国兵强马壮，不怕你东京城百万雄兵，我张广保刘王忠心赤胆，不灭你东京地不算能人，那时间我张广大兴人马，拿住你君共臣想活不能，我今日兴人马要报旧恨，昔日你逼我祖四路无门，五十家老令公被你压镇，一个个难抬头死气腾腾，你今天若不来我国进贡，定把你汴梁城全部踏平。

赵王看罢书中语　怒气冲冠骂几声
聚齐众臣来商议　君王殿上把话云
谁人与孤兴人马　去杀河东造反人
连问数声无人应　面面相觑不语云
文官好似泥塑样　武将好似木雕成
君王此时龙心怒　拍案高声骂众臣
太平年间嫌官小　反乱之时怕出征
听说寡人封官职　高骑大马入朝廷
但闻孤家发粮饷　伸长手来接金银
而今河东来造反　十人听了九人惊
个个都是胆小鬼　不与寡人把忧分
你们个个辞朝去　寡人独自坐龙廷
南香八祖来启奏　父王在上纳儿臣
既然河东来造反　现有三关姓杨人
召他进朝把兵领　掌握帅印去出征
只要宗保挂帅印　定把河东一扫平
君王听得龙心喜　皇儿此话果是真
手提御笔亲书写　一道圣旨写完成

忙令柴玉为天使　三关去请姓杨人
柴玉领旨忙忙走　辞王别驾出朝门
五凤楼前上了马　竟往三关大路行
行程途中多景致　无心贪看奔途程
走了多少弯弯路　过了一些路坦平
翻了一山又一巅　圣旨在身哪敢停
正行之间抬头看　三关就在面前存
无心观看城外景　进了三关大城门

且说柴玉来至三关门前，离鞍下马，忙叫道：把门小军，接你口传通报霸王，你说朝中差来一天使，有请霸王接旨，速速入朝见驾，小军听得急忙跑进关内，双膝跪下，启禀霸王得知，今有朝中差来一位天使，手捧圣旨，说要请霸王接旨，速速入朝见驾。

霸王听得忙不住　出外迎接圣旨文
圣旨迎至大堂上　二十四拜跪埃尘
焚起广南香三柱　天使前来读圣文
忙把圣旨从头念　字字行行读的清
上写皇王亲圣旨　来请三关姓杨人
只因为光天化日白生事　荡荡乾坤是非分
今有河东西夏国　战书送上我东京
正月二十兴人马　要夺东京锦绣城
应寿兴兵去抵挡　被他杀败走无门
我今请你无别事　前来商议这事情
霸王读罢皇圣旨　摆酒款待天使臣
传杯换盏多一会　红日西坠夜黄昏
一夜晚景休提唱　东方发亮天又明
太阳一出扶桑照　开了千家万户门
霸王起来忙收拾　同看天使就起身
忙请天使上了马　出了三关一座城
在路行程来得快　到了东京午城门

五凤楼前跳下马　只等君王降旨文

却说皇门官间霸王已到，连忙上殿跪下，启启我主得知，今有三关霸王杨元帅，现在午门外候旨，望我主宣召。君王曰：霸王既到，快与朕宣他进来。皇门官速出午门外说出：杨将军，主上有宣，请你速上金殿。

霸王听得君王宣　三步两步入朝门
将身进入金銮殿　拜见君王赵主人
君王一见将军到　满面添花喜龙心
忙离御座来扶起　御手相扶叫爱卿
今有河东西夏国　战书送到我东京
正月二十兴人马　要夺东京锦绣城
应寿兴兵去抵挡　被他杀败转城门
我今请你无别事　特来商量议事情。

却说霸王听了此言俯伏金阶双膝跪下，臣启我主得知，想当年征平河东之时，我杨家不知有多少能将，这如今只有刘青、刘高、焦玉、刘金四人，要想征平河东，犹恐他的兵多将广，八祖曰，杨将军，我家四代为君，掌管江山，都靠杨家扶王保驾，而今仍然要靠将军，将军若不早早兴兵动马，若再迟，惟恐他趁机杀上汴梁，那时却又怎生，如何是好。

霸王听了此言语　微臣情愿领大兵
我主不必来忧闷　臣去天波见众人
君王听说龙心喜　满面添花喜十分
忙把将军来扶起　御手相扶叫爱卿
君王赐你三杯酒　两朵金花插顶门
四十八两黄金印　交与将军姓杨人
霸王领了皇圣旨　辞王别驾出朝门
五凤楼前上了马　直奔天波府内行

在路行程来得快　天波就在面前存
下马走入天波府　拜见祖太老年人
祖太一见孙儿到　连忙开口问事因
你往三关去镇守　回来却是为何情
宗保即便将言说　祖太在上听孙云
河东又来下反表　赵王见表又看惊
传下圣旨三关去　差我杨家又领兵
孙儿特来辞祖太　祖太在家莫挂心
太君听了孙儿话　当时便把话来云
我家世代忠良将　扶保宋室锦乾坤
国家有难须当去　吃王爵禄报王恩
精忠报国是本等　我今同意你领兵
孙儿今日领兵去　事事提防要小心
黄道吉日才出马　黑道不可去出征
森山谨防贼放火　得胜谨防贼偷营
壁陡岩前休要战　紧水船儿莫要行
句句都是真情话　紧紧牢牢记在心
祖太方才吩咐了　走出怀女老夫人
怀女一手来扯住　我儿连忙叫几声
你领雄兵数十万　大小官员几千名
人人性命交与你　你的担子不非轻
排兵布阵需留意　一举一动要留神
宗保当即开言禀　儿是不忠不孝人
母亲呀喝茶吃饭休想我　莫把孩儿记在心
有日班师回朝转　侍奉祖太与母亲
祖太请回后堂去　又请王氏老母亲
祖太母亲请去了　转身又进绣房门
宗保走进绣房内　贤妻连连叫几声
桂英一见亲夫主　连忙上前来相迎
施礼已毕来坐下　杨爷开言把话云
妻呀我今要下河东去　丢你独自守孤灯

妻呀你在家要多劳累　侍奉祖母与母亲
一切家事丢与你　还望我妻来担承
桂英听得这句话　冷水浇怀着一惊
夫呀河东坐在活龙地　世世代代出将军
征南征北由你去　说起河东等奴行
杨爷听说如此语　贤妻说话不中听
我今领了皇圣旨　怎敢迟延久住停
妻呀世间男人为上将　男儿有志做将军
桂英听说如此语　吩咐梅香两个人
与我取瓶好美酒　我与亲夫来送行
两个梅香忙不住　府中取出酒一瓶
桂英把酒拿在手　龙凤杯子手中存
满满斟上三杯酒　亲递丈夫杨郎君
三杯酒儿全饮了　上阵交锋阵阵云
杨爷连接三杯酒　一杯一杯肚中吞
夫妻二人要分手　难割难舍实难办
流泪眼观流泪眼　断肠人送断肠人
快刀切断红绒线　各自分手泪长倾
杨爷出了府门口　桂英转进绣房门
杨爷来自教场内　众将上前把礼行
大兵集会教场上　炮响三声似雷鸣
杨爷将台来坐定　五方旗号耀眼明
教场之中点人马　大小将官听令行

却说杨爷问道：谁人愿领兵马执掌东方旗号，话犹未了，旁边闪出刘青，上前禀上元帅，东方旗号，咱愿意执掌。元帅问道：刘青，你习得什么武艺，敢来领我东方旗号。刘青道：元帅呀，咱会七十二路神拳，元帅不知。

元帅即便开言道　如此耍耍你神拳
传令鸣锣鼓齐响　让你耍来观一观

显显本事与我看　东方旗号你为先
刘青领令忙不住　玩要起来上下翻
未到半合有人喊　焦玉上前把话言
刘青住手听我讲　你那神拳是难堪
忙到台前双膝跪　口称元帅听我谈
东方旗号算我掌　我的本事比他全
元帅说你学什么好本事　敢掌东方旗号幡
焦玉即便开言道　元帅小看为那端
十八般兵器都会　执掌旗号有甚难
元帅说道既如此　你与刘青比一番
随口便把左右叫　你们听我说事端
十八般兵器取到　等吾好好选将官
看他二人教场比　分个高下谁领先
焦玉磨拳又搓掌　先使两路众人观
刘青看见焦玉到　立个门户把马盘
二人要到过门处　焦玉马上把马掀
踏在刘青左腿上　刘青左手打一边
右手一挽对面去　一个老鹰把鸡卸
焦玉此时手脚乱　倒下马来滚平川
众人一见哈哈笑　元帅便问谁领先
焦玉闻言红了脸　退出教场站一边
东方旗号刘青掌　众将个个无话言
元帅当即又问道　南方旗号谁来端
一旁闪出刘高将　急急忙忙走上前
上来行礼见元帅　南方旗号就算俺
元帅当时忙说道　刘高呀年纪过大少争先
还有甚么好力气　来领南旗莫当先

却说刘高说道：元帅呀，我虽然年纪老了，但手中铜锤还能使动如飞，还可杀敌。又道，我这铜锤有千斤重量，能打得山河地裂开。既然如此，与我鸣锣鼓响，等他教场要来本帅看看。刘高领令舞了起来，元帅一见，果然不错，南方旗就你掌定了。又问道：谁人愿领我西方旗号，旁边闪出刘金走上前来，启禀元帅，西方旗号就算咱的。元帅问道：刘金，你习得什么武艺在手，敢来领西方旗号。刘金道：元帅呀，咱习得一十八路双锏，元帅有所不知。元帅道：既如此，快鸣锣鼓响等他在教场中耍来本帅看看。刘金闻言磨拳搓掌耍了起来，刘金未曾耍至半合。元帅道，西方旗你掌了，又问谁人愿领北方旗号，仍闪出焦玉上前禀道，末将愿领。元帅喝道：焦玉，你好不知羞，你那本事，只好对付三岁孩童，敢领北方旗号。焦玉道：元帅小看我了，各样兵器都精，若是上阵交锋，不在马上枪刀定夺，要在地上生擒活捉，元帅道：既如此，与我鸣锣鼓响，你在教场耍来本帅看看，吩咐左右搬些兵器来，焦玉抖擞精神，便耍起刀来。拦腰刀/盖顶刀威风凛凛，左盘头/又盘头神鬼皆惊，左插花/右插花乱箭不进，前后进/上下顾杀气腾腾。

各样门路耍完了　元帅见了喜十分
便叫刘青来听令　你令前来听我云
赐你青旗拿在手　青旗青号听令行
刘青领旗跳上马　青旗队伍杀气生
二点南方丙丁火　刘高上前听原因
赐你红旗拿在手　红旗号令领三军
红盔红甲红鬃马　红旗队伍跟着行
三点西方庚辛金　刘金上前听令行
赐你黑旗拿在手　黑漆黑号领三军
黑盔黑甲黑棕马　黑旗队伍要用神
四点北方壬癸水　焦玉上前听分明
赐你白旗拿在手　白旗白号白如银
白盔白甲白虎现　白旗队伍晃眼睛
五点中央戊已土　帅字黄旗镇中心
便叫应寿来听令　你做先锋开路行
应寿跳上黄龙马　带领人马不住停
雄兵点齐二十万　尽是年轻小后生
一锤打开军中库　取出军器给三军

会使刀来刀一把　会使枪来锏一根
不会使刀就使棒　各带兵器跟随身
老的不过三十岁　小的年方十六春
下海擒龙来锯角　上山打虎可抽筋
立起大旗书大字　上写杨家霸王名
合天霸王杨元帅　出入朝中不拜军
三声大炮惊天地　起了杨家马共兵
人人都要尊军令　不许扰乱害黎明
马吃人家稻和谷　四十大板不容情
掏了民间瓜和果　将刀割耳去游行
抢了人家鸡和鸭　送往边关去充军
强奸民间妇和女　斩首示众不容情
青旗岔入红旗内　好像百花开满林
前有开路先锋将　后有搬粮运草人
青旗对上前面走　白旗飘飘跃眼明
红旗闪闪风吹动　黑旗翻翻认不清
枪是南山初出笋　刀是北海浪千层
紧行好似离弦箭　慢走犹如风送云
行程却要数十月　书中只要一时辰
兵马正在往前进　探马回头报事因
前面就是河东地　因此不可往前行
元帅当时传下令　就在这里扎下营
好块平阳地　此处好扎营　靠山山又近
靠水水又深　山近好养马
扎个大营留四角　扎个小营留四门
扎一营来屯粮草　扎一营来好行兵
前留一门将出进　后留一门兵好行
不止半个时辰侯　扎个铁桶大宋营
扎个中营元帅坐　帅字旗插在中心
元帅当时传下令　各营号兵要留神
元帅吩咐去睡了　一棒鸣锣起初更

小军提锣四处喊　鸣锣一棒喊一声
提防番兵入营内　恐防番兵乱杀人

白：诸位诸位，小心注意，防着番兵把营进；如果不防，番兵摸进，那时偷起人头去，妻子在家等着，等死不回去，还是请注意。

上营打至下营转　东营打了到西营
鼓打三更交半夜　不觉五更天又明
元帅起来忙便问　便问两旁众将军
谁人今日去出马　去杀河东造反人
旁边闪出王应寿　上前说与元帅听
小将今日原出马　不杀反贼气不平

却说元帅吩咐道：将军请听，今日出头阵，不能败只能胜，若是不胜，退让他们。应寿回答说，元帅轻视我，我若不能胜，赌下这脑壳，说罢拜别。元帅随身打扮：少年小将本英雄，一表人才造化功，银枪一杆龙出水，玉鞭举动虎出冲，随把甲条紧一紧，翻身上马到河东。

应寿来到阵前，便将人马摆开阵势，一骑马来到河东城下，大骂道守城军士，快快报与你家主将得知，你说杨家兴兵到此，叫他早发能将出马，懦弱者休来送死。

小军听得忙去报　报与帅主得之闻
杨家兴兵来到此　河东门外把兵屯
有一将军天神样　人物标致可爱人
现在教场来讨战　喊杀连天不绝声
老爷快快发能将　以免他来逞凶横

且说张广听报哈哈大笑，众将在旁问曰：老爷闻得杨家人马到此，然何这等大笑。张广说道，众将有所不知，俺狼主兴兵要夺宋朝天下，前日去下反表，诱他前来一网打尽，如若他不来，也奈何不得他，他今日既来，天下稳稳该是我狼主的了。便问众将们，谁先出马？旁边闪过韩家弟兄二人，上帐请令，愿往当先。张广说道，二位贤弟此去要杀一个心胆寒落，得胜收兵回来。二将答曰：咱弟兄此去杀不过杨家兵将，也不算是我河东好汉。

打仗交锋显英雄　威风飘飘真虎将
杀气腾腾贯九州　二人打扮多齐整
手执兵器就起身　带领三千人和马
一马当先到阵门

却说二将来到阵前，一见王应寿，高声大骂，前日让你回去，今日偏要来找死，等爷送你到阴司去。应寿骂道：放你娘的狗屁，快放马过来，与你决一雌雄。

堂口说话翻了脸　勒马上前大交兵
三人大战杀场上　杀得天昏地不明
战得四方愁云起　杀得日月难分清
战得平地起紫雾　杀得半天起霞云
杀得风声呼呼响　战得灰尘往上腾
韩雷银锤如电闪　韩月板斧劈顶门
应寿龙枪如龙摆　锤斧如飞来扑人
一个宋朝为大将　二将河东已称能
一个想平河东地　二将想占宋乾坤
一人抵住二员将　两员将军战一人
韩氏兄弟心火起　锤打斧劈不容情
此时应寿难招架　被韩雷一锤打下马鞍心
韩月见他倒下马　劈头一斧下无情
用力一斧来砍下　红光一冒两边分
应寿一命归阴府　化作南柯梦里人
二人招动人和马　乱杀儿郎马共兵
杀他几个才回去　才算弟兄手段能
说罢阵前又讨战　破口大骂不绝声

二人等战且不表　且言小军报事因
急忙进营来跪下　启禀老爷得知闻

却说小军报道：元帅啊，大事不好啦！杨爷问道：如何大事不好了？小军禀道，今日王先锋出头阵，却被韩家二将杀死。霸王听了，怒气满胸，才出头阵，就损先锋，这场打杀少吉多凶。焦玉在旁听得叫喊连天，捞脚舞手，急忙上前口称：元帅在上，何出此言，请元帅不必忧虑，等咱家出马，前去杀绝贼子。

杨爷听完心欢喜　将军出阵要小心
焦玉回言不防事　不劳元帅苦叮咛
言罢急忙将身起　全身打扮做将军
一时整装多齐整　带领人马就起身
率领三千人和马　一马当先到阵门
来到阵前高声骂　等战何人快通名

话说二将答曰，咱弟兄韩雷、韩月在河东赫赫有名，难道你岂不知，附问道：老贼你叫甚么名字，快快说来。焦玉答曰：吾乃东京赵天子驾前，五虎将之一，就是你家焦姑爷爷焦玉便是。韩雷骂道：你是谁家姑爷爷，莫非你来送死不成。说罢一锤打来，韩月也骂道：你这油嘴匹夫混蛋，便一斧砍来。焦玉骂道：二贼，老焦是同你讲好，你认为老焦不会杀人。说罢，大刀一举直奔韩家二将杀来。正是：马吃杀场草，人马带血刀，三军齐呐喊，各自逞英豪。

焦玉两手提兵器　抵住双双二人身
刀来锤架叮当响　锤去刀迎冒火星
一人抵住二员将　两个将军战一人
焦玉大刀片片舞　锤斧上下只是奔
大刀犹如龙摆龙　锤斧二器斧出林
大刀雪花来盖顶　锤打古树来盘根
大斧点点如风快　刀锤斧碰叮当声

宋朝杨家称老将　刀法熟练武艺精
二将河东算能手　本事高超也不平
三人大战多一会　焦玉一时怒生嗔
便把大刀紧一紧　片片雪花迸耳根
只见白光团团转　二将此时眼花昏
二人当时抵不住　打马加鞭去逃生
焦玉一见哈哈笑　无用东西逞甚能
老焦也不追赶你　等你再活几时辰
回身收转人和马　耀武扬威转回营
来至营门下了马　进门参见元帅身
杨爷一见将言问　今日胜败若何能
焦玉当时忙回答　元帅在上听禀明
遇住韩家二员将　被我杀败走无门
杨爷听得如此语　来下反表是此人
杀我先锋王应寿　本帅正恨此人身
焦玉闻言心暗悔　悔该杀了他二人
元帅呀明日等我再去战　提他来见元帅身
不唱杨家得胜事　且言韩氏转回城
来至城门下了马　进城参见张爷身
张爷一见忙便问　提得杨家是何人
擒得杨家那一将　推他出去问斩刑
二将当时回言禀　一阵输来一阵云
杀了他的王应寿　另有一将来战争
他本杨家一虎将　被他杀败转回城
他的名字叫焦玉　他说是我姑爷身

韩雷道：我二人战不过他，回来缴令。张广道：二位贤弟说得不差，前三十年前，他下河东出阵，被我姑娘张金定拿他回来，见了我爷爷招他为婿，果真是实。你们回去，待等明日我用计把他喊来，再作道理。

一夜话文都休唱　东方发白天又明
张广起来忙收拾　收拾停当就起身
身边不带人和马　手也不提枪一根
只要随从人几个　使他不妨好进城
牵出一匹好良马　配上鞍鸾与缰绳
张广收拾多齐整　呐喊一声到阵门
来到阵前高声叫　快叫焦玉早出兵
小军听了忙去报　报与焦玉得知闻
教场外面人讨战　坐名要会焦将军
焦玉一旁亲听得　手提大刀出了营
飞身跳上高头马　一马当先到阵门
来到战场高声骂　等战何人早通名
张广一见焦玉到　急忙下马把礼行
口口只把姑爷叫　姑爷姑爷叫几声
昨日二将得罪你　小侄赔礼恕罪名
姑爷呀亲戚常来多情义　难道小侄不知情
姑爷与我是亲眷　卸下盔甲来认亲
小侄预备鞍和马　进我河东走一巡
声声只把姑爷叫　焦玉不睬半毫分
焦玉看见这光景　大骂反将甚么名

却说张广说道：姑爷呀，小侄是张龙之子张同之孙张广是也。焦玉骂道：你既是张龙之子张同之孙何不早来迎接姑爷，今日姑爷上阵交锋才来认姑爷。张广说道：姑爷呀，我与杨家仇大如山，冤深似海，故尔不好上汴梁迎接姑爷，今日方知姑爷到此，真心要请姑爷进我河东城内走走。焦玉骂道：反贼呀，你这假言虚语休要哄我，朝廷差我来杀人，不是差我来认亲，今日不看妻子之面，定然把你一刀两断，你今且回去，若有能将明日叫他来与我争战。

焦玉勒马回身转　张爷怒气满胸间
恼恨焦玉无情义　受他一番好狂言

只说此计果然好　哄他过来喂刀尖
谁知此计大不妙　悔不当初把甲穿
兵器若然在我手　杀他一个乱台翻
他说他的本事好　遇着张爷命难全
我且转回河东去　明日再来把他拴
说罢带回走阵马　转回城内不迟延
韩月韩雷来接住　众将坐下把话谈

韩雷弟兄问道：老爷今日去会他，情况如何。张广道：那老贼奸诈狡猾，不肯中计，因我未带人马，没有戴盔穿甲，也未带兵器去，故未予他交战，待明日我去出阵，一定把他擒来。韩雷弟兄道：何劳老爷出马，我弟兄前去擒来就是。

一夜话文且不表　又把次日表一番
韩雷弟兄来请令　老爷在上听的端
弟兄愿去把他会　不擒焦玉心不甘
张广当时来吩咐　将军小心莫当玩
若把焦玉来擒了　功劳簿上把名添
二人得令把帐下　连忙打扮不迟延
结束已毕跳上马　各执兵器威风严
来至战场高声骂　宋营军士听我言
手提军器跳上马　来到阵前用目观
仍是韩家两兄弟　不由心下冒火烟
手舞大刀劈面砍　弟兄招架把手还
三人都是英雄将　武艺精通不平凡
三人大战多时候　焦玉此时怒冲冠
手中大刀紧一紧　一路刀法左右翻
二人看来难抵挡　韩雷忙忙念嗔言
嗔言咒语念三遍　只见神虫飞满天
神虫长有三寸半　满身长毛不平凡
一齐张口咬焦玉　只见焦玉头上翻

焦玉一见哈哈笑　大骂韩家二将官
你使神虫想伤我　看我神刀来杀完
神刀祭起变千刀　砍死众虫在眼前
韩雷一见虫完了　韩月又来念嗔言
嗔言咒语念几遍　猛火狂风遍地燃
登时大火从空降　火势冲人烧上前
焦玉又念神灵咒　满火黑雾只见翻
大雨倾盆如桶倒　二人见了好心烦
再不打马逃命走　延迟一刻性命完
焦玉一见开言骂　除非你今会上天
要想逃过爷的手　除非二世又回还
焦玉又念神灵咒　凭空丢下锁红线
红绳套锁来丢起　捆住韩家二将官
二人被绳捆住了　神刀祭起非等闲
只见神刀慢一慢　二人头落地平川
焦玉放手杀一阵　一刀一个就杀完
提起人头收人马　来至营中保帐前
开言便把元帅叫　把头递与元帅观
杨爷吩咐挖了眼　整起灯芯放中间
将油倒在眼窝内　当做灯盏就点燃
斟起三杯庆功酒　焦玉接来就喝完
老焦越喝越高兴　快快斟酒莫迟延
一连吃了几大碗　走出营门颠倒颠
不唱杨家来饮酒　且表逃脱的小番

且说逃脱的小兵连忙跑进河东，双膝跪下，叫声元帅呀，今日韩家二将出马，却被焦玉取去首级，特来报知。元帅听得怒气如雷，便叫左右牵吾战马，抬吾披褂过来，待爷亲自出马，与二将军报仇，连忙披褂，看看看看我张爷怎生打扮。

雁翎箭响定乾坤　打扮犹如天神样

呐喊一声到阵门　来到阵前高声骂
作死杨贼骂几声　快快出营来受死
免得老爷费精神　小军听得忙去报
报与元帅得知闻　阵前有人来讨战
喊杀连天不绝声　老爷快快发能将
杀进营来了不成　元帅当时忙便问
那问将军去出征　言还未尽人答应
闪出刘高一将军　末将情愿去出马
去杀河东造反人　元帅听言心欢喜
将军出阵要小心　刘高回言不妨事
元帅只管放宽心　说罢急忙将身起
全身打扮做将军　威风凛凛杀气胜
志气昂昂赛天神　顶盔贯甲结束好
手提铜锤重百斤　翻身跳上高头马
带领三千马和人　呐喊一声冲到阵

等战何人早通名。

张广答曰：吾乃河东城宣王驾下统领人马张广都督大元帅是也，便骂道，老贼，你叫甚么名字，快快说来。刘高答曰：吾乃东京赵天子驾前合天霸王杨元帅结拜兄弟红旗老将刘高老爷是也。张广道：看你年纪老了，只好在我营中燃火扫地，还有什么气力，敢来与我争战。刘高壮气勇气一锤打来，张广使个凤点头将身躲过呐喊一声，杀将起来。

巧手将军逢巧手　拿龙人对提虎人
锤打头盔差二寸　枪刺咽喉欠三分
性命只在顷刻下　要做争名夺利人
这一个一心想夺宋世界　那一个踏平河东要显能
这一个舍得死亡生争天下　那一个为夺乾坤定输云
炼去点点红缨现　锤来闪闪落顶门
好比孙膑遇庞涓　仁贵大战盖苏文
一个河东为元帅　一个杨家算能人

战得征云层层起　杀得日月不分明
一来一往多一会　刘高举锤下无情
回转铜锤来得快　要打张广艺高人
张广伏地难躲闪　打中战马死埃尘
刘高肚内心思想　见他五马更放心
那只张广念黑咒　黑天暗地昏沉沉
刘高走头又无路　张广一见喜十分
一枪刺死刘高马　把他掀在地埃尘
复又一枪刺过去　化作南柯梦里人
张广乱杀残兵将　血水成河满战坑
多杀几个才回去　才算老子手段能
我不收兵回城去　又到宋营喊战争
不唱张广来叫战　且言小军报事因
拼着性命只是跑　跑来跪在宝帐营
霸王看见这光景　莫非刘高又表身
小军回言本不错　元帅听了冒火星
谁人与我兴人马　去杀河东造反人
一言未尽人答应　闪出孟龙小将军
连忙上前来请令　叔爷在上听我云
小侄不才愿出马　要到阵前走一行
杨爷听完心欢喜　侄儿出阵要小心
孟龙回言不妨事　元帅只管放宽心。
说罢急忙将身起　全身打扮做将军　赞：
头戴一顶凤翅冠　铁锁金甲身上穿
脚踏乾坤鞋一对　扫开乌云见青天
手提一把开山斧　一马当先到阵前

却说孟龙来到阵前，高声大骂：等战者何人，早通名来。张广答曰：吾乃河东城宣王驾下统领人马张广都督大元帅是也。孟龙骂道：反贼呀，昨日杀我刘高老将是你不是。张广道：你家刘老将在鬼门关等你，叫你前去与他做伴，一路西行。孟龙闻言，劈头一斧砍来，张广左手提枪挡住，右手执鞭照孟龙项头打来，孟龙左手一抬，右手捞住张广鞭头，用力一扯，两人都倒下马来，两边军士看见，各救其主回营，等到次日，张广整装出马，威风凛凛，先来阵前等着，小将孟龙也整装而至，两下摆开阵势，呐喊一声，杀将起来。

战鼓打得闹嚷嚷　二人大战在杀场
这边说要擒小孟　那边说要杀老张
不拿孟龙非好汉　不杀老张算平常
枪去斧来叮当响　斧去枪来冒火光
枪刺咽喉差二寸　斧口只劈老顶梁
八只马蹄如风快　四肢背膀上下忙。
张广说今日战场遇老子　好比鹞子去螳螂
孟龙说战场休来夸大口　与你战到月发光
二人越战越恼怒　两人越骂越发狂
好比二龙来戏水　二虎相斗出山场
不觉战了多时候　孟龙手忙嘴也忙
当时即便忙念咒　佛法仙家念一场
顿时飞斧往上起　砍过黄龙撩过江
张爷一见飞斧起　祭起长枪来抵挡
孟龙见他挡住了　红绳套索又逞强
红绳套索来丢起　捆住张广在杀场
张广一见事不好　玩个白鹤奔草塘
几挣几舞挣断了　哈哈大笑喜气扬
张广忙念黑妖法　黑天暗地日无光
一点亮光都不见　飞沙走时把人伤
孟龙又念金光咒　满天扫得亮堂堂
张广又念神灵咒　一阵大雨来得忙
倾盆大雨如桶倒　孟龙见了心好慌
此人道法神通大　看来我的算平常
再不打马逃命走　若是迟延见阎王
才要打马去逃命　张广追来就一枪

孟龙受伤倒下马　复又一枪入梦乡
张广乱杀残兵将　血水成河满战场

且说小军跑进营来双膝跪下，眼泪汪汪，叫声元帅呀，好不心伤，孟龙将军出阵，可怜见了阎王。霸王听了着惊，手捶胸，脚踏地，眼泪纷纷，只望你上阵去杀反贼，谁知战死沙场，叫本帅好不伤心。霸王正在伤心处，孙宾一旁怒生嗔，走上前来称元帅，我做申冤报仇人。

且说孙宾道：元帅不必悲伤，他们二人死了，人死不能复生，待末将前去出马擒他一两个回来可报二人之仇，解了元帅之忧。

杨爷听完心欢喜　将军出阵要小心
孙宾回言不妨事　元帅只管放宽心
说罢急忙去披褂　全身打扮做将军
看看看看我孙爷怎打扮
头戴一顶凤翅盔　脑后高顶插红缨
身穿黄金甲一领　威风闪闪追人魂
方天化戟光闪闪　一身凛凛似天神
翻身上了龙驹马　好似阴曹取命人
孙宾打扮多齐整　方天化戟手中存
带领三千人和马　一马当先到阵门
今日孙爷来出阵　要杀河东造反人
若有能将早会我　斩尽杀绝方寸心

且说小番听得，一步一跌，不论凸凹，跑个不云，往前只是跑，急得把舌伸，一程来至帅府，跪下胆战心惊，老爷你听我讲，今天见了鬼神，战场来了一将，生的古怪脸黑，口口说叫战，要把河东踏平，看他那恶样，老爷若不亲去，顷刻杀进我营。张万一旁听说，急忙上前禀上兄长，待小弟出去出阵，不拿宋将，誓不为人，张广闻言大喜，遂说道：兄弟出马需要小心，张万道：不劳兄长吩咐，为弟自然晓得，说罢连忙打扮。看看看看我张万怎打扮。赞曰：

头戴金盔亮铮铮　身披铠甲似龙鳞
打扮齐整天神样　满脸杀气透天庭
长枪手中来拿定　微风飘飘要杀人
张万打扮多齐整　吩咐手下众兵丁
你们前去人数个　就在半路挖战坑
若是老爷战败了　诱他来落坑中存
若是贼将落下去　急忙捆绑上麻绳
你们数个在此等　一定遵照来执行
众多兵丁忙答应　前去挖坑不迟停
张万方才吩咐了　提刀跳上马能行
一马冲到战场上　勒马抡刀问姓名

张万骂道：你叫什么狗名，快快说来。孙宾答曰：要知吾的大名，三斤毛铁打把钉耙抓耳，你的牛耳听吾道来，吾乃有名孙宾，杀人不眨眼的阎君，你若向爷磕头，咱老子戟下留情，若是持强不服，那时来求爷饶命，万万不能。你叫甚么狗名，快快说来。张万道：吾乃河东勇将张万老爷杀手是也。说着说着，孙宾一戟刺来一场大战。

一来一往无高下　一上一下无输云
杀个蛟龙来戏水　战个猛虎出山林
刀上只往顶门砍　戟口只刺人前心
一战桃花落满地　二战杏花高飞腾
三战石榴红了脸　四战梨花开满林
五战荷花出水面　六战水仙湖中生
七战海棠顺河长　八战桂花香鼻闻
九战菊花人人爱　十战牡丹果爱人
两马盘旋团团转　平地之上起灰尘
一个大宋称能将　一个河东算能人
巧手之中逢巧手　二将杀个一般平
辰时战到午时候　未时战到酉时辰
一天到晚不停战　看看战到夜黄昏

孙宾当时心内想　要使法术把他云
便将左膀拍一下　伸出一手要拿人
又将右膀拍一下　伸出一手往上升
张万取出神弓箭　射去两手无影形
孙宾此时又念咒　要请那豺狼虎豹下山林
不多一时虎豹至　来到杀场乱咬人
张万一见此光景　勒马败走去逃生
孙宾勒马来追赶　大骂张万哪里行
张万勒回走阵马　快来与我定输云
孙宾追上一戟刺　张万大刀又相迎
一战黄龙来戏水　二战猛虎下山林
三战哪吒小太子　四战四大天王身
五战五龙争斗宝　六战神仙下凡尘
七战七姐临凡世　八战八仙过海门
九战好个杨家将　十战好个姓张人
看看战上数十合　张万打马又逃生
孙宾打马来追赶　骂声贼子哪里行
你会腾云我驾雾　你会入地我也能
张万马上回头骂　赌你追来活不成
正追正赶往前奔　这孙宾连人带马落战坑
孙宾当时魂不在　连上自叹两三声
我今中了奸贼计　要想活命方不能
死我一人不打紧　赵王江山靠何人
高堂老母谁侍奉　谁做披麻戴孝人
家中丢下儿和女　又丢妻子太年轻
张万马上忙吩咐　与我捆绑用麻绳
一直推进河东去　张广一见笑吟吟

张广骂道：中朝蛮子，何不跪下。孙宾喝道：要杀就杀，要砍就砍，何必多言，头可断，血可流，大丈夫从不皱眉，说罢跳上堂来，一脚掀翻张爷公案，直奔张广撞来。张广此时心中大怒，便吩咐左右，快快与我推出北门斩首。

不唱张家得胜事　且言小军报事因
跑进宋营来跪下　元帅在上听原因
孙宾老爷去出阵　连人带马落战坑
却被河东拿去了　不知生死若何能
霸王听说心忧闷　这事如何却怎生
你今误中奸贼计　生死存亡未知因
你死一人不打紧　去了擎天柱一根
霸王正在伤心处　来了焦玉解闷人
走近前来称元帅　我去做个报仇人
老焦才不去出马　他们死得好伤心
元帅听说忙说道　将军出阵要小心
番将神通多广大　不可忽视要留神

却说焦玉说道：元帅呀，我去杀不过河东将帅，死子战场，也是臣子尽忠之道。杨爷闻言闷闷不乐，焦玉立起身来，手提大刀，飞身上马，一马来至阵前，抬头往前一看，只见阵中来了一员大将，面貌凶恶豹头环眼，手执板门大斧，看来比老焦厉害，只得把马一拍冲到阵前，大喝道：你叫甚么狗名，快快说来。张云大叫道：想你乃是焦玉么？咱姓张一个云字，听说你有点武艺，今日碰着老子，叫你顷刻间一命归西。焦玉闻言大怒，吼喝一声，杀将起来。

二家说话翻了脸　两人性子都泡毛
你一刀来我一斧　二人本事手段高
乾坤朗朗生紫气　何时战争才罢消
这一个刀上只劈头脑顶　那一个斧口竟砍人身腰
两马相交战场上　杀得鬼哭与神嚎
看看战了多一会　焦玉脾气果然毛
怒目圆睁牙关咬　战场之上逞英豪
你使黄公三略法　我使吕望六韬韬

黄公三略安天下　吕望六韬定宋朝
大战之时天也动　小战之时地也摇
这时间焦玉战得心火起　祭起满天是飞刀
看看飞刀如雨点　只怕张云命不牢

话说张云一见飞刀，心中着急，忙念水神咒，手扭龙王诀，一时间请得龙公龙母龙子龙孙齐到杀场，涌水数丈高，焦玉一见，急忙腾云起在空中，张云抬头一看，见焦玉腾云半空，手扭龙王诀大喝一声，水高千丈，可怜焦玉躲闪不及，被水冲下，连同三千人马被北方壬癸水淹死，完全丧命。

张云此时心中喜　满面添花笑吟吟
急忙收转龙王法　现出山坡与树林
我也不收人和马　又到宋营讨战争
不唱张云来等候　且表解粮姓刘人

且说解粮官刘金来至营门外面，忽听得焦玉被水淹死，忿忿不平，急忙打扮要为焦玉报仇。赞曰：头戴二郎帽，不送元帅知道，身穿二郎甲，越怒越咬牙，脚踏二郎蹬，不杀反贼了不得，手提七星宝剑，不杀反贼不算好汉。

周身打扮多齐整　好似二郎下凡尘
结束犹如天神样　带领人马就起身
随带三千人和马　一直冲来到阵门
来至阵前高声骂　等战何人早通名
张云抬头来观看　此人本事天上神
他是玉虚大弟子　道法多端可怕人
头戴二郎仙家帽　身穿二郎甲在身
七星宝剑手拿定　二郎子脚下蹬
张云一看越害怕　阿弥陀佛念几声
菩萨菩萨饶了我　小将收兵转回尘

刘金骂道：反贼呀，你休要认错了，吾不是天上神，吾乃是地下弟子盖粮刘金，张云猛醒大呼道：我只说你是天上神，谁知你是地上人。你为何不早说出来，咱老子好叫你死去几时了。刘金骂道，老子不杀你前心透后心，与我焦玉报仇，一世誓不为人也。

二人说话翻了脸　一时之怒动无明
两家打马来交战　各将本事定输云
为与皇王争社稷　不把残生当一文
今日不把本事使　还去何方显才能
一来一往争高下　一上一下定输云
辰时战到巳时候　巳时战到午时辰
杀得愁云满天起　战得日月不分明
杀得平地起紫雾　战得半空雾沉沉
杀得风声呼呼响　战得灰尘往上升
七星宝剑如风快　点点梨花满空腾
大斧犹如龙摆尾　林中树叶飞归根
今日两个将军战　杨戬遇住悟空身
二将战场齐奋勇　不服谁输与谁云
张云此时心暗想　与他战到几时辰
不如早点把法使　淹没此人早超生
想罢急忙把结扭　口念嗔言咒语文

且说张云想罢，急忙手扭龙王结，口念水神咒，不多时请得龙公龙母龙子龙孙齐到战场，涌水数丈高，波浪滔天，好不恐吓杀人矣。

刘金看见哈哈笑　哈哈大笑两三声
当时开言高声骂　大骂贼将小张云
不怕你的涌水法　只当鞋尖脚后跟
只中便念二郎咒　满天都是二郎神
二郎神君收了水　打退龙王水中存
龙子龙孙归大海　不留一个在海门

张云一见心中怕　此人本是天上神
就是上天大弟子　道法多端可怕人
再不打马逃命走　若迟一刻见阎君
刘金见他想逃走　大骂河东造反人
遇着别个逃得了　遇着刘爷追你魂
今日不杀反贼子　焦玉九泉眼不冥
刘金越骂越气恼　手发神箭要杀人
一道黑光透人胆　正中张云脑顶门
张云翻身落下马　呜呼哀哉见阎君
刘金手舞七星剑　把他人马杀绝根
宝剑到处人头滚　几千人马赴幽冥
连忙打起得胜鼓　得胜收兵转回营
来至营门下了马　进营参见元帅身

却说刘金收兵回营，来见元帅，把交锋之事诉说一遍。元帅怒骂道：刘金你不奉军令出马，私自开兵，该当死罪。众将在旁说道：元帅呀，刘金虽不奉军令出马，但他得胜回营，杀了张云，为焦玉报了仇，还望元帅饶了他吧。元帅闻言说道：既众将求情，也罢，也罢，死罪虽免，活罪难饶。便吩咐左右与我责打四十大板。众军士得令，不敢违抗，前来按翻就打。

两个按来一个打　一个旁边数棍行
棍起犹如龙摆尾　棍落好似虎翻身
一连打了四十棍　口吐鲜血往外喷
不唱杨爷来发怒　且言小军报事因
跑进河东双膝跪　元帅在上听我云

小军说道：元帅呀，张将军前去出阵，涌水淹死了焦玉。张广闻言：哈哈大笑说声，好，好，张将军真了不起。小军又道，老爷呀，不要笑，不要高兴，好的一阵还在后头，第二阵张将军遇着宋将刘金，不料死在他手，脑袋着了一个洞，张广闻言，两眼掉下泪来。

张广掉下伤心泪　大哭兄弟那边存
你去杀了焦贼子　也该退兵转回城
偏要死了才算是　叫我如何把冤伸
大哭一阵银牙咬　张近在旁怒生嗔
连忙上前称元帅　我去做个报仇人
张广听言忙说道　将军出阵要小心
张近回言不妨事　元帅只管放宽心
说罢连忙将身起　全身披褂做将军
张近打扮多齐整　手提钢叉到阵前
来到阵前高声骂　宋营杨贼骂几声
快快出营来受死　免得老爷费精神
小军听得忙去报　元帅且听小人云
教场外面喊交战　吼声连天在营门

白：咱本帅之子，两柄铜锤难当，有人敢冲闯我，叫他去见阎王。英雄出于少年，一身武艺周全，有人闯遇老子，杀他一个对穿。咱乃杨元帅二公子杨日是也。咱弟兄随父下河东，今闻反贼前来讨站，急忙上前参见父帅，孩儿不才，愿去杀场杀尽反贼，元帅道：两位孩儿虽然武艺精通，上阵交锋，莫当儿戏，千万须要小心，二人回言，不劳爹爹吩咐细叮咛，说罢连忙将身起，全身打扮做将军。赞曰：戴的盔，凤朝阳，穿的甲，龙鳞装。

腰盘着龙袍玉带　一紫一红亮堂堂
一对铜锤如瓜拌　两只金锏用金装
有人问我名和姓　你也杨来我也杨
二人打扮多齐整　便到教场去点兵
带领三千人和马　一马当先到阵门
来到阵前高声骂　等站何人快通名

却说张近一见说道：咱老子时运不济，只杀来杀一员大将，谁知遇着两个小崽，乳气未干。便骂道：二位孩童，还在吃奶否？你是白来送死么？快把你们的名字说来听听。杨林答曰：吾乃东京赵王驾下合天霸王杨元帅之子，大公子杨林，二公子杨日是也。张近道：没错，没错，既是杨爷之子，这算没有白跑，放马过来，尝尝老爷的厉害。

张近说罢就一叉　兄弟俩各执兵器挡住他
杨林锤打如猛虎　杨日锏打放光华
张近杀得火星冒　叉叉只往二人后脑瓜
二人乃是将门子　武艺超群哪怕他
张近名声也不小　河东能将使大叉
战得黄河水不淌　杀得大海现河沙
只战得空中飞禽也学斗　只杀得河中鱼儿斗大虾
当时杨林心火起　举动大锤雨打花
舞动双锤只是打　打着张近的大叉
复又一锤来打下　震得张近周身麻
杨日一锏又来打　锏锤齐打冒火花
张近马上难招架　左挡右拦实无法
真正本是将门子　我的本事不如他
倒不如哄他下马平手按　要将猛力把他拿
张近注意来打定　仰天一个大哈哈

却说张近说道：二位孩童且勿动手，今日我们三人见个高低，不在马上枪挑锤打，要在地上生擒活拿。杨林说道：我兄弟来此杀人，谁个与你讲嘴，手长就打，脚长就踢。杨日道：哥哥，我们不依从他，他认为我弟兄平手不能拿他，落他笑话。说罢三人下马，各将军器插在地上，把马拴着。张近立个门户等候，杨林玩个大火烧天抢，上前来拦腰抱住，要想平手扭他落地，哪知张近两手在杨林腿上一挤，杨林手便松了，张近横腰冲膀，一手捞住杨林阴裆，正拿着杨林的要害处，也就死于非命，杨日抢上前，两手打来，两手来往交手，张近仍仗猛力，横身冲膀，手捞杨日阴裆，可怜杨日同样赴了幽冥。

张近打死人两个　一股喜气往上升

得了兄弟两匹马　铜锤两柄锏二根
一直来至张爷府　张爷一见笑吟吟
不唱张家得胜事　且言小军报事因
二位公子去出阵　被贼踢死见阎君
霸王听说魂不在　大哭我儿好伤情
年纪轻轻你就死　你叫为父怎不疼
你今误中奸贼计　如何死得不分明
霸王正在伤心处　岳千一旁怒生嗔
走上前来见元帅　我去做个报仇人
杨爷听言忙说道　将军出阵要小心
岳千回言不妨事　元帅不必细叮咛
说罢连忙来结束　全身打扮做将军
岳千打扮多齐整　带领三千人和马
一马当先冲到阵　反贼连连骂几声
今日快快来受死　延迟杀进你大营
小军听得忙去报　报与张爷得知闻
今有宋将来讨战　不堪言语实难听
张爷听言心大怒　便问两旁众将军
现有宋将来叫阵　哪位将军去出阵
一言未尽人答应　左边走过姓杨人
等我今日去出阵　不拿将军不算人
说罢连忙来打扮　翻身跳上马能行
一直来到战场上　便把宋将喝一声
一见仇人把脸变　迎面一锏不容情
岳千抡刀来接住　二人大战各用心

杨有来到战场之上，见了宋将，也不答话，各使兵器大战起来。

一个抡锏来打下　一个只想用刀杀
一个大鹏来展翅　一个野鹿来卸花
这个为主争世界　那个忠心帝王家

一个只想杀一个　那个延迟死得瞎
杨爷河东为上将　岳爷能将在杨家
一个想夺宋世界　一个想把番邦踏
两人都是能争将　岂敢延迟半点差
杨有抡锏往头打　岳千刀砍脑袋瓜
二人越战越猛勇　平地之上飞尘沙
岳千当时心中怒　抡刀舞动使刀法
一路刀法分四路　四四十六团团花
杨有此时挡不住　手脚忙乱气不佳
拨马急忙逃命走　拿他只能使别法
岳千一见哈哈笑　紧紧追来不放他
杨有复又转身战　岳千刀来又交加
二人大战凭本事　各打主意自打划
岳千心中自思想　待我使法来拿他
想罢拨马回头走　不妨杨有使邪法
这杨有使把定根法儿使　把岳千定着头闷眼睛花
马不走来人不动　痴痴呆呆似哑巴
杨有追来就一锏　打落马下像滚瓜
复又一锏结果了　岳千一命染黄沙
杨有得胜收人马　一路转回笑哈哈
来至城门把马下　张爷摆酒庆贺他
不言张家得胜事　且言小军报根芽
跑进营来双膝跪　大叫元帅事不佳
岳千老爷去出马　阵前死得心酸麻
霸王听说心惊战　一跤倒在地下爬
两旁众将来扶起　扶起元帅卧床榻
霸王悠悠来苏醒　捶胸跌足悲声哗
自从兴兵来到此　与他对战不如他
十阵之中输八阵　看来时衰运不佳
只为宋王江山事　赤胆忠心为国家
自古忠臣不怕死　要到战场去厮杀

槽上牵出好良马　等吾亲自去会他

且说刘金在旁说道：哥哥，等吾与二哥出马，何劳元帅出征。霸王叫道：三弟，不必多言，你在此处看守营盘，白日严格军令，夜晚仔细巡更，时常打听我的消息。我老胜过反贼，我们就班师回朝去，若其不然，便往天波府讨救就是。赞曰：

奉旨平贼杨霸王　头戴金盔亮发光
身披铠甲龙鳞现　玉麟宝镜护胸膛
腰扣勒甲绳九股　脚穿凤头鞋一双
手内金枪丈八长　坐下走阵龙驹马
一股杀气上天堂　霸王打扮多齐整
便叫刘青去点兵　刘青领令忙不住
点齐十万马和人　霸王此时威风凛
翻身上马杀气腾　刘青也上高头马
三声大炮出营门　一马来自战场上
作死反贼骂几声　快快出城来受死
免得老爷费精神

小军一看见，四体慷慷战，跑也跑不云，喊也听不见，急忙进帐中，跪在张爷殿，叫声大老爷，这事怎么办。宋朝杨元帅，亲自来讨战，阵上雄赳赳，雄兵有百万，杀场来大骂，请爷快打扮，快快去挡住，免得惹皮绊。张广听言，哈哈大笑不绝。众将在旁问曰，老爷，然何这等大笑。张广说道：众将军有所不知，今日杨贼出马，必有一场大战。便叫杨有，曹文广，你等前来听令，你们各带一支人马，在前十里山下埋伏扎住，那时咱诈败过去，你领人马杀他的后队，便叫张万兄弟，你们也前来听令，仍领三千人马去劫他的营寨，张万答应，领兵出城去了，又叫张近兄弟，你可跟吾去，拿那杨贼，吩咐已毕，张爷张近收拾打扮。

赞曰：头戴着凤翅盔金光照耀，满脸上杀气腾震惊鬼神，身穿着黄金甲连环扣子，腰系着丝鸾带九股丝绳，脚穿着粉底鞋八宝如玉，挂胸前护胸镜好似月明。有战裙和战袄绿袍照定，左挂着雕翎袋插着穿云，右挂着宝雕弓弯如月样，骑的是追风马如雷吼声。

张广打扮多齐整　呐喊一声到阵门
来至阵前高声骂　作死杨贼骂几声
你来我国寻死路　飞蛾惹火自烧身
张爷不斩无名将　你今叫做甚么名
霸王听说心大怒　骂声反贼仔细听
不问之时自由可　问起吾名惊人魂
六郎我的亲生父　我母王氏老夫人
妻子大破天门阵　五湖四海谁不闻
天波霸王杨元帅　奉旨剿灭河东城
反狗杂种甚名字　你也道来与我听
张广听言心大怒　骂声杨贼听我云
我父名叫张龙将　我祖有名张同身
扶保刘王贵天子　今要夺你东京城
几次冤仇报不尽　因此还恨记在心
杀你能将多多少　也皆投顺勉动兵
劝你急速献降表　让我国王坐龙廷
刘王有道管天下　黎民百姓沾天恩
霸王听言心大怒　便叫刘青把他擒
刘青抡枪当面刺　张近闪出把枪迎
霸王张广也对阵　四人阵前大交兵
一回二合无胜败　三回四合没输云
五回六合无胜负　七回八合一般平
九回好个杨宗保　十合好个张广身
那边一时无胜负　这边一对没输云
四人杀场团团转　四只马匹战场奔
四种兵器叮当响　人喊马嘶闹沉沉
四人大战杀场上　杀得天昏地不明
杀得愁云满天起　战得灰尘往上升

杀得平地起紫雾　战得日月昏沉沉
霸王把鞭来祭起　鞭落要打张爷身
张广一见事不好　腾空起在半天云
霸王将枪朝地指　一朵祥云往上升
将身站在祥云上　赶上张广大交兵
放开马去马咬马　各使本事人战人
两个元帅空中斗　一对将军地上行
云中二人各奋勇　互不相让显才能
枪去枪来如龙摆　锏来锏去蟒翻身
云中又占数十合　张广坠下地中存
宗保不舍将他赶　张广假败去逃生
张近打马也逃走　霸王刘青紧追跟
正追正赶多一会　忽听号炮响三声
文广一马又冲上　从中截断杨家兵
量你气寡人稀了　要想逃脱万不能
周围四下来围住　内七层来外七层
张广当时忙传令　大叫休放杨贼行
有人擒得杨宗保　官上加官职不轻
霸王此时心大怒　银枪一摆鬼神惊
一路花枪分三路　三路花枪分九路
三十六路花枪法　杀得反贼把舌伸
张广喝令齐放箭　箭如雨点片片行
霸王此时忙不住　手舞飞鞭不容情
飞鞭挡住雕翎箭　张广一见怒生嗔
朝天吹上三口气　黑天黑地不见人
刘青揭开葫芦盖　大火冲天天又明
人马被杀一大半　杀条血路去逃生
番将不见杨元帅　合兵围住姓刘人
刘青一见事不好　急忙又借土遁形
刘青赶上杨元帅　叫声兄长你且听
十万人马都死了　我们快快赶路程

不表二人来行路　且表刘金看守营
刘金身坐中军帐　吩咐尔等众三军
你们巡更要仔细　犹恐贼兵来偷营
他们二人去战阵　怎么今日不回程
刘金吩咐去睡了　张万人马到来临
扮作杨家人马到　号衣号帽一般形
个人随带一捆草　一伙兜进杨家营
逢一个来杀一个　逢一双来杀一双
一直杀进中军帐　刘金醒来着一惊
要去披褂不及了　要去上马也不能
床前挂着一口剑　将它去抵姓张人
刘金又见事不好　抽身就走后营门
呐喊一声齐放箭　乱箭射死将刘金
张万当时传下令　获些军器转回程
粮草马匹无其数　大家欢喜回了营
一直走进张爷府　张爷一见笑吟吟
连忙拿酒把功庆　又问众将弟兄们
恐防杨贼逃走了　守好此处拿此人
几个北营去藏躲　几个上山去搜寻
不表张家来发令　再表霸王与刘青
一路走来一路哭　两眼流泪落纷纷

却说霸王叫道：兄弟，刘青，我们二人好像走了两天一夜的路了，如今肚子很饿，寸步难行。刘青道：哥哥，这里有钱无市，叫我往何处去寻，只好哥哥在此等候，弟变丐子模样，去要些饭来，与哥哥吃饱，那时再作商议。

说罢急忙将身起　辞别哥哥就起身
刘青当时装叫花　脚靶手软下乡城
上街要到下街转　东巷要到西巷行
刘青要得数碗饭　将来递与哥哥身

二人正在把饭吃　前面来了一支兵
旗幡闪闪遮日月　二人见了着一惊
将身走入岗中去　张家人马不知情
不表二人躲入内　回文再表姓张人

却说张千张明二人来到此山脚下，天色已晚，便将人马腾扎在此，张千说，哥哥，恐防杨贼走了，张明说，兄弟，我们人马屯扎在此，他由何处而逃。

不表张家扎营寨　再表霸王与刘青
次日起来把山下　只奔后山小路行
沿着后山小路走　幸喜把守无一人
不表二人来行路　且表张家弟兄们
次日起来把山上　四处寻找没影形
我寻不见收人马　来至河东一座城
不表张家回城去　又表霸王与刘青
一路走来一路哭　两眼流泪落纷纷

霸王叫道：兄弟刘青，我们走了几天几夜，不知走了多少路程，这里又不知是什么地方。刘青叫道：哥哥，对面有个人来了，我前去问他一番。霸王道：甚好。刘青上前问道，老人家，这里是甚么地方。老者道：老者本姓蔡，讨得个麻老太，天天叫我来割草，她在家中好自在。刘青无奈又问道：老人家，这里究竟是甚么地方，老者道：这里是西夏国。刘青无奈又问道：这里离河东有多少路，答曰：还有三百多里，刘青又问：对面这座山叫什么名字。答曰：名叫岳山，千年四季无人到此。刘青口里不言，心中暗想，此山乃是我二人躲身之处，遂辞别老者来见杨爷，把此地说明并把暂住岳山和搬兵想法讲了，元帅同意二人上山而去。

二人当时忙不住　手攀岩头上山林
二人来至山顶上　思前想后好伤心

杨霸王困岳山伤心掉泪，手捶胸脚蹬地眼泪纷纷，想当初下河东名扬四海叹天门七十二鬼哭神惊，领雄兵百十万人人惧怕，这如今时不至坑限山林，我来时有名将一十员整在阵上死了那八人之身，自从我东京地兴兵到此，十阵中只有那二阵才云，哭一声刘高死得不瞑目，哭二声孟龙应寿二将军，哭三声焦玉杨林杨日死，哭四声岳千地府见阎君，有刘金看守营存亡未晓，我料到凶多吉少命难存，看起来颇着我这条性命，与反将拼了命才趁我心。

霸王哭到伤心处　两眼哭得泪林林
一时把心来横定　金刚宝剑手中存
不如自刎在此处　有何面目再见人
刘青把剑来扯住　叫声兄长你且听
九死一生来到此　奈烦保住命残生
慢慢想法打主意　如何前去搬救兵
事事从缓莫急性　老天自然有眼睛
霸王又乃将言说　兄弟刘青你且听
我们又被遭围困　敌众我寡难战争
这里又无粮和米　如何保得命残生

刘青说道：哥哥，这山中野草野果甚多，亦好充饥，哥哥，你好好在此等弟去摘些野果野菜来与哥哥吃饱再作商议，刘青说完辞别元帅，竟奔山中而来，只见一个白兔往前跑过，刘青把那白兔一追，追至岩雪脚下，忽然白兔不见了，只见一洞白米，忙将衣服包了几升，欢天喜地来见哥哥说道，好了，好了，我二人饿不死了。霸王道：兄弟呀，这都是皇天有眼，看照我二人命不该绝，说罢朝天拜谢。

二人双膝来跪下　祝告虚空过往神
一拜皇天赐我米　二拜神灵佑我身
我们若回东京地　许天答醮谢神灵
二人拜罢将身起　刘青声言把话云

却说刘青叫道：哥哥，这如今有这洞白米，送哥哥在此，等弟逃回天波说与祖太众人得知，火速发兵来救哥哥，岂不是好。霸王道：兄弟此去，要过河东地界，犹恐路上难行。刘青说道：我有变狗之法，定然不怕。霸王道，兄弟此去，速去速回，为兄在此，过一天如过一月，过一月如过一年。刘青道：哥哥，自古救兵如救火，不劳哥哥吩咐，为兄自然小心谨慎，哥哥不要担心。

刘青当时忙辞别　手攀岩头下山林
刘青下了岳山路　将身一滚就变形
变只大狗路上走　摇头摆尾不差分
走了一程抬头看　到了河东一座城
将身混入河东去　谁也不知我是人

小军一见狗，大家急忙走，你说是家狗，我说是疯狗，如同家养的，又会打塥斗，翻身爬起来，跟着小军走。一直来至曹文广面前，文广伸手一扬，那狗往地一滚，翻了几翻。文广便吩咐左右与我拿饭一碗，拿肉一碗，与那狗吃，小军得令，连忙取到，倒在干净的地上，那狗全部吃了。

那狗吃了肉和饭　走出门来一溜烟
众人见狗只是喊　那狗往前不回还
出了河东城一座　依然变成一级官
正行举目抬头看　来至老营的面前

刘青来至自己的大营面前，举目一观，只见尸横遍野，血染通红，只见些头盔衣甲，不计其数，不见兄弟刘金，放声大哭。刘青当时号啕大哭：

大哭同胞共乳人　兄弟呀只说你回汴梁去
谁知死在这营门　你死一身自由可
叫我如何把冤伸　刘青哭罢自思想

拈土焚香祝告神　一不告天求富贵
二不告地求金银　我要针血来点骨
神灵保佑认假真　是我兄弟亲尸首
血滴浸入骨内行　不是兄弟亲尸首
血滴不浸半毫分　点了一个点两个
点了三个点四人　一直点了数十个
才滴骨头浸三分　刘青但是号啕哭
大哭同胞共乳人　兄弟呀只说你回汴梁去
谁知死在此间存　你在阴间保佑我
助我得力杀反兵　拿住张广老贼子
割他心肝祭你灵　刘青哭罢方才了

尸首旁边读祭文：

愚兄刘青，祭弟刘金，兄把弟祭，哭诉苦情，想弟在日，赫赫威名，才下河东，就杀张云，不料兵败，死得伤心，兄来认尸，血滴骨浸。呜呼哀哉尚飨食。刘青祭完，回头又把军士祭奠一番，祭你众将们，跟随出幽州，原来大家称英雄，如今身死了，血水项赴东，二世再来报此仇。刘青祭罢，忙将土掩好众人尸首，我也不去会哥哥了，仍然变只大狗往河东而去。

变只大狗路上走　摇头摆尾不差分
走着走着抬头看　天色已晚落西沉
将身进入河东去　一直来到五凤门
当时心中生一计　如此如此来施行
瞌睡虫儿默默念　从头到尾念几声
瞌睡虫来瞌睡神　瞌睡来了不容情
十冬腊月不见面　五黄六月捉弄人
君王为你懒登殿　文武为你懒朝君
和尚为你懒击鼓　道士为你懒念经
姑娘为你懒花绣　小姐为你懒穿针
丫头为你懒烧水　惹得棍子打在身

世人得了瞌睡病　犹如泥塑木雕成
不脱衣裳连衣滚　犹如死去不翻身
河东个个如死睡　又无巡更守夜人
葫芦火儿拿在手　放出南方一丙丁
四门放起无情火　刘青迈步走出城

张广惊醒起来，哎呀一声，完了，完了，连吾的战马都烧死了，便叫左右与我拿那巡更之人责打四十大板，左右得令，跑来按翻就打。

两个按来一个打　一个旁边数棍巡
棍起犹如龙摆尾　棍落好似虎翻身
一连打了四十棍　口吐鲜血往外喷
不唱张家来发怒　回文又表姓刘人
出了河东城一座　竟往天波大路行
行一里来又一里　走一程来又一程
五里当做三里走　十里改为八里行
看看行卜多日久　天波府在面前存
将身走入府内去　拜见祖太老年人
太君一见孙儿到　急忙开口问事因
你同哥哥领兵去　回来又是为何因
刘青大哭难说话　唬得祖太战兢兢
说是你哥如何了　从头一二说我听
刘青便乃将言说　祖太在上听事因
十员能将领兵去　阵前死了八人身
我同哥哥去出阵　留下刘金看守营
张家兵强将又广　我们二人难战争
只得逃往西夏去　也是番邦地界城
若是番家去找往　定然有死不难生
只得往前又逃命　岳山上面去安身
此处又无粮和米　朝日掏菜度命根
哥哥行短将命尽　是孙儿良言相劝哥哥身

幸亏皇天来保佑　赐一洞米度光阴
我同哥哥来商议　我变只狗看刘金
来至河东找营寨　张家杀死命归阴
方才急急忙忙走　才得回来赶救兵
祖太早早发兵去　免得哥哥受苦辛
怀女一手来扶起　将军且坐慢调停
祖太大哭难说话　惊动合家大小们
杜氏夫人亲听得　八娘九妹问原因
桂英小姐双流泪　大哭夫君好伤情
若是我夫饿死了　丢奴独自守孤门
怀女又乃将言说　叫声媳妇且住声
十员能将领兵去　阵上死了有八人
宗保困在岳山上　如今已有数日零
至今刘青已来了　不知宗保死和生
再死我儿杨宗保　绝了杨家后代根
既然我家无能将　奏上君王慢调停
大家当时忙不住　齐上金殿奏主人
令婆坐上八轮轿　跟随尽是女钗裙
转弯抹角来得快　金殿就在面前程
将身进入长朝殿　拜见君王赵主人
令婆来至丹墀下　大哭三声赵王听
君王一手来扶住　赐坐一旁问原因
因甚事来为甚事　一一说来与寡人
令婆又乃将言说　我主龙耳听分明
只为你的江山事　死了我家多少人
十员能将领兵去　阵前死了八人身
张家兵强将又广　他们二人难战争
只得逃到西番去　岳山上面去安身
若是番家去找住　定然有死不能生
如今刘青来赶救　速救宗保落难人
再死我儿杨宗保　我主龙位坐不成

君主听得魂不在　一脚跌下九龙廷
两边文武来扶起　口咬龙衣叫主人
我主休往阴司去　还转阳间把话云
君王悠悠来苏醒　便问两班武共文
谁人与我兴人马　去就宗保落难人
连问数声无人应　并无一人来吭声
君王此时龙心怒　拍案高声骂众臣
太平年间嫌官小　反乱之时怕出征
听得寡人封官职　高骑大马入朝廷
若听孤家发粮饷　伸长手来接金银
而今河东来造反　十人听了九人惊
你们个个辞朝去　寡人独自坐龙廷
怀女跪在丹墀下　我主龙耳听分明
既然无人把兵领　奴家愿去领雄兵
我儿困在西夏国　别人去就不放心
君王听得龙心喜　朝中拨下御林军
御林军兵点十万　天波也有十万兵
大兵共有二十万　定把河东一扫平
四十八两黄金印　交与怀女一个人
君王亲赐三杯酒　两朵金花插顶门
辞王别驾将身转　出了长朝宝殿门
五凤楼前上了马　齐奔天波大路行
转弯抹角来得快　天波府在面前存
一直来到天波府　把马拴在大头门
祖太当时将言说　金凤你且听原因
我们下到河东去　把守天波要小心
金凤当时回言禀　祖太只管放宽心
不表金凤区安顿　且表怀女去点兵
来到教场把兵点　一点周氏大娘身
二点二郎亲妻子　刘氏女将也领兵
三点三娘陈氏女　四点七娘杜氏身

五点八娘和九妹　又点儿媳穆桂英
年迈令婆也同去　同看怀女坐中军
便叫周氏来听令　你领先锋开路行
周氏得令领人马　带着兵丁就起身
大兵点齐二十万　尽是年轻小后生
会使刀来刀一把　会使枪来枪一根
不会使枪就使棒　长矛短棍紧随身
老的不过三十岁　小的年方二十春
下海拿龙来锯角　上山打虎来抽筋
立起大旗书大字　上面几字写得明
天波府内王元帅　出入朝中不拜君
三声大炮惊天地　元帅发令起大兵
兵丁个个守本分　不许下乡害良民
马吃人家禾苗谷　四十大板不容情
乱掏民间瓜和菜　将他割鼻去游行
抢了民间鸡和鸭　先斩旗牌后斩杀
强奸民间妻和女　发配边关去充军
人人个个遵军令　不可胡为乱军情
兵马浩荡朝前进　晓行夜宿不住停
青旗岔入红旗内　好似桃花开满林
前有开路先锋将　后有搬粮运草人
青旗对对前面走　白旗飘飘耀眼明
红旗闪闪风吹吼　黑旗滚滚认不清
枪是南山竹出笋　刀似北海浪千层
紧行好似弦离箭　慢行犹如风送云
上坡好似登平地　下坡犹如滚流星
行程也要三个月　书中只要半时辰
这日正在忙行路　探马回头报事因
三军不可往前走　河东就在前面存
元帅当时传下令　吩咐三军扎下营

赞：二路元帅下河东，安营扎寨好交锋，选块好地屯兵马，山环水抱好来龙。

好块平阳地，此处好扎营，靠山山又近，挨水水又深，山近好养马，水近好养兵。

扎个大营团团转　扎个小营来安身
扎一营来留四角　扎一寨来留四门
前有行兵发马路　后有搬运粮草人
五营四哨齐扎齐　帅字黄旗插中心
吩咐三军要仔细　犹恐贼兵来偷营
元帅吩咐去睡了　一棒堂锣起初更。

请睡，请睡，紧防番兵入营内；拿着，拿着，拿着番家割脑壳；防倒，防倒，防倒番家小强盗。

上营打到下营转　东营打了到西营
鼓打三更交半夜　不觉五更天又明
怀女升帐忙便问　便问帐下姊妹们
谁人今日去出马　去杀河东把关人
走出周氏人一个　上前说与元帅听
今日等我去出阵　不杀反贼不甘心
怀女听言心欢喜　将军出阵要小心
周氏回言不妨事　元帅只管放宽心
说罢急忙将身起　全身打扮做将军。　赞：
头戴一顶凤翅冠　铁锁金甲身上穿
脱了罗裙换战裙　犹如仙女降人间
周氏打扮多齐整　带领人马就起身
走到阵前高声骂　大胆反贼骂几声
快快下关来受死　免得老娘费精神
小军听得忙去报　报与老爷得知闻
杨家兴兵来到此　现在关前讨战争

老爷快快去抵挡　杀进城来了不成

且说小军进关禀报，张万在一旁打一个哈欠，叫声元帅，我前次杀了他的大将，他不甘心，偏来讨战，今日待小弟出马，杀他个片甲不留。元帅闻言，心中大喜，贤弟出阵须要小心。张万道，末将自然晓得，吩咐盔甲过来，我今日出马，叫他尝尝咱的厉害，并叫他们死无葬身之地。

左右抬过盔和甲　张万打扮便动身
带领人马三千个　一马当先到阵门
抬头一看是女将　大骂杨家贱妇们
杨家男将杀绝了　差你娼妇来领兵
不如今日同我去　免得老爷费精神

周氏骂道：贼子，昔日你杀我天朝大将，今日杨家二路兴兵，不把你河东杀绝种誓不为人，贼子今日遇着老娘，先拿你开刀，叫你死无葬身之地。张万闻言，心中大怒，举枪朝周氏劈面刺来，周氏用刀架过一场大战。

堂口说话翻了脸　拍马上前大交兵
一来一往无高下　一上一下定乾坤
周氏说你在河东称好汉　看来算得甚么能
今日阵前不拿你　不算杨家女将军
张万说你也不必说大话　能抵百合算你云
周氏本是师传授　哪把张万放在心
张万也是门弟子　不惧周氏半毫分
八只马蹄轮回转　四只背膀往上伸
你一杀来我一砍　好似元宵走马灯
一个是杨家有名周氏女　一个是河东能人称将军
一男一女来争战　真是棋逢对手人
辰时战到巳时候　巳时战到午时辰
两来都把本事使　看上战到夜黄昏

张万越战越勇猛　周氏越战有精神
张万使起五虎力　扯住周氏勒马绳
用手一举提过马　手一伸直半天云
周氏当时慌张了　手向张万打耳门
照定二门两巴掌　张万耳朵似雷鸣
张万当时手松了　周氏跳下地埃尘
当时忙把咒语念　满天都是姓周人
千千万万周氏女　来战张万一个人
张万也念嗔言咒　嗔言咒语念几声
接着一连念几遍　满天都是姓张人
千千万万张家将　抵住众多姓周人
周氏又念雷公咒　奉请雷公走一巡
雷公天空一声响　打倒张万跪在尘
两边军士来救护　全然不动半毫分
将他摇也摇不动　周氏杀退众番兵
铜锤祭起当头打　打死张万在埃尘
周氏当时把刀舞　乱杀儿郎众三军
杀完番兵才回去　才算老娘手段能
周氏得胜收人马　收转儿郎马共兵
来至营门把马下　进营参见众人们
元帅众将都欢喜　满面添花喜气盈
尊声大娘好姐姐　请来坐下把茶吞
元帅当时又传令　催动人马往前行
人马一涌进关内　扎在关上好行兵
看看不觉天色晚　西方坠落太阳星
五更不觉天明亮　怀女起来要点兵
元帅当时忙便问　帐下众多姊妹们
谁人今日去出马　愿去阵前把贼平
八姐在旁亲听得　我同侄媳去出征
怀女听言心欢喜　姑婆同去我放心
说罢二人将身起　全身打扮做将军

左梳右挽盘龙髻　右梳左挽水波云
金盔盖住油鬓丝　脱了罗裙换战裙
周身披上黄金甲　十指尖上把刀抡
二人打扮多齐整　带领人马就起身
人马来到关脚下　大骂巡城小番兵
快叫反贼来受死　免得老娘费精神

且说桂英八姐前来讨战，小军往下一看，这二位姑娘生得如花似玉，可惜我老二没有这个命，没有这个缘分，只是空想，唉，我还是快去报与老爷知道，怕她杀上关来，那时大事不好，说罢走上关来，报与杨有老爷得知，今有关下来两位姑娘喊战，快请老爷前去挡住，不然她杀上关来，我们四路无门，性命难保。

小军关上听得骂　跑进关来不住停
双膝跪地忙报禀　有请老爷快兴兵
杨有闻报点人马　整装已毕就起身
带领人马把关下　拍马抡刀问姓名

却说杨有喝道：然何你家不叫男将出马，尽是些女将来战，这岂不是白来送死，桂英骂道，你叫什么狗名，快快说来。杨有说道，你有意同我去，又何须问姓名骂我名叫做杨有，你可中意咱否？八姐闻言大怒，手执大刀劈面砍来，桂英也抡枪当心刺来。杨有说道：你二位姑娘真是好家伙。

桂英一手指定骂　骂声猴儿老虎抓
你把老娘当媳妇　不如回去要你妈
万恶温天无道理　叫你死得不见家
杨有回言高声骂　不知羞耻女姣娃
要去不去随在你　何必骂得恶辣辣
野婆贱妇我不怕　老子不是善菩萨
好好睁开眼睛看　咱得眼睛加钢沙

任凭你杀上三天并三夜　量你不敢无奈咱
一边勒马来交战　各使兵器来交叉
枪对枪来如蟒样　马对马来打滑踏
扛叉遇着老铁棒　铜锤遇住铁刷刷
一人战住二女将　马踏沙场起灰沙
战功之上灰尘起　三将大战力更加
二女威名齐天大　大破天门人人夸
杨有名声也不小　河东能将顶呱呱
三人大战多一会　八姐要放飞刀杀
八姐飞刀盖天下　人人看见眼睛花
杨有用剑才一扫　刀刀落地影无霞
桂英当时把咒念　口中忙念仙家法
红锦套索来丢起　捆得杨有心火发
叫声贱人敢捆我　老子偏要挣断他
几挣几捂挣断了　仰天一个大哈哈
桂英当时忙不住　口中又念定根法
定根法儿把他定　杨有痴呆似哑巴
马不走来人不动　桂英跑来打耳括
左一耳光右一掌　猴儿嘴夹不嘴夹
你把老娘骂娼妇　叫你死得不见家
桂英把他打下马　八姐提刀就来杀
照定杨有来砍下　杨有一命染黄沙
二人得胜收人马　进营参见老妈妈
怀女说你们杀得口渴了　且来坐下喝杯茶
二人把茶来喝下　桂英开言叫声妈

且说桂英说道：儿媳有一计，不知众位娘娘意下如何，依我意见，明日去到教场，暗扑迷魂城一阵，外立五个门户，中又扎草人五个，草人上面各写张广名字贴着，五门暗用火旗火炮，又用五名女将把守五门，金花小姐与八姐九妹离阵五里埋伏，用刘青勾引反贼，诱他进阵，叫他人人受死。众人说道：此计甚妙。

元帅当时忙传令　催动人马往前行
看看到了河东下　探子回头报事因
前面就是河东地　望报元帅定夺行
怀女当时忙下令　就在此地扎下营
扎好营来天色晚　西方坠落太阳星
一夜话文且不唱　金鸡报晓天又明

且说次日怀女起来带领众将及二十万人马来到教场，暗扑迷魂城一阵，立好五个门户，扎起五个草人，草人上写张广名字贴着，五门暗用火旗火炮，五员女将守好五门，金花小姐与八姐九妹离阵五里埋伏，一齐领令去了，叫刘青专勾引反贼，诱他进阵，怀女急忙上台下拜，大叫张广贼子和一切主将，到此命该尽绝。

怀女当时忙传令　便叫刘青去出征
刘青当时忙不住　全身打扮做将军
翻身跳上高头马　一马当先到阵门
来到阵前高声骂　作死反贼骂几声
今日好好来受死　免得老爷费精神
倘若延迟一刻后　杀进城来不容情
小军听得忙去报　报与张广得知闻
张爷闻言忙吩咐　哪位贤弟去出征
旁边答应一声有　闪出英雄二将军
走出弟兄人两个　上前说与元帅听
弟兄不才愿出马　战场去杀杨家人
张爷举目往下看　却是张千与张明
张广此时心欢喜　二将出阵要小心
二人回言不妨事　不必元帅细叮咛
说罢急忙将身起　全身批褂做将军
带领人马三千整　一马当先到阵门

却说二人来到阵前，抬头一看，只见阴风惨惨，杀气腾腾，旗幡闪闪，阴气迷人，又见台上一员女将，手执令旗一杆，转眼又见一个青脸贼子，耀武扬威，提枪等战，二人看罢，只知其外，不知其内。张明说道：哥哥，我们前去禀上元帅才回来战。张千说道，兄弟，我们二人内外看个虚实，再去禀知元帅。

二人看罢抽身走　刘青打马就来迎
开言便把二人叫　来时有路去无门
二人提枪来挡住　三人阵前大交兵
一来一往无高下　一上一下捂输云
交锋战上三十合　刘青打马进战门
二人不知他使计　随在后面紧追跟
一直追赶进阵内　误入迷魂阵中行
邪魔鬼怪来拿住　要想活命万不能
周氏把头来砍下　刘青打马出阵门
二人一命归阴府　化作南柯梦里人
刘青战场又骂阵　耀武扬威话难听
不唱刘青来等候　回文又唱河东城
文广当时开言谕　元帅在上听言音
他们二人去战阵　怎么这时不回程
等我领兵前去看　看他二人却怎生
若是他们还在战　我去助威又添兵
若说他们遭不幸　我去做个报仇人
张广听言心大喜　贤弟出阵要留神
文广回言不妨事　元帅只管放宽心
说罢即便忙整顿　全身打扮做将军
文广结束多齐整　带领人马就起身
翻身跳上高头马　一马当先到阵门

且说曹文广来到阵前，抬头一看，只见阴风惨惨，黑气腾腾，旗幡闪闪，阴气迷人，又见台上一员女将，手执令旗一杆，但见一个青脸贼子耀武扬威，提枪等战。文广骂道，贼子，我家张千、张明前来讨战，你是否把他杀了，我特来报仇，刘青骂道，反贼呀，你家张千张明在那鬼门关上等你，叫你前去做伴，一路而行。

二家说话翻了脸　勒马上前大交兵
一回二合无胜败　三回四合无输云
五回六合无高下　七八回合一般平
二人各自显本事　都是能争贯战人
看看战上三十合　刘青假败进阵门
文广不知他使计　催马进阵紧追跟
一直追来到阵内　误入迷魂阵中行
邪魔鬼怪来涌上　要想活命万不能
周氏大刀来砍下　做了南柯梦里人
刘青打马又出阵　依然等候喊战争
不唱刘青来等战　回文又唱河东城
张广又乃将言说　张近前来听事因
他们三人去出阵　为甚还不转回城
不如我们领兵去　去到战场看分明
若是他们在战阵　我们增将又添兵
若是他们有不幸　我们做个报仇人
张近回言说是理　哥哥说的是真情
我们二人一同去　前去看看是何因

且说张广说道，兄弟呀，等我画上护身符一道，用保身丹一颗化水一碗，吞入肚中，杨家纵然有邪魔鬼怪，也不怕他，说罢张爷张近收拾打扮。

二人打扮多齐整　带领人马就起身
各执兵器跳上马　一马冲来到阵门
来到阵前高声骂　该死杨贼骂几声
前次让你逃走了　今日特来把你擒
刘青当时回言骂　大叫反贼你听真
死日在你头上现　快来与我定输云

二人忙把兵器举　刘青招架不沾身
方才战到三十合　刘青打马进阵门
二人不舍随后赶　催马加鞭紧紧跟
正追正赶多一会　炮响一声护兵临
九妹一马冲来到　从中隔断张家兵
人多势众来围住　围住张广张近身
二人舍命来大战　寡不敌众古来云
方才战上几合整　怒了金花小姐身
柳叶飞刀来祭起　丢在西空要杀人
一口飞刀落下地　正中张近后背心
哎呀一声倒下马　呜呼哀哉赴幽冥
张广一见事不好　我命休矣喊一声
勒马便往东边走　炮响一声震天庭
桂英一马来挡住　大骂反贼哪里行
姑娘要来追你命　你往哪里去逃生
张广叫声事不好　我命休矣喊二声
打马又往南边去　大炮二声令人惊
周氏大刀来拦住　大喝反贼哪里行
快快下马来受死　姑娘等你多时辰
张广一见心惧怕　我命休矣喊三声
拍马又往西边走　心忙意乱往前奔
金花提枪又来阻　反贼下马受绑绳
哪怕你有真本事　你会腾空我驾云
张广又叫事不好　我命休矣喊四声
回马又往北边跑　大炮四声似雷鸣
八姐一马闯来到　反贼你往哪里行
快快下马来受死　姑娘送你见阎君
张广此时遭围困　内七层来外八层
看来今日难活命　一怒之下把心横
舍死忘生与他战　抵住杨家女将军
挡了前来又挡后　左右招架费精神

不是刀砍是枪刺　不是剑劈是斧临
交锋战了十余合　怒了金花小姐身
柳叶飞刀来祭起　空中落下要砍人
只见飞刀落下地　正中张广左背心
当时倒下白龙马　三魂渺渺赴幽冥
一道灵魂往西去　一股青烟上天庭
可怜张广大元帅　飞刀之下丧残生
兵士一见主帅死　犹如黄河水浪崩
河东兵败如山倒　谁个不顾命残生
杨家此时得了胜　战场乱杀马和人
令婆当时忙传令　吩咐三军听令行
催动人马往前走　来至河东一座城
便把四门来围住　莫放他人去逃生
一直杀进河东去　金凤在前忙催兵
人马涌上金銮殿　看见刘主那昏君
他在金殿来吊死　满朝文武泪纷纷
大家磕头齐拜倒　哀告令婆老将军
年年去贡金共宝　岁岁去朝你东京
如有一人学张广　愿受斩草并除根
令婆当时传下令　去抄张家金共银
左右得令忙不住　尽往张家走一巡
大小人等无一个　只见金钱两库存
得的金子来解贡　得的银子来赏兵
令婆又乃将言说　刘青你且听言音
哥哥困在岳山上　你领桂英走一巡
二人来到山脚下　手攀岩头上山林
一直走到山顶上　不见霸王着一惊
桂英即便开言讲　刘青叔叔听我云
我夫是否饿死了　丢我独自守孤灯
刘青又乃将言说　嫂嫂你且莫伤心
我们二人上前去　看我哥哥死和生

说罢上前睁眼望　果在洞内睡沉沉
桂英一手来拉定　我夫连连叫几声
霸王正在洞中睡　醒来模糊认不真
你们是人还是鬼　拉住我手为何因
桂英当时忙答应　不住连连叫夫君
我们是人不是鬼　是你妻子穆桂英
他是你的好兄弟　他的名字叫刘青
霸王睁开昏花眼　认得两人说原因
你们为何来到此　从头一二说我听
桂英当时把话谕　夫君听我来说明
刘青叔叔去赶救　我们领兵到此存
大破河东来救你　如今见你才放心
你我快快转回去　去见祖太与众人
三人出了石洞口　转身便拜土洞门
一拜皇天赐我米　二拜神灵佑我身
三拜仇人都杀了　四拜大破河东城
拜罢已毕将身起　三人一路下山林
三人下了岳山路　一直便往河东行
在路行程来得快　望见杨家大老营
兰旗小军忙去报　报与祖太得知闻
宗保元帅回来了　快快接他进营门
令婆闻言心欢喜　便叫怀女出来迎
怀女走出中军帐　望见宗保吃一惊
只为国家江山事　骨瘦如柴不像人
如今我儿脱险了　进营相会祖太身
杀猪宰羊调身体　养好身体上东京
太君此时忙吩咐　河东文武听分明
虽然刘王他死了　你们个个要忠心
镇守河东守本分　不可违法害黎民
一切要遵天王召　年年进贡不可停
两班文武齐答应　太君嘱咐记在心

停兵半月要回转　众将个个喜盈盈
河东文武齐相送　黎民百姓送出城
出了河东城一城　只望天波大路行
在路行程非一日　书中只要半时辰
来自天波府门外　太君开言说事因
宗保刘青进朝去　我们大家回家庭
二人当时忙辞别　辞别祖太与母亲
二人来自金殿内　拜见仁宗赵主人
君王一见二将到　满面添花喜龙心
急忙离座来扶起　爱卿连连叫几声
只为寡人江山争　你们受累合担惊
如今河东平服了　寡人江山靠你们
吩咐摆酒来庆贺　孤王亲自把酒斟
饮酒又把话来讲　两位爱卿听孤云
你们为我多辛苦　全仗你们扶朝廷
还有一班众女将　不进朝来受皇恩
孤封你为大元帅　百万军中你为尊
霸王拜在金殿上　二十四拜拜明君
君王复又开言道　叫声刘青大将军
孤封你为副元帅　镇守三关要小心
你俩转回三关去　一家老小受皇恩
死去你的八员将　一齐封为大将军
他们为国死去了　家中照样领饷银
杨家一班众女将　一齐受封爵位增
君王封别转宫内　杨家众将喜欢心
二人转回三关去　忠心耿耿保朝廷
至此国家无别事　国泰民安得太平

参 考 文 献

一、经史子集、方志

《礼记》:《十三经注疏》,上海古籍出版社 1997 年版。

《周易》:《十三经注疏》,上海古籍出版社 1997 年版。

《论语》:《十三经注疏》,上海古籍出版社 1997 年版。

(汉)司马迁:《史记》,中华书局 1982 年第 2 版。

(清)张廷玉:《明史》,中华书局 1974 年点校本。

贵州历史文献研究会编:《二十四史贵州史料辑录》,贵州民族出版社 2001 年版。

贵州省民族研究所编:《〈明实录〉贵州资料辑录》,贵州人民出版社 1983 年版。

(清)夏燮:《明通鉴》,岳麓书社 1999 年版。

(南朝)范晔:《后汉书·志第五》,中华书局 1965 年版。

《隋书》,中华书局 1973 年版。

《新唐书》,中华书局 1975 年版。

《宋史》,中华书局 1977 年版。

(明)谢东山、张道纂修:(嘉靖)《贵州通志》,齐鲁书社 1996 年版。

(明)王耒贤、许一德纂修:(万历)《贵州通志》,据日本尊经阁文库藏明万历二十五年刻本影印,北京图书馆出版社 1991 年版。

贵州省文史研究馆校勘:《贵州通志·前事志》,贵州人民出版社 1987 年版。

《贵州通史》编委会:《贵州通史》,当代中国出版社 2002 年版。

(明)郭子章:《黔记》,书目文献出版社 1988 年版。

(清)罗绕典:《黔南职方纪略》,文海出版社 1982 年版。

(清)田雯:《黔书》,贵州人民出版社 1992 年版。

杨庭硕、潘盛之：《百苗图抄本汇编》，贵州人民出版社 2004 年版。

（清）常恩：《安顺府志》，安顺地区档案馆根据咸丰元年（1851 年）《安顺府志》正式刊印本和光绪十六年（1890 年）《安顺府志》重新刊印本扫描誊印。

《续修安顺府志·安顺志》，贵州省安顺市志编纂委员会根据民国二十年代末《续修安顺府志》整理刊行，1983 年版。

徐霞客：《徐霞客游记·游黔日记》，上海古籍出版社 1980 年版。

周春元等：《贵州古代史》，贵州人民出版社 1982 年版。

《贵州六百年经济史》编委会：《贵州六百年经济史》，贵州人民出版社 1998 年版。

刘祖宪：《安平县志》，道光七年。

陈廷棻：《平坝县志》，民国二十一年。

胡翯等：《镇宁县志》，民国二十六年。

（清）邹元吉撰、俞培钊绘：《百苗图咏》。

黄加服、段志洪：《中国地方志集成·贵州府县志辑》，巴蜀书社 2006 年版。

（清）童振藻：《黔中苗乘》，中央民族大学图书馆藏手写本。

（清）李调元：《新搜神记· 神考》。

（清）陈梦雷原辑：《古今图书集成·神异典》，巴蜀书社 1987 年版。

陈文荣等修：《黔南陈氏族谱》，铅印本，民国二十年。

安顺市地方志编纂委员会编：《安顺市志》，贵州人民出版社 1995 年版。

（清）谢圣纶：《滇黔志略点校》，古永继点校、杨庭硕审定，贵州人民出版社 2008 年版。

丁世良、赵放：《中国地方志民俗资料汇编·西南卷》（下），北京图书馆出版社 1991 年版。

二、译著、今著

［美］亨利·摩尔根：《古代社会》，杨东莼、马雍、马巨译，中央编译出版社 2007 年版。

［德］哈贝马斯：《后民族结构》，曹卫东译，上海人民出版社 2002 年版。

［德］哈贝马斯：《哈贝马斯精粹》，南京大学出版社 2005 年版。

［美］塞缪尔·亨廷顿：《文明的冲突与世界秩序的重建》，新华出版社 2002 年版。

［美］杜维明：《儒家传统与文明对话》，河北人民出版社 2006 年版。

［美］杜维明：《对话与创新》，广西师范大学出版社 2005 年版。

［英］弗雷泽：《金枝》，徐育新、张培基、张泽石译，新世界出版社 2006

年版。

［英］齐格蒙特·鲍曼：《共同体》，欧阳景根译，凤凰出版传媒集团，2007年版。

［日］塚田诚之：《对民族集团应该怎样研究——以贵州“屯堡人”为例》，黄才贵译，《贵州民族研究》2000年第1期。

［德］马克斯·韦伯：《宗教社会学》，康乐、简惠美译，广西师范大学出版社2005年版。

［德］马克斯·韦伯：《中国的宗教》，康乐、简惠美译，广西师范大学出版社2004年版。

［英］科林伍德：《历史的观念》，何兆武、张文杰译，商务印书馆2002年版。

［英］彭尼曼：《人类学一百年》，和少英、高屹琼、熊佳艳译，云南大学出版社2008年版。

［法］葛兰言：《古代中国的节庆与歌谣》，赵丙祥、张宏明译，广西师范大学出版社2005年版。

黄才贵：《影印在老照片上的文化——鸟居龙藏博士的贵州人类学研究》，贵州民族出版社2000年版。

葛兆光：《中国思想史》，复旦大学出版社2001年版。

范同寿：《贵州历史笔记》，贵州人民出版社2008年版。

翁家烈：《夜郎故地上的古汉族群落——屯堡文化》，贵州教育出版社2002年版。

郑正强：《最后的屯堡》，贵州人民出版社2001年版。

孙兆霞等：《屯堡乡民社会》，社会科学文献出版社2005年版。

葛兆光：《古代中国的历史、思想与宗教》，北京师范大学出版社2006年版。

朱伟华等：《建构与生成：屯堡文化及地戏形态研究》，广西师范大学出版社2008年版。

古永继：《从明代滇、黔移民特点比较看贵州屯堡文化形成的原因》，载李建军主编《学术视野下的屯堡文化研究》，贵州科技出版社2009年版。

李德龙：《黔南苗蛮图说研究》，中央民族大学出版社2008年版。

蒋立松：《田野视角中的屯堡人研究》，《贵州民族研究》2002年第3期。

姜永兴：《保持明朝遗风的汉族—安顺屯堡人》，《贵州民族学院学报》1988年第3期。

葛兆光：《屈服史及其他：六朝隋唐道教的思想史研究》，三联书店2003年版。

陈训明：《安顺屯堡人主体由来新探》，《贵州社会科学》2002年第5期。

王路平：《贵州佛教史》，贵州人民出版社 2001 年版。

万明主：《晚明社会变迁问题与研究》，商务印书馆 2005 年版。

费孝通：《乡土中国》，三联书店 1985 年版。

费孝通：《兄弟民族在贵州》，三联书店 1951 年版。

徐杰舜：《雪球—汉民族的人类学分析》，上海人民出版社 1999 年版。

范增如：《明清安顺风物诗文注评》，贵州民族出版社 1999 年版。

王秋桂、沈福馨：《贵州安顺地戏调查报告集》，台北财团法人施合郑民俗文化基金会，1994 年。

帅学剑：《安顺地戏剧本选》，台北财团法人施合郑民俗文化基金会，2004 年。

高伦：《贵州地戏简史》，贵州人民出版社 1985 年版。

俞宗尧、帅学剑、刘涛志：《屯堡文化研究与开发》，贵州民族出版社 2005 年版。

沈福馨、帅学剑：《安顺地戏论文集》，文化艺术出版社 1990 年版。

张原：《在文明与乡野之间——贵州屯堡礼俗与历史感的人类学考察》，民族出版社 2008 年版。

塚田诚之、黄才贵：《贵州省西部民族关系的动态——关于“屯军后裔”的调查研究》，《贵州民族研究》1999 年 3 期。

桂晓刚：《试论贵州屯堡文化》，《贵州民族研究》1999 年第 3 期。

钱理群：《屯堡文化研究的动力、方法、组织与困惑》，《安顺学院学报》2009 年第 1 期。

受仲：《凤头鸡》，《人世间》1945 年第 37 期。

翁家烈：《屯堡文化研究》，《贵州民族研究》2001 年第 4 期。

刘金祥：《明代卫所缺伍的原因探析》，《北方论丛》2003 第 5 期。

塚田诚之、黄才贵：《对民族集团应该怎样研究——以贵州屯堡人为例》，《贵州民族研究》2000 第 1 期。

万明：《明代徽州汪公入黔考——兼论贵州屯堡移民社会的建构》，《中国史研究》2005 年第 1 期。

伍安东、吕燕平：《屯堡方言初探》，《安顺师范高等专科学校学报》2004 年第 3 期。

秦发中：《屯堡人的丧葬礼仪——周官村丧礼习俗调查》（未刊稿）。

（清）吴楚材、吴调侯：《古文观止》，上海古籍出版社 2006 年版。

王铭铭：《20 世纪西方人类学主要著作指南》，世界图书出版公司 2008 年版。

赵世瑜：《狂欢与日常》，三联书店 2002 年版。

钱穆：《中国文化史导论》（修订本），商务印书馆 1994 年版。

贵州省民族事务委员会、贵州省公安厅:《贵州省实施〈关于中国公民确定民族成分的规定〉办法》,“黔族(政)发字第(1996)19 号文件”。

范增如:《明代普定卫戍屯官兵原籍考兼谈“十八指挥定黔阳”》,中国贵州黄果树瀑布节屯堡文化研讨会交流资料,西秀区人民政府编印,2005 年。

I. Kant: Anthropology from a pragmatic point of view, trans. V. L. Dowdell, rev. and ed. H. H. Rudnick, Carbondale, III. 1978, 225.

Magill, Frank N. ed. 1995. International Encyclopedia of Sociology. London: Fitzroy Dearborn Publishers.

McCrone, David. 1998. The Sociology of Nationalism: Tomorrow's Ancestors. London and New York: Routledge.

后　　记

太阳每天都是新的。对于我们这个剧变的时代来说，此言不虚。从另一个角度看，太阳底下并无新事，这同样也是一个理性的判断。历史在时间的足迹中，积淀成文化的独特个性，过去即是未来，并且是无限可能的未来。

对于本文的主题选择，源自于我身处的这片土地。屯堡文化浸透着民族内聚的沧桑，它一直真实地存在于我的周围，只是容易被我们有意无意间忽略。我少年时生活在贵州省贵阳市花溪区，小学时每逢星期天“赶场”（赶街），都会看到一些穿宽袍大袖、发型独特的农村妇女，她们来自周边的平坝县等地。我一直以为她们是布依族的一支（因为花溪布依族很多，这些妇女的服饰和布依族妇女有些接近）。作为一个少年，这是我当时的判断。仔细想来，许多蛛丝马迹显示她们和布依族还是迥然相异的。首先，她们讲的是汉语，尽管腔调和周边汉语方言有明显差异。其次，服饰和布依族女子单调的靛蓝长袍也不太一样，显得更丰富些。还有布依族妇女都包蓝色头帕，这些女子则没有。

生存环境对人的影响是显而易见的。我小学时就读的花溪第二小学，本来叫大寨小学，迁自当时花溪最大的布依族村寨——大寨。我还记得当时班上一半以上的同学是来自大寨的布依族小朋友，他们中除了姓罗的，大都姓班，而现在我知道贵州姓班的人大部分都是布依族。和他们在一起的小学时光，对我最大的影响是口音，这种影响是润物无声、潜移默化的。我本科毕业后又回到家乡工作，与那些讲地道贵阳话的同事相比，我的花溪口音很容易被大家听出来。而花溪区离贵阳市中心区仅有十余公里之距，所谓花溪口音其实就是布依族讲汉族方言时的特殊口音。

小学时候我还知道花溪大寨的布依族春节跳地戏，还去看过几次，那应该是“文革”后刚恢复的。记得当时人山人海，感觉跳地戏很热闹，唱词虽是汉语，但内容生涩，加上口音很重，所以基本听不懂。但独具魅力的地戏面具很有特点，让我过目不忘。后来看到有学者在著述中将跳不跳地戏作为区别是否是屯堡村寨的主要标准，让我哑然失笑，也令我回想起少年时光中的那些余音缭绕的片段。

也许自那时起，便为此文日后的诞生埋下了最初的萌动。而今当我的人生已进入壮年，重温儿时那份屯堡情节，这浩浩荡荡的金戈铁马便在纸笔间复活。它们在时空的长廊里，如白驹过隙般穿越这六百多年的历史直抵我心，而那份最深的触动，我想或许不仅仅是那三十多万官兵和他们的后代离乡背井的缩影，还有他们为文化传承与云贵地区的开发作出的伟大贡献。

怀抱着一份不能辜负的信任与感激，直到文章落笔的那刻，我深知一切皆始于缘分。

我认识我的博士导师徐圻教授年头已经不短，当年做记者时在新闻采访中经常采访他。他给我的感觉是博学而睿智，聪敏而爽朗，对时事往往有着独到的见解。这当然源自他深厚广博的学术背景和个人修养，这样出身于大学教授的学者型领导在当时的领导干部群体中是鲜见的。机缘巧合，若干年后，我考上了云南大学人文学院的博士研究生，成了徐圻教授的学生。

本书题材的选择和写作框架的确定，是与徐圻教授的支持和鼓励分不开的。没有他悉心指导，我可能会更换其他的、相对更容易的选题。作为长期从事西方哲学与文化比较研究的专家，徐教授不囿于所谓“文化比较”，更勇于探索民族与本土的时代性的表达，他一直要求我把研究视野集中在本土民族文化中的那些具有活态性和生命力的关键点上，并放在当代视野下来考量。在本书写作过程中，他不间断的点拨与开导让我忐忑的心稍稍平复。

我要感谢贵州省委宣传部副部长、贵州广播电视台台长白芳芹先生。作为行业的领路人，这二十年来，他对我持续的培养与指导让我始终参与和见证了贵州广电事业的发展与繁荣。在他的引领下，贵州广电厚积薄发，探索出一条不断超越的特色之路。在他有力地关怀与支持下，我得以如期顺利完成学业，并得以出版此书。而他对我的帮助，已远不止职业与学术的层面。细数二十年来的点点滴滴，他给我最大的影响，除了专业能力，就是“不曾轻忽小感情，尤能掌握大情怀”的个性魅力。他的教诲，用学生的心态去领悟，是那么浅明；用学者的深度去解读，又那么深切。

我要感谢云南大学校长林文勋教授。我一直景仰他在学术界的地位与影响，作为在专业领域有着耀眼成就的学者，林文勋教授虽没有具体指导我这个非史学出身、缺乏专业功底的弟子，但是这几年有幸和他接触不少，得到林先生的指导与关怀亦不少。除了治学之道外，我更能感受一个有责任的高校领导、一个现代学人对社会、对工作、对学术的细致入微、殚精竭虑的付出。

我还要感谢云南大学的吴晓亮教授、贵州大学的陶渝苏教授。他们对我的帮助是具体的同时又是影响长远的，他们让我知道其实学术与社会的关系并不像我们想象的那么抽离。

我深知，还有许多内容，是这篇文章所表达不尽的，也正如还有许多不能逐一罗列的人需要感激，他们伴随着我在这片脚下的土地里耕耘，给予了我有如冬日暖阳般的精神力量。尽管太阳底下并无新事，但我依然愿意在阳光下与他们一起继续前行。

文化的力量，或许就是能让我们更深刻地感受到时光之美，抛开无谓的烦琐与束缚，在更为丰富的维度里实现对于未来的期望。

吴斌

2013 年 7 月 1 日